François Reynaert und Vincent Brocvielle
Allgemeinbildung 21. Jahrhundert

François Reynaert
Vincent Brocvielle

Allgemeinbildung
21.
Jahrhundert

Alles, was du wissen musst

Aus dem Französischen übersetzt
und adaptiert von Marion Herbert

Anaconda

Titel der französischen Originalausgabe: *Le Kit du 21e siècle.*
Nouveau manuel de culture générale. Édition revue et augmentée.
© 2012 by Éditions Jean-Claude Lattès.
Lizenzausgabe mit freundlicher Genehmigung

Die Deutsche Nationalbibliothek verzeichnet diese Publikation
in der Deutschen Nationalbibliografie; detaillierte bibliografische
Daten sind im Internet unter http://dnb.d-nb.de abrufbar.

© dieser Ausgabe 2015 Anaconda Verlag GmbH, Köln
Alle Rechte vorbehalten.
Umschlaggestaltung: Harald Braun, Berlin, unter Verwendung
von Abbildungen aus den Innenteil der frz. Originalausgabe
Satz und Layout: Andreas Paqué, www.paque.de
Printed in Czech Republic 2015
ISBN 978-3-7306-0267-6
www.anacondaverlag.de
info@anacondaverlag.de

Für unsere Väter,
Grundschullehrer

Inhalt

Einleitung

Liebe Leserin, lieber Leser, machen Sie den Test. Werfen Sie einen Blick auf die folgenden Wörter: EZB, Antioxidantien, CO_2-Bilanz, Staatsverschuldung, menschliches Genom, Streaming. Sie kennen sie alle. Sie lesen und hören sie immer wieder, in Zeitungen, im Fernsehen, im Radio. Sind Sie sicher, dass Sie verstanden haben, was damit gemeint ist?

Steigern wir das Niveau unserer kleinen Prüfung nun ein wenig. Lassen wir einfache Begriffsklärungen hinter uns, und wenden wir uns komplexeren Zusammenhängen zu: der »Schuldenkrise«, die nacheinander alle Länder der Welt ereilt; den »EU-Gipfeln«, die in regelmäßigen Abständen versuchen, unsere Europäische Union zu retten; der »Energiewende«, die eine echte Perspektive in Sachen »nachhaltige Entwicklung« darstellen könnte; oder auch den »Schwellenländern«, die den Westen möglicherweise überholen werden. Sie haben bestimmt eine ungefähre Vorstellung davon, worauf sich diese Schlagwörter beziehen. Aber sind Sie sicher, dass Sie die grundlegenden Mechanismen durchschaut haben, um sie wirklich zu verstehen?

Wie Sie sehen, verfolgt dieses kleine Buch ein großes Ziel. Es träumt davon, möglichst vielen Menschen ein paar einfache Schlüssel an die Hand zu geben, damit sie begreifen, was sich in unserer Zeit alles bewegt und verändert. Es möchte in allen behandelten Gebieten klare Grundlagen vermitteln, mithilfe derer man sich im 21. Jahrhundert sicher bewegen kann.

Unsere Idee ist bei Weitem nicht neu. Es heißt, in Bagdad seien um das Jahr 800, in jenen fernen Zeiten, als dort die großartigsten Kalifen herrschten, Werke in Mode gekommen, die neue Erkenntnisse auf eine einfache Art zusammenfassten. Die Renaissance, die den Begriff des Universalgelehrten hervorbrachte, und die Aufklärung, für die das Wissen eine Religion war, leisteten ebenfalls ihren Beitrag. In gewisser Weise, wenn auch viel strenger und dogmatischer, gehen Schulabschlussprüfungen in dieselbe Richtung: Zielen sie nicht immer darauf ab, den jungen Generationen das Rüstzeug mitzugeben, mit dem sie sich in ihrer Zeit zurechtfinden können?

Unser Ansatz ist offener, definitiv freier und humorvoller, das können wir Ihnen gleich versichern. Wir folgen keinem Lehrplan, während wir auf den Herrn Oberstudienrat warten. Sie sind nicht in der Schule, und wir haben keineswegs vor, die Leser zu bestrafen, die wir dabei erwischen, wie sie in der letzten Reihe vor sich hinträumen, anstatt weiterzulesen. Aber wir verfolgen dieselbe Absicht. Dieses Buch möchte sich auf seine Weise in jene lange Tradition einreihen, um sie zu modernisieren. Es möchte im Großen und Ganzen alles zusammenfassen, was ein universell gebildeter Mensch heute wissen muss. Es versteht sich als ein »Handbuch der Allgemeinbildung im 21. Jahrhundert«.

Im 21. Jahrhundert, werden Sie sagen, hallo, geht's noch? Das hat doch gerade erst angefangen. Stimmt, aber mit was für einem Affenzahn! Schon seit dem Jahr 2000, noch so nah und doch so fern, hat sich so viel verändert. Spontan denkt da wahrscheinlich jeder an die Revolution der Technik und die Fülle von Programmen, Apps und Gadgets, die unseren Alltag umkrempeln. Wir werden ihnen ihren gebührenden Platz einräumen. Doch um die Gegenwart zu verstehen, darf man sich nicht damit begnügen, die aktuellen Veränderungen passiv zu beobachten, man muss auch lernen, die eigene Sichtweise zu verändern. An diesem Gedanken haben wir vom Anfang bis zum Ende des Buchs festgehalten, weil er uns wesentlich erscheint. Wenn man immer weiter versucht, die 2000er-Jahre mit Denkmustern aus den 1960ern zu analysieren, ist man auf dem besten Weg, an seiner Zeit vorbeizuleben. Denken wir nur einmal an die heutige Kunst. Manche Leute (zugegebenermaßen immer weniger) haben dafür nur ein verächtliches Stöhnen übrig: »Da versteht man ja gar nichts!« Ihr Problem liegt sehr häufig in einem Detail der Methode begründet: Sie glauben, man könnte die Werke von heute noch immer durch die Lorgnons von gestern betrachten. Unter Kunst verstehen sie Museen, in denen Gemälde an den Wänden hängen, mit allem Drum und Dran: »große Maler«, »Schulen«, »Meisterwerke«. Wechseln Sie die Brille, und Sie werden sehen, wie alles klarer wird. Wie das geht, erläutern wir im 9. Kapitel. Es ist gar nicht schwer und kann richtig Spaß machen.

Schauen wir uns auch einmal die Organisation der Welt an. Vom Ende des Zweiten Weltkriegs bis zum Anfang der 1990er-Jahre wurde sie von einem einfachen Prinzip bestimmt: dem Widerstreit zweier Supermächte, den USA gegen die UdSSR. Seit dem Zusammenbruch Letzterer, der noch gar nicht so lange her ist, haben bereits zwei Modelle einander abgelöst. In den 1990er-Jahren glaubte man zunächst an einen Planeten, der allein von den Vereinigten Staaten dominiert wird. Dann kamen der Schock des 11. September 2001, der Irakkrieg, die Wirtschaftskrise. Seit der Jahrtausendwende musste der amerikanische Adler Federn lassen. Man spricht nur noch vom Aufstieg seiner Rivalen: China, Indien, die arabisch-islamische Welt, Brasilien. Muss man das bedauern, die vergangene Glanzzeit des Westens beweinen, die neuen Mächte fürchten? Lernen wir sie erst einmal kennen. In den Kapiteln Geschichte und Geografie finden Sie kompakte Darstellungen, die Ihnen einen groben Überblick über die Vergangenheit und die heutigen Stärken und Schwächen dieser Länder geben.

Manche Menschen haben sehr festgefahrene Vorstellungen von Allgemeinbildung. Wie viele Leute halten sich für große Gelehrte und umgrenzen dabei die Allgemeinbildung sehr eng! Für sie lässt sich Kultur ganz einfach zusammenfassen: Sie besteht nur aus dem, was sie selbst wissen. Sie wettern gegen die Ignoranz unserer Zeit, weil niemand mehr imstande sei, Goethes Balladen und die Anfänge von Ciceros Reden zu zitieren, die sie selbst vor fünfzig Jahren auswendig gelernt haben, und fünf Minuten später zucken sie verächtlich mit den Schultern, wenn Sie es wagen, irgendein anderes Thema wie Wirtschaft, Medizin, Videospiele, Informatik und ähnlich banale Dinge anzusprechen. Warum banal? Leben diese Leute etwa in einer Welt ohne Geld, sind sie nie krank, schenken sie ihren Kindern keine Konsolen, surfen sie nie im Internet?

Wir sind in die entgegengesetzte Richtung aufgebrochen: Wir haben die Wissensgebiete so weit wie möglich gefasst, ohne Vorurteile, ohne das Ziel, Hierarchien oder Klassen aufzustellen. Im ersten Kapitel von den »neuen Klassikern« – also der Gesamtheit der allgemeinen Referenzen aus dem Kino und der Literatur unserer Zeit – haben wir einige große aktuelle Romane neben Weltbestseller gestellt, die sich allein ihrer großen Auflagenstärke rühmen können. Na und? Es geht nicht darum, sie zu vergleichen oder zu entscheiden, wer den Literaturnobelpreis verdient. Wir warten leider immer noch auf unsere Einladung in die Jury. Es geht schlicht und einfach um die Feststellung, dass sowohl die einen als auch die anderen gemeinsam den Hintergrund bilden, der unserer Epoche als Kulisse dient. Der kultivierten Dame, dem kultivierten Herrn sei folglich ans Herz gelegt, die Erstgenannten zu lesen. Und es spricht auch nichts dagegen, eine Ahnung davon zu haben, worum es in den Zweitgenannten geht.

Wozu macht man sich diese Arbeit?, könnte man fragen, wo doch Informationen über so gut wie alles online oder in

Buchhandlungen wann immer für jeden verfügbar sind, der Lust hat, danach zu suchen. Eben. Wer hat das schon? Gewiss, heute kann jeder, der einen Computer mit Internetanschluss oder traditionellerweise einen Ausweis einer guten Bibliothek besitzt, auf weit mehr Informationen zugreifen, als Diderot und d'Alembert damals für ihre *Encyclopédie* zur Verfügung standen. Aber wer wagt sich da ran? Wer will sich schon, nur weil etwas in den Nachrichten angesprochen wurde, mit zahllosen Websites oder Unmengen an mehr oder weniger schwer verständlichen Büchern zu einem Thema die Augen verderben? Dies ist das paradoxe Drama unseres Zeitalters der Überinformation. Ständig rollt durch alle möglichen Kanäle eine wahre Informationslawine auf uns zu, und genau das ist einer der Gründe, der uns hat glauben lassen, dieses Buch könnte nützlich sein. Wir haben alle hier behandelten Themen in sorgfältiger, monatelanger Kleinarbeit verständlich aufbereitet. Wir haben alles, was uns zu den einzelnen Gebieten wichtig erschien, gelesen, zusammengetragen und mit Anmerkungen versehen, und dann haben wir alle möglichen Spezialisten geplagt, bis wir dieses oder jenes Thema zur Genüge beherrschten, um es möglichst vielen Menschen zugänglich machen zu können; jungen und alten, Frauen und Männern, allen Europäern, die die Welt verstehen möchten, in der sie leben.

Lektion 1

Neue Klassiker

Von der Handlung in *Harry Potter* bis zur Story von *Avatar,* von den *Sims* bis zum Who's who der Weltstars decken wir alle Referenzen ab, die man braucht, um mit fast jedem fast überall auf der Welt ein Gespräch führen zu können.

Packen Sie Ihren Kulturbeutel

Im Lateinischen beschreibt das Adjektiv *classicus* einen Bürger ersten Rangs. In seiner übertragenen Bedeutung bezeichnet es im Großteil der europäischen Sprachen die Autoren, die als die größten ihrer Zeit in die Literaturgeschichte eingegangen sind: Shakespeare, Cervantes, Dante, Molière und Goethe sind *classic, clásicos, classici, classiques,* klassisch eben. Unsere Nachkommen werden morgen darüber entscheiden, wer die klassischen Autoren von heute sind. Wie könnte man das auch wissen? Victor Hugo (1802–1885) war zu Lebzeiten eine berühmte Persönlichkeit, und das ist er noch immer, weit über hundert Jahre nach seinem Tod. Victor Margueritte (1866–1942) erlangte mit seinem Roman *La Garçonne,* einem der größten Bestseller der Zeit zwischen den beiden Weltkriegen, ebenfalls beinahe Weltruhm, und sein Name sagt schon lange niemandem mehr etwas.

Der »Klassiker« im weiteren Sinne hat eine andere Funktion: Damit meint man einen Titel, eine Handlung, einen Roman, ein Theaterstück oder einen Film, den eigentlich jeder kennen sollte. Klassiker sind Grundbausteine der Allgemeinbildung, gemeinsame Referenzen, die die Menschen verbinden. Um dies im Umkehrschluss zu verdeutlichen, möchten wir einen Sketch des französischen Humoristen Pierre Desproges (1939–1988) zitieren:

»Wen interessiert schon Kultur? Hatte Molière etwa, als er *Hamlet* geschrieben hat, Rostand gelesen? Nein.«

Unsere Leser werden den Witz verstanden haben, denn da sie gebildet sind, konnten sie den Satz korrigieren und Cäsar zuordnen, was Shakespeare gebührt, ach nein, Cyrano de Bergerac, nun ja, wie auch immer, alle haben verstanden, warum man lacht, aber jetzt wollen wir uns nicht weiter mit diesen alten Klamotten aufhalten, denn es geht um unsere Zeit. Wir wissen nicht, ob die *Desperate Housewives* in hundert Jahren als die Emma Bovarys der Fernsehserien gelten werden oder ob die Coen-Brüder die Geschichte des Kinos so sehr beeinflussen werden wie die Brüder Grimm die des Märchens. Wir wissen nur, dass alle hier aufgeführten Werke heute so bekannt sind, dass man wenigstens einen blassen Schimmer davon haben sollte, worum es darin geht, wenn man beim Durchblättern einer Zeitung oder bei einer Unterhaltung an der Bushaltestelle nicht verloren sein will. Schade, wenn Sie sie weder gelesen noch gesehen haben. Aber macht nichts, das haben wir für Sie erledigt.

I. Bücher

Was?, werden Sie rufen, wenn Sie die folgenden Abschnitte gelesen haben, hier soll es um Bücher gehen, die den Anfang des 21. Jahrhunderts geprägt haben? Und dabei werden X, Y und Z nicht einmal erwähnt, diese Schriftsteller, an denen niemand vorbeikommt, denn nicht einmal Sie sind an ihnen vorbeigekommen! Liebe Leser, wir möchten Ihnen eine ganz einfache Frage stellen: Haben Sie irgendeine Vorstellung davon, wie riesig das Gebiet ist, über das wir hier sprechen?

Zählungen der UNESCO zufolge nähert sich die weltweite Buchproduktion – herausgegeben vom Spitzentrio Vereinigte Staaten, Großbritannien und China – heute einem Durchschnitt von etwa **zwei Millionen Titeln pro Jahr**. Sicherlich fallen darunter auch einige ewige Neuauflagen guter alter Bestseller, der Koran, die Bibel, das Kleine Rote Buch von Präsident Mao und die Diät nach der Dukan-Methode, die die Statistik verfälschen. Dennoch wird das Ausmaß des Problems deutlich: Um sie alle nennen zu können, müsste man dieses Handbuch mit einem Anhang von zwanzig bis dreißig eng bedruckten Bänden versehen. Vergessen wir also jegliche absurden Ansprüche auf Vollständigkeit. Begnügen wir uns lieber damit, nur ein paar unumgängliche Werke zu nennen, von denen jeder zumindest gehört haben sollte, sei es, weil sie außergewöhnliche Verkaufszahlen erzielt haben, sei es, weil sie typisch für eine neue Art von Literatur oder repräsentativ für neue nationale Schulen sind. Starten wir einen Rundgang durch die verschiedenen Abteilungen unserer virtuellen Buchhandlung.

---------- 1. Verkaufsschlager ----------

Harry Potter

Sieben Bände, in Großbritannien veröffentlicht zwischen 1997 und 2007, über 450 Millionen verkaufte Exemplare weltweit (in Deutschland bei Carlsen erschienen)

Ein Waisenjunge, der bei Onkel und Tante aufwächst und von ihnen schlecht behandelt wird, entdeckt an seinem elften Geburtstag seine wahre Natur: Er ist kein gewöhnlicher Mensch, sondern ein Zauberer. Um seine Gabe nutzen zu lernen, soll er eine besondere Schule besuchen, wo der Großteil der Handlung spielt: das Internat **Hogwarts**. Dort lernt er die wichtigsten Figuren der Saga kennen: den gutmütigen Direktor Albus Dumbledore und seine Klassenkameraden Ron Weasley und Hermine Granger. Zudem entdeckt er eine neue Welt, die ganz anders ist als die der normalen, nichtmagischen Menschen, genannt **Muggel** – eine der unzähligen Wortneuschöpfungen der Autorin, die unter anderem den Charme des Buchs ausmachen. Harry bereitet sich auf den großen Kampf seines Lebens vor: das erbitterte Duell mit dem schrecklichen Lord Voldemort, dem bösen Zauberer, der Harrys Eltern ermordet hat. Die sieben sehr erfindungsreichen Bände der Saga voller Humor und überraschender Wendungen haben gezeigt, dass man auch in unserer Zeit noch über Hexerei schreiben und damit Wunder vollbringen kann: ganzen Generationen, die man für Bücher schon auf ewig verloren glaubte, die Freude am Lesen schenken; und eine unscheinbare, unbekannte englische Arbeitslose in eine der berühmtesten Millionärinnen des Planeten verwandeln. Dank den über 450 Millionen bereits verkauften Exemplaren ihres magischen Werks hat J. K. Rowling (geboren 1965) die arme englische Königin auf der Rangliste der reichsten Menschen der Welt schon vor vielen Jahren überholt.

Twilight

Vier Bände, in den USA veröffentlicht zwischen 2005 und 2008, über 100 Millionen verkaufte Exemplare weltweit (in Deutschland bei Carlsen erschienen)

Scheidungskind Isabella Swan, genannt Bella, zieht von ihrer Mutter zu ihrem Vater nach Forks, eine nebelverhangene Kleinstadt im Bundesstaat Washington im

Nordwesten der Vereinigten Staaten. In ihrer neuen Highschool lernt sie die **Cullen**-Geschwister kennen und ist von ihrer Andersartigkeit fasziniert: Alle fünf, ebenso bleich wie schön, halten sich von den übrigen Schülern fern. Bella verliebt sich in Edward, einen von ihnen, und lüftet bald sein furchtbares Geheimnis: Er ist kein Mensch, sondern ein Vampir. Bei der Gelegenheit erfährt der Leser: In unserem vollkommen unvorhersehbaren Jahrhundert haben diese Wesen ihre Särge in den Karpaten verlassen, wo sie seit Ewigkeiten schlummerten, um sich in den Einfamilienhaussiedlungen der amerikanischen Mittelklasse den Schlaf aus den Augen zu reiben. Zum Glück stammen Edward und die anderen Cullens aus einer zivilisierten Vampirfamilie, sie sind sozusagen vegetarische Vampire: Sie haben gelernt, sich ausschließlich von Tierblut zu ernähren. Doch auch andere Untote, die noch immer von Mord und frischen Adern träumen, treiben ihr Unwesen. Bleibt noch der tragische Konflikt: Wie können unsere beiden Helden einander lieben, wenn möglicherweise schon ein Küsschen bei Edward verborgene Instinkte wecken würde, die sich als mörderisch erweisen könnten? Dem Leser stehen vier Bände zur Verfügung, um es zu erfahren. Der Welterfolg der *Bis(s)*-Tetralogie (OT *Twilight*, dt. »Dämmerung«) ist das Werk der Amerikanerin **Stephenie Meyer** (geboren 1973), einer bis dato unbekannten mormonischen Mutter. Die Reihe wurde von Draculaphilen und anderen Fans herkömmlicher Vampire kritisiert, da sie die Liebesgeschichte als Schwächung eines sonst starken und grausamen Mythos sahen. Dennoch haben Millionen junge Leserinnen und Leser auf der ganzen Welt angebissen, die in dieser Saga des verbotenen Verlangens eine gekonnte Parabel für die Ängste des Erwachsenwerdens und ersten Liebeskummers fanden.

Die Tribute von Panem

Trilogie, in den USA veröffentlicht zwischen 2008 und 2010, 50 Millionen verkaufte Exemplare weltweit (in Deutschland bei Oetinger erschienen)

In der postapokalyptischen Welt heißen die Vereinigten Staaten **Panem**. Das Land ist in zwölf Distrikte unterteilt, die unter der eisernen Herrschaft des »Kapitols« stehen, der einzigen reichen Provinz im Zentrum. Überall sonst regieren Angst und Elend. Jedes Jahr finden die *Hunger Games* (so auch der OT, dt. »Hungerspiele«) statt, eine extrem grausame Fernsehshow, an der aus jedem Distrikt ein Junge und ein Mädchen teilnehmen müssen. Die vierundzwanzig geopferten Jugendlichen werden unter dem Blick der Kameras in einem dunklen Wald ausgesetzt und müssen einander bis auf den Tod bekämpfen, bis ein einziger Sieger übrig bleibt. Wir folgen der Geschichte durch die Augen der Teilnehmerin **Katniss Everdeen**.

Mit einer gekonnten Mischung aus dem alten Theseus-Mythos (auch damals mussten junge Leute als Opfer zum Minotaurus geschickt werden), den Spielen der römischen Gladiatoren und *Big Brother* gelang der Amerikanerin **Suzanne Collins** (geboren 1962), vormals Autorin fürs Kinderfernsehen, der dritte durchschlagende Erfolg der heutigen Jugendliteratur, der auch schnell fürs Kino adaptiert wurde. Hinzuzufügen ist, dass sich Gespräche über *Die Tribute von Panem* häufig um den Vergleich mit einem anderen (ebenfalls verfilmten) Roman drehen: *Battle Royale* von Kōshun Takami (1999 in Japan erschienen). In einer postapokalyptischen Diktatur werden Jugendliche gezwungen, an einem Spiel teilzunehmen, das nur einer überleben kann. Gleiches Thema. Welches der beiden Werke behandelt es geschickter? Wenn Sie auf jung machen wollen, sollten Sie sie schleunigst lesen. Zu dieser Frage keine Meinung zu haben, kommt nicht infrage.

Sakrileg

Ein Band, in den USA veröffentlicht 2003,
über 80 Millionen verkaufte Exemplare weltweit
(in Deutschland bei Lübbe erschienen)

Panik im Louvre. Der Chefkurator wurde ermordet und in seiner eigenen Blutlache wenige Schritte von der *Mona Lisa* aufgefunden, mit ausgestreckten Armen und Beinen wie auf Leonardo da Vincis berühmter Zeichnung »Der vitruvianische Mensch«. Verdächtigt wird der Harvard-Professor Robert **Langdon** (ein wiederkehrender Protagonist des Autors), der als Spezialist für religiöse Symbole gilt und sich zu jenem Zeitpunkt in Paris befindet, denn im Zusammenhang mit der Leiche taucht ein Hinweis auf seinen Namen auf. Tatsächlich wollte der Tote den Experten jedoch auf die Spur seines schrecklichen Geheimnisses bringen. Unterstützt von Sophie Neveu, der Enkelin des Verstorbenen, macht sich unser Professor/Detektiv auf die Suche und gerät in eine wilde Verfolgungsjagd. Dabei lernt er die mysteriöse Geheimbruderschaft »Prieuré de Sion« kennen und kämpft gegen die Machenschaften eines Mitglieds der düsteren Organisation Opus Dei, das zu allem bereit ist, um ihn davon abzuhalten, den Dreh- und Angelpunkt der Handlung aufzudecken – ein

Geheimnis, das die katholische Kirche seit Jahrhunderten vertuscht und das in der Tat recht gewaltig ist: Jesus hatte Kinder mit Maria Magdalena, und seine Nachkommen leben noch heute.

Dan Brown (geboren 1964) ist als Sohn eines Mathematikprofessors in New Hampshire (USA) von weniger illustrer Abstammung, dennoch gelang ihm mit dem Buch ein übermenschlicher Coup: *Sakrileg* (OT *The Da Vinci Code*) wurde ein Riesenbestseller und setzte zudem eine wahre kleine Wirtschaftsmaschine in Gang. Eine Zeit lang eilten Touristen aus der ganzen Welt zum Louvre, zur Kirche Saint-Sulpice (in Paris) oder an andere Orte der Romanhandlung, um einer »Da-Vinci-Tour« zu folgen. Und, oh Wunder der Literatur, der Großteil der Bücher, die geschrieben wurden, um »den Code zu dekodieren« und die zahlreichen Ungereimtheiten dieses recht grob gestrickten Romans anzuprangern, hatte ebenfalls Erfolg.

Millennium

Drei Bände, in Schweden veröffentlicht zwischen 2005 und 2007, über 50 Millionen verkaufte Exemplare weltweit (in Deutschland bei Heyne erschienen)

Der Journalist **Mikael Blomkvist**, Redakteur bei der schwedischen Zeitschrift *Millennium*, steckt in einer schwierigen Phase. Er hat gerade den Prozess gegen einen Wirtschaftsmogul verloren, der ihn wegen Verleumdung angezeigt hatte, nachdem Blomkvist ihn verschiedener Wirtschaftsvergehen beschuldigt hatte. Er beschließt, sich für eine Weile aus der Redaktion zurückzuziehen. Ein anderer ehemaliger Konzernchef lädt ihn an seinen Wohnort auf einer Insel im Norden des Landes ein. Er bietet dem Journalisten zur Überbrückung seines Zwangsurlaubs einen Auftrag an: Blomkvist soll dort die tragische Geschichte der reichen Industriellenfamilie niederschreiben und vor allem gleichzeitig diskret Nachforschungen über die junge Nichte des Auftraggebers anstellen, die vor vierzig Jahren spurlos verschwunden ist, was ihm noch immer keine Ruhe lässt. Der Journalist schließt bald Bekanntschaft mit der anderen Hauptfigur der Reihe, die ihm hilft, Licht in den dunklen Fall zu bringen: **Lisbeth Salander.** Diese außergewöhnliche junge Frau, asozial, misanthropisch, punkig, bisexuell, adoptiert und noch immer unter einer demütigenden Vormundschaft stehend, weshalb sie ihr Leben nicht so führen kann, wie sie will, ist auch eine so geniale »Hackerin«, dass sie selbst den bestgeschützten Computern ihre Geheimnisse entlockt. Eine schockierende Enthüllung folgt der nächsten, und bei der Gelegenheit stellt der Leser fest, dass Schweden der Welt sehr wohl auch anderes zu bieten hat als das hübsche sozialdemokratische Modell und die netten, etwas hippiemäßigen Pornofilme, die ihm in den 1970ern zu Ruhm verhalfen: In dem Buch wimmelt es nur so von schlecht umerzogenen Ex-Nazis, Vergewaltigern, Pädophilen und Psychopathen aller Art. Trotz teils heftiger Kritik am Schreibstil des Autors wurden die drei Teile der Trilogie ein Welterfolg. Er hat jedoch nie davon erfahren: **Stieg Larsson,** der selbst Journalist war und sich viele Jahre im Kampf gegen Rechtsextremismus engagierte, starb ein Jahr vor der Veröffentlichung seines Werks an einem Herzinfarkt.

2. Neue Genres

Seit der griechische Philosoph Aristoteles seine Abhandlung *Die Poetik* verfasste und darin die jeweiligen Vorzüge der Tragödie, des Epos und anderer literarischer Gattungen seiner Zeit beschrieb, teilt man die Literatur gern in unterschiedliche Genres ein. Werfen wir einen Blick auf einige der angesagtesten.

Autofiktion

Ein Buch, in dem man den Verlauf seiner Karriere oder seines Lebens beschreibt, nennt man »Memoiren« oder »Autobiografie«. Wenn man dieses Buch als Roman darstellt, der Hauptfigur jedoch seinen eigenen Namen gibt und die Geschichten darin sehr stark an das eigene Leben erinnern, spricht man von »Autofiktion«. Der Begriff wurde 1977 von dem französischen Schriftsteller Serge Doubrovsky geprägt, der sich selbst dieses Verfahrens bediente. Seither bezeichnet man damit eine ganze literarische Strömung, die in Frankreich in den 1990er-Jahren sehr in Mode kam. Ihr Reiz besteht im Spannungsverhältnis zwischen Wahrheit und Lüge, Realität und Fiktion, das haben wir inzwischen verstanden. Die bekannteste Vertreterin ist die französische Schriftstellerin Christine Angot (geboren 1959) mit Büchern wie *Inzest* oder *Sujet Angot*, ebenfalls zu nennen sind Monika Maron und Rainald Goetz. Der Trend hat seine Fürsprecher, aber auch Gegner, die darin den Gipfel der fantasielosesten Selbstverliebtheit sehen: Ziel des Romans, sagen sie, sei es, die weite Welt zu beschreiben, nicht seitenweise Nabelschau zu betreiben. Schon das Wort *autofiction,* das stark mit der französischen Literatur verbunden ist, lässt sich nur schwer in andere Sprachen übersetzen. Im angelsächsischen Sprachraum spricht man manchmal von **faction**, eine Verschmelzung der Wörter *fact* und *fiction,* häufiger jedoch von **autobiographical novel** (autobiografischer Roman). Dort wird die Entstehung des Genres jedoch viel weiter zurückdatiert als bis in die 1990er-Jahre: *David Copperfield,* das Meisterwerk, in dem der englische Romanautor Charles Dickens Erlebnisse aus seiner Kindheit erzählt, gilt als eins der besten Beispiele.

Chicklit

Im englischen Slang bedeutet *chick* – wörtlich Küken oder auch Vögelchen – so viel wie Tussi. Ein *flick* ist ein Film. Wenn es um Filme für junge Frauen geht, »Weiberfilme« wie beispielsweise den berühmten Schmachtfetzen *Love Story,* spricht man schon lange von *chick flick.* In den 1990er-Jahren haben die Amerikaner nach diesem Muster die Gattungsbezeichnung *chick lit* (»lit« als Abkürzung für *literature*) geprägt, um die neue literarische Mode zu beschreiben, die damals in zwei gigantischen Wellen die Buchhandlungen überschwemmte. Die erste wurde von **Sex and the City** ausgelöst, einer Sammlung von Kolumnen der Journalistin Candace Bushnell über das Leben vier freizügiger New Yorker Mittdreißigerinnen. Die Kolumnen erschienen ursprünglich in einer Zeitung, bevor daraus eine erfolgreiche Fernsehserie wurde (siehe S. 46). Die zweite Welle folgte mit dem Roman **Bridget Jones – Schokolade zum Frühstück,** der 1996 erschien und ebenfalls auf Kolumnen basiert, die die britische Journalistin und Schriftstellerin Helen Fielding für eine Zeitung schrieb. Er handelt von den Abenteuern einer urkomischen Londonerin, die zwischen zwei Männern steht, eine Schwäche für kalorienreiche Nahrungsmittel hat und an ihren kühnsten Träumen festhält – endlich den richtigen Kerl zu finden und mit dem Rauchen aufzuhören. In diese Reihe passt auch der Roman **Der Teufel trägt Prada** (2003), in dem die Amerikanerin Lauren Weisberger von den Missgeschicken der armen Assistentin einer tyrannischen und launenhaften Herausgeberin einer Modezeitschrift erzählt. Die Triebfedern der Chicklit sind Humor, Spott und ein Bekenntnis zu Oberflächlichkeit, so viel ist klar. Eingeschworene Feministen werfen ihr bisweilen vor, sich nur an Frauen einer bestimmten Gesellschaftsschicht zu richten und alte Rollenbilder in modernen Verpackungen wieder aufzuwärmen: Auch wenn die »Chicks« scheinbar »hyperemanzipiert« sind, träumen sie immer nur davon, einen reichen Ehemann zu finden. Dennoch ist eine gewisse Entwicklung festzustellen. Bevor dieses Genre aufkam, hatten belletristische Verlage für das breite weibliche Publikum etwas anderes vorgesehen: Die »romance novel«, wie sie im angelsächsischen Sprachraum heißt, mit ihren tragischen Liebesgeschichten und leidenschaftlichen Küssen bei Sonnenuntergang in den Armen eines Märchenprinzen. Den wollen die neuen Heldinnen immer noch heiraten. Doch sollte ihnen dies gelingen, kann man, bei dem Temperament, das sie in ihren Singlejahren unter Beweis gestellt haben, dem bedauernswerten Märchenprinzen nur raten, sich in Acht zu nehmen.

Graphic Novel

Die Fans wissen es. Der Comic hat das Stadium der »Micky-maushefte« für regnerische Nachmittage längst hinter sich gelassen, auf das spießige Erwachsene ihn bis in die 1960er-Jahre beschränken wollten. Zu den jüngsten bemerkenswerten Entwicklungen in der Neunten Kunst, wie Fachleute ihn gern bezeichnen, gehört das Aufkommen der Graphic Novel. Dieser aus den Vereinigten Staaten übernommene Begriff heißt übersetzt »grafischer Roman«, und wie der Name schon sagt, handelt es sich bei dieser Art Comic um ein eigenständiges romanartiges Werk, dessen Geschichte zu gleichen Teilen mit den beiden Mitteln Zeichnung und Text erzählt wird. Graphic Novels erscheinen oft in dickeren Bänden als die traditionellen schmalen, kartonierten Comicalben. Sie haben der Literatur des ausgehenden 20. und beginnenden 21. Jahrhunderts einige Meisterwerke beschert, von denen wir drei hier vorstellen wollen.

Maus, verfasst von dem Amerikaner **Art Spiegelman** und seit Ende der 1980er-Jahre sukzessive veröffentlicht, beginnt damit, die Unmöglichkeit des Dialogs zwischen einem Sohn, der Zeichner ist, und seinem alten Vater Mitte der 1970er-Jahre in den USA zu beschreiben, um dann in eine andere Geschichte überzuleiten: Die, die der Vater schließlich dem Sohn erzählt, nämlich seine eigenen Erfahrungen als Überlebender des Holocaust. In dem Buch sind Juden als Mäuse und Nazis als Katzen dargestellt, was einen Effekt der Verfremdung und Distanz erzeugt, der seine Stärke ausmacht. Die einzelnen Seiten des Werks sind bereits zu Klassikern der zeitgenössischen grafischen Kunst geworden und werden immer wieder in Museen auf der ganzen Welt ausgestellt.

Jimmy Corrigan des Amerikaners **Chris Ware** (2000 veröffentlicht) geht ebenfalls von der Begegnung eines unbeholfenen, depressiven Protagonisten mit seinem Vater aus, den er erst als Erwachsener kennenlernt. Der Autor entfernt sich nach und nach von der Haupthandlung und verwebt sie in Rückblenden und Traumsequenzen mit der langen, mehrere Generationen umfassenden Geschichte einer irischen Einwandererfamilie im Norden der Vereinigten Staaten.

Auch **Persepolis** von **Marjane Satrapi**, einer Französin iranischer Herkunft, ist stark autobiografisch geprägt (vier Bände zwischen 2000 und 2003). Das Buch erzählt die bewegende und lustige Geschichte der kleinen Marjane von ihrer Kindheit im Teheran der islamischen Revolution bis zu ihrem Exil. 2007 wurde der Roman als Zeichentrickfilm adaptiert und gewann den Preis der Jury bei den Filmfestspielen von Cannes.

Manga

Für Leute, die vor den 1990er-Jahren geboren wurden, gibt es meist nur eine Art von Comics, nämlich die mit den Helden ihrer Kindheit: Tim und Struppi (Hergé), Asterix (Goscinny und Uderzo), Lucky Luke (Morris) – die Comics der großen französischen und belgischen Zeichner mit ihrem ganz eigenen Humor, ihren Regeln und ihrer Ästhetik. Jüngere Leute, die mit Animes aufgewachsen sind, also schon von klein auf japanische Zeichentrickfilme gesehen haben, als diese etwa Mitte der 1990er-Jahre die Kinderprogramme des deutschen Fernsehens überschwemmten (wie zum Beispiel die Serie *Sailor Moon*), sind nach und nach auf ganz natürliche Weise in ein anderes Universum eingetaucht: das der Mangas, der japanischen Comics. Seither sind junge Leseratten in jener Welt zu Hause. Helfen wir nun den älteren, die sich dort immer noch nicht auskennen, sich zu orientieren.

Ein Manga ist also ein aus Japan stammender Comic. Das Wort, das schon Hokusai, der größte japanische Maler des 19. Jahrhunderts, verwendete, bedeutet zunächst einmal »bunt gemischtes« oder »frivoles Bild«. Seine moderne Bedeutung nahm es nach dem Zweiten Weltkrieg durch die Beliebtheit des Vaters aller »Mangaka« (Mangazeichner) **Osamu Tezuka** (1928–1989) an. Seither wächst und gedeiht das Genre stetig, wodurch unendlich viele Untergattungen entstanden sind, die sich alle benennen und einordnen lassen und über ihre spezifischen Helden und großen Künstler verfügen. Es gibt Mangas für Kinder, für heranwachsende Jungen, für heranwachsende Mädchen und für Erwachsene sowie erotische, pornographische, heterosexuelle und homosexuelle Mangas oder auch, eine für westliche Leser erstaunliche Nische, Mangas, die Liebesgeschichten zwischen homosexuellen Jungen erzählen, aber für junge Mädchen geschrieben sind und allem Anschein nach von diesen verschlungen werden.

Wir wollen hier die beiden bislang beliebtesten Serien vorstellen. Zum einen die Serie **Dragon Ball** (herausgegeben in Japan zwischen 1984 und 1995): In einer Fantasiewelt angesiedelt, erzählt sie das Epos um Son-Goku, einen Jungen mit Affenschwanz, der versucht, im Universum verstreute

Kristallkugeln wieder einzusammeln. Sobald sie zusammengetragen sind, kann ein Drache gerufen werden, der Wünsche erfüllt.

Zum anderen die neuere Serie **Naruto**. Das Werk des Zeichners Masashi Kishimoto ist heute der meistverkaufte Manga der Welt. Es geht darin um das Leben von Naruto, einem Jungen, der von einem Dämon besessen ist und deshalb von den Einwohnern seines Dorfes gefürchtet und geächtet wird. Er träumt davon, ein »Ninja« (ein Krieger im feudalen Japan) zu werden, und nachdem er zahlreiche Hindernisse überwunden hat, gelingt ihm dies auch. Daraufhin schlägt er eine Karriere voller überraschender Wendungen ein. Der erste Band mit Narutos Abenteuern erschien 1999. Im Jahr 2012 gab es bereits 61 Bände.

Vergessen Sie jedoch ein Detail nicht, wenn Sie sich an dieses Genre wagen: Um einen Manga zu lesen, beginnt man auf der aus unserer Sicht letzten Seite und beendet die Lektüre auf der ersten.

Sex im Buchladen

2001 lässt die französische Intellektuelle Catherine Millet, bis dato als Chefredakteurin einer großen Avantgarde-Kunstzeitschrift bekannt, alle Hüllen fallen. In **Das sexuelle Leben der Catherine M.** erzählt sie mit kalter Präzision und großem Detailreichtum von ihrem Hang zu Selbstbefriedigung, Gruppensex, Verkehr mit mehreren Partnern an den unterschiedlichsten Orten wie Bahnhofshallen und Parkplätzen usw. Das Buch schockierte die Öffentlichkeit, löste eine kleine literarische Kontroverse aus – einige Kritiker lobten den präzisen, distanzierten, chirurgischen Stil des Buchs, andere fanden ihn zu starr – und wurde ein Welterfolg. Das Werk wurde in dreiunddreißig Sprachen übersetzt und mehr als 2,5 Millionen mal verkauft.

2011 veröffentlicht eine unbekannte englische Fernsehproduzentin unter dem Pseudonym E L James **Fifty Shades of Grey**. Sie erzählt darin von dem verruchten Vertrag, den eine junge, jungfräuliche Protagonistin mit dem schönen Christian Grey abschließt, der sie daraufhin in die Welt von Bondage, SM und »Lustkugeln« – ein von Kennern geschätztes Accessoire – einführt, über die die Leser, die davon noch nichts wissen, hier auch nicht mehr erfahren werden: Unser Handbuch wird seine einwandfrei familiengerechte Ausrichtung auf ein breites Publikum selbstverständlich bis zum Schluss beibehalten.

Die Autorin wollte ursprünglich nur eine Art erotisierte Hommage an ihre Lieblingssaga *Twilight* schreiben. Das Ergebnis war ein unglaublicher Verkaufserfolg dank einem unerwarteten Publikum: Durch amerikanische Hausfrauen und ihre Buchclubs griff die Mundpropaganda um sich wie ein Lauffeuer. Möglicherweise wurde der Erfolg auch durch eine noch recht neue technische Entwicklung unterstützt. Im Zeitalter des E-Books kann jeder auf seinen Reader herunterladen, was er will, ohne sich den Blicken eines Buchhändlers aussetzen zu müssen. Die amerikanische Presse hat für das Phänomen ein neues Genre erfunden und es auf den Namen **Mommy Porn**, »Porno für Mamas«, getauft, womit sie wahrscheinlich alle Kinder auf den Weg einer verstörenden Erkenntnis gebracht hat. Könnte ihre Mutter doch, während sie nach dem Baseballtraining im Auto auf ihre Sprösslinge wartete, an etwas anderes gedacht haben als an die Cookies für den Nachmittagssnack.

-------- 3. Neue Stars der Literatur -------

Alle Nationen bringen große Schriftsteller hervor. Lassen Sie uns zu einer schnellen Weltreise aufbrechen, um ein paar von ihnen kennenzulernen.

Jonathan Franzen
Vereinigte Staaten

Jonathan Franzen (geboren 1959) wuchs als Sohn einer amerikanischen Mutter und eines schwedischen Vaters in Illinois auf und studierte zeitweise in Berlin, bevor er 2001 mit **Die Korrekturen** weltweit bekannt wurde. Dieser große Roman drückt uns ganz tief in einen blauen Everstyl-Ledersessel, in dem schon der fast senile Alfred Lambert versunken ist, und mit ihm alle Sicherheiten seiner Frau und alle Träume seiner drei erwachsenen Kinder: Garys scheinbarem Erfolg kommt nur seine Neurose gleich; Denise hat in ihrem Inneren eine Festung errichtet und sich letztendlich selbst darin eingeschlossen; und Chip korrigiert sein Manuskript so oft, dass er es niemals schafft, es zu veröffentlichen.

2010 erschien **Freiheit**, ein weiteres großes Zeitgemälde, das ebenfalls von einer Familie ausgeht, um die ganze amerikanische Geschichte der vergangenen dreißig Jahre darzustellen, und brachte dem Autor ein seltenes Privileg ein: Er landete mit ganzseitigem Foto und dem Titel »Great American Novelist« (großer amerikanischer Schriftsteller) auf dem Cover des berühmten *Time*-Magazins.

Alaa al-Aswani
Ägypten

Die Wege, die zum Schreiben führen, können unergründlich sein. Alaa al-Aswani ist von Beruf Zahnarzt und übt dieses ehrbare Handwerk in Kairo, der Stadt, in der er 1957 geboren wurde, noch immer aus. Daraus zog er Nutzen für seinen Roman: Der Schriftsteller erklärt oft, er habe sich von vielen Geschichten seiner Patienten inspirieren lassen. 2002 erscheint sein kleines Meisterwerk: **Der Jakubijân-Bau.** Wie der Titel schon sagt, erzählt dieser Roman die Geschichte eines Gebäudes; im Mittelpunkt steht ein altes Wohnhaus im Zentrum der ägyptischen Hauptstadt, das ihr sehr ähnelt – zwar verfallen, doch sind die Spuren früheren Glanzes noch erkennbar. Das Buch lässt uns eintreten und erzählt uns die miteinander verwobenen Geschichten der Bewohner: Da gibt es den skrupellosen Geschäftemacher; den reinherzigen jungen Mann, der vom Sozialsystem so sehr gedemütigt wurde, dass er sich vom Islamismus locken lässt; die Frau, die gezwungen ist, sich einem Mann hinzugeben, um ihre Familie zu ernähren; oder auch den homosexuellen Journalisten, der hoffnungslos in einen Soldaten verliebt ist. *Der Jakubijân-Bau* wurde direkt nach seiner Veröffentlichung ein Riesenerfolg und bedeutete einen Schock für die gesamte arabische Welt, weil er es wagte, in einer einfachen und für alle verständlichen Sprache die Tabus zu brechen, die dem Autor zufolge zerstörerisch wirken: Korruption, der Druck des religiösen Extremismus und sexuelle Verbote. Der stets gerechte, niemals moralisierende Blick, mit dem al-Aswani seine Figuren betrachtet, sowie sein Realismus haben zu Vergleichen mit dem Literaturnobelpreisträger Nagib Mahfuz (1911–2006) geführt, der als größter ägyptischer Schriftsteller des 20. Jahrhunderts gilt. Der Mann spricht fließend Französisch, Englisch und Spanisch, ist weltoffen und ein leidenschaftlicher Demokrat.

Michel Houellebecq
Frankreich

Selbst den Franzosen, die nicht lesen, fällt etwas zu ihm ein: sein Gestammel bei Fernsehinterviews, die seltsame Art, wie er seine Zigaretten mit drei Fingern hält, und seine Vorliebe für Provokation – 2001 bezeichnet er den Islam als die »dümmste Religion« und singt ein Loblied auf die Prostitution. Später verteidigt er die Raëlianer, eine Sekte von Fantasten, die glauben, mit Außerirdischen in Kontakt zu stehen. Dass Michel Houellebecq eine *Persönlichkeit* ist, tut der Tatsache, dass er auch (und vor allem) einer der größten lebenden französischen Schriftsteller ist, keinen Abbruch. Er wurde 1956 oder 1958 (bei seinem Geburtsdatum widerspricht er sich) auf Réunion geboren und 1994 mit **Ausweitung der Kampfzone** bekannt, einem melancholischen Porträt eines depressiven, aber gut bezahlten Angestellten, an dessen Beispiel er die große emotionale und moralische Misere der Arbeitswelt in der kapitalistischen Gesellschaft darstellt. Es folgen weitere Romane zu verschiedenen Themen. In **Elementarteilchen** (1998) kreuzt er das Schicksal zweier Halbbrüder, die Ende der 1950er-Jahre geboren wurden, und skizziert ein Abbild der desillusionierten Generationen nach den Revolten der 1960er- bis 1970er-Jahre. *Plattform* (2001) beschreibt die verzweifelte Suche nach sexueller Erfüllung, die der Protagonist zeitweilig bei thailändischen Prostituierten findet. **Karte und Gebiet** (2010, Prix Goncourt) folgt dem Werdegang eines zeitgenössischen Künstlers. Jeder Roman trägt Houellebecqs unverwechselbare Handschrift, die das Besondere seiner Werke ausmacht. Mit seiner einfachen und flüssigen Erzählweise gelingt es ihm, den individuellen Lebensweg seiner in ihren Liebesbeziehungen, ihrer Sexualität und ihrer Zeit unglücklichen Protagonisten mit weitläufigen und bereichernden Reflexionen über die

Entwicklung unserer Gesellschaften, die Beziehungen zwischen Männern und Frauen sowie die (düstere) Zukunft der westlichen Welt zu verknüpfen. Auf Deutsch erschien zuletzt *Unterwerfung*.

Han Han
China

Wird er einer der großen chinesischen Schriftsteller des Jahrhunderts? Es ist noch zu früh, um das sagen zu können. Han Han wurde 1982 geboren und hat noch Zeit, sein Werk zu vollenden. Doch wenn man etwas von den aktuellen Entwicklungen in China verstehen will, sollte man sich seinen Namen merken. Er stammt aus Shanghai, war ein schlechter Schüler – dessen rühmt er sich mit Humor, und das will was heißen in einem Land, wo Bildung alles ist –, und bringt 1999 **Dreifache Türen** heraus, eine bissige Satire auf das Bildungssystem und alles, was damit zusammenhängt: der wahnsinnige Ehrgeiz der Eltern, die Unfähigkeit der Lehrer usw. Das Buch wird ein Bestseller und Han Han ein Star. Hierbei helfen ihm auch sein vorteilhaftes Aussehen, das ihm eine beachtliche Beliebtheit bei den jungen Chinesinnen beschert, und seine erstaunliche Vielseitigkeit: Der Schriftsteller ist auch noch Musiker, was gelegentlich vorkommt, sowie, eine schon seltenere Kombination, Profirennfahrer. Die alte intellektuelle Garde findet ihn zynisch und oberflächlich und verachtet ihn, die jungen Generationen vergöttern ihn als ein Symbol des neuen, modernen, offenen Chinas. Sie schätzen den freimütigen Ton, mit dem er den erstickenden Konformismus der traditionellen Medien anprangert, und warten gespannt auf die Meinungen, die er zu allen möglichen Themen in seinem Blog äußert – der als der meistgelesene Blog der Welt gilt.

Nobelpreis

Eine andere Möglichkeit einer literarischen Weltreise besteht darin, sich einfach nach Stockholm zu begeben, wo jedes Jahr die renommierten Nobelpreise verliehen werden. Wir haben hier die Preisträger aufgelistet, die seit Beginn des Jahrhunderts in der Kategorie Literatur ausgezeichnet wurden.

2000	Gao Xingjian	Franzose (geboren in China)
2001	V. S. Naipaul	Brite (geboren auf Trinidad)
2002	Imre Kertész	Ungar
2003	J. M. Coetzee	Südafrikaner
2004	Elfriede Jelinek	Österreicherin
2005	Harold Pinter	Brite
2006	Orhan Pamuk	Türke
2007	Doris Lessing	Britin (geboren im Iran)
2008	J.-M. Le Clézio	Franzose und Mauritier
2009	Herta Müller	Deutsche (geb. in Rumänien)
2010	Mario Vargas Llosa	Spanier und Peruaner
2011	Tomas Tranströmer	Schwede
2012	Mo Yan	Chinese
2013	Alice Munro	Kanadierin
2014	Patrick Modiano	Franzose

Der Essay des Jahrhunderts? Kampf der Kulturen

Der Zusammenbruch der UdSSR Anfang der 1990er-Jahre regt die Experten internationaler Beziehungen zum Nachdenken an. In welche Richtung wird die Welt sich entwickeln, da sie nun nicht mehr von der Auseinandersetzung zwischen Kapitalismus und Kommunismus bestimmt ist? Der amerikanische Politikwissenschaftler Francis Fukuyama (geboren 1952) stellt bereits 1989 eine Hypothese auf, aus der 1992 ein Buch wird: *Das Ende der Geschichte*. Der Untergang des Kommunismus, schreibt er dort im Wesentlichen, besiegele den Triumph des Kapitalismus, der freien Marktwirtschaft und der liberalen Demokratie, die sich nunmehr auf dem gesamten Planeten ausbreiten und bis ans Ende aller Zeiten regieren würden.

Ein anderer großer amerikanischer Politologe, **Samuel Huntington** (1927–2008), setzt ihm in einem langen Artikel, der 1993 in einer Zeitschrift erscheint, eine scharfe Antwort entgegen. Die Zeit der ideologischen oder auch ökonomischen Konflikte sei vielleicht vorbei, es würden jedoch andere folgen, die in den großen Gegensätzen zwischen den ganz alten Gesellschaftsmodellen, Mentalitäten und Kulturen der Welt begründet lägen, den sogenannten Zivilisationen. Er zählt neun verschiedene auf: die chinesische, die japanische, die hinduistische, die buddhistische, die westliche, die islamische, die lateinamerikanische, die afrikanische und die orthodoxe. Die Gegensätze zwischen all diesen Kulturen würden in Zukunft weiter zunehmen, daher der Titel seines Artikels, den er 1996 zu einem Buch erweitert, das in Deutschland im Europa Verlag Hamburg erscheint: *Kampf der Kulturen. Die Neugestaltung der Weltpolitik im 21. Jahrhundert* (OT *The Clash of Civilizations and the Remaking of World Order*).

Anfangs schürt der Essay Polemiken und Kontroversen, doch sie bleiben alle auf die hohen Sphären der universitären Debatten beschränkt. Dann verleiht ihm ein weltpolitisches Ereignis einen unglaublichen Aufwind:

die Attentate vom 11. September 2001. Plötzlich wird die These studiert, kommentiert, diskutiert, vor allem wird der Titel des Buchs für alles Mögliche herangezogen und der Inhalt bei dieser Gelegenheit stark reduziert: Wenn man vom »Kampf der Kulturen« spricht, meint man nur noch den Krieg zwischen zweien von ihnen, nämlich zwischen dem Islam und dem Westen. Auf einmal hat jeder eine Meinung dazu: die Extremisten beider Lager, Islamisten und westliche Rassisten, sehnen ihn herbei; die Demokraten fürchten ihn. Man kann Huntington vorwerfen, dass seine These zu monolithisch ist. Für ihn sind die »Kulturen« aus den Tiefen der Zeit aufgetaucht und so konstruiert, dass sie sich niemals wandeln bis in alle Ewigkeit, sondern die Menschen für immer in stets derselben Denk- und Lebensweise gefangen halten.

Zehn Jahre nach 2001 ereignet sich ein weiteres großes weltpolitisches Geschehen, das dieses Konzept erschüttert: der Arabische Frühling. Die Revolutionen, die von Tunesien und Ägypten ausgehen, um den dort herrschenden Diktaturen ein Ende zu bereiten, zeigen, dass die Dinge unendlich viel komplexer sind. Die verschiedenen politischen Strömungen, die in all diesen Ländern aufkommen, die erbitterten Schlachten, die Demokraten und Islamisten seither dort gegeneinander führen, machen deutlich, wie absurd es ist, sie auf eine einzige Kultur reduzieren zu wollen, die angeblich alles erklärt: Tief im Inneren der muslimischen Welt treffen gegensätzliche Strömungen aufeinander, wie übrigens auch überall sonst.

II. Filme

Vor etwas mehr als hundert Jahren entdeckte die Welt mit der Erfindung des Kinos, dass man auf einer Leinwand bewegte Bilder verfolgen kann, die eine Geschichte erzählen. Heute gibt es immer noch Lichtspielhäuser, aber man kann die Bilder natürlich auch auf einem Fernsehbildschirm sehen, und überhaupt haben sich Bildschirme inzwischen rasant vermehrt, man findet sie auf Computern, Tablets, Telefonen, Konsolen ...

1. Mattscheibe

Manchmal treffen Sie in ihrem Umfeld Kinder mit ungewöhnlichen Vornamen wie Dylan, Ronan oder Oriana. Man kann mit einiger Sicherheit davon ausgehen, dass ihre Eltern Serienfans sind. Heute wird die Zahl der Fernsehzuschauer, die täglich den von TV Globo produzierten familiären und sentimentalen Verwicklungen folgen, auf zwei Milliarden geschätzt. **Telenovelas** kommen hauptsächlich aus Brasilien und werden mit Erfolg überall auf der Welt ausgestrahlt. In Indien und der muslimischen Welt machte das Publikum einen Umweg über die großen religiösen My-

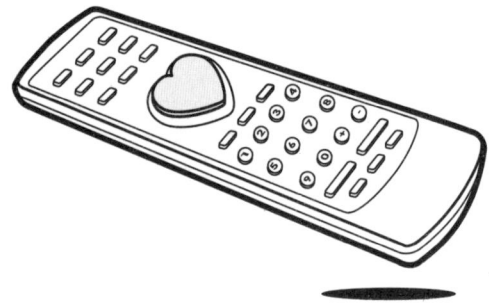

then, die fürs Fernsehen adaptiert wurden, bis es zu Serien gelangte. Doch seit zehn Jahren haben *Soaps* auch dort die Oberhand gewonnen: Der Streit zwischen Schwiegertöchtern und Schwiegermüttern hat den göttlichen Zorn ersetzt.

Die **Ramadan-Soaps** sind ein wahres Großereignis in den Medien. Während des Fastenmonats liefern sich jedes Jahr 400 Sender einen Krieg um die Zuschauer. Unvergessen bleibt *Noor**, das orientalische *Dallas,* das zweifellos in allen Medinas viel Kajal hat fließen lassen.

In Asien unterscheidet man je nach Herkunft in K-Dramen, J-Dramen und T-Dramen, nämlich koreanische, japanische oder taiwanische. Ein »Drama« kann sentimental, tragisch, humoristisch, familiär, schulisch, historisch oder alles zugleich sein. Der Großteil der asiatischen Fernsehserien zielt auf ein Publikum von Jugendlichen oder jungen Erwachsenen ab.

Ein weiteres, in Europa sehr verbreitetes Phänomen ist das der **nordamerikanischen Serien**, deren Kreativität die Fernsehlandschaft der 2000er-Jahre geprägt hat.

Amerikanische Serien

Wir wollen hier die Hauptthemen anhand einer Auswahl der beliebtesten Serien vorstellen. Auch wenn manche Serien endlos sind, haben wir uns bemüht, die Handlung wie für ein Kreuzworträtsel in einem Satz zusammenzufassen.

---

* *Noor* (OT »Gümüş«) ist eine türkische Serie, die zwischen 2005 und 2007 in der ganzen arabischen Welt eine wahre Sensation war und von bis zu 85 Millionen Fernsehzuschauern verfolgt wurde.

Die Ärzteschaft

Grey's Anatomy	Bluttransfusionen und sentimentale Konfusionen um die Ärztin Meredith Grey (Ellen Pompeo).
Dr. House (*House, M. D.*)	Der Arzt (Hugh Laurie) ist ein Menschenfeind, kann aber alle medizinischen Rätsel lösen.

Die Ermittler

Navy CIS (*Naval Criminal Investigative Service*)	Gibbs und seine witzigen Kollegen bringen Licht in die dunklen Machenschaften der amerikanischen Marine.
CSI (*Crime Scene Investigation*)	Um einen Fall zu lösen, muss man sich an die Fakten halten und den Tatort genauestens untersuchen: Indizien lügen nicht.

Die extravaganten Cliquen

Sex and the City	Carrie (Sarah Jessica Parker), Charlotte, Samantha und Miranda sind Singles in New York, und jede hat ihre Gründe.
Desperate Housewives	In der Vorstadtstraße Wisteria Lane schnüffelt ein Kreis unter fünfzigjähriger Hausfrauen (Eva Longoria, Marcia Cross ...) in sentimentalen und moralischen Angelegenheiten herum.
Six Feet Under	Nach dem Tod des Vaters führt die Familie dessen Bestattungsinstitut weiter.

Der politische Blickwinkel

The Wire	Die Bürger von Baltimore leiden unter Korruption in allen Gesellschaftsschichten und auf der ganzen Linie.
24	Jack Bauer bleibt wenig Zeit, den Senator, der für die Präsidentschaftswahl kandidiert, zu beschützen, aber in der folgenden Staffel wird er dafür belohnt.

Die netten Gangster

Die Sopranos (*The Sopranos*)	Um seine Panikattacken in den Griff zu bekommen, beginnt der Mafioso Tony eine Psychotherapie.
Prison Break	Ein Mann lässt sich freiwillig in ein Gefängnis sperren, um mit seinem Bruder, der einer Intrige zum Opfer gefallen ist, auszubrechen.

Die Teenies

Gossip Girls	Anscheinend wird New York heute von Fitzgerald'schen Figuren (jungen Leuten mit dem nötigen Kleingeld) bevölkert.
Glee	Zwischen Schulchor und Reality-TV angesiedelt, ist dies die 2000er-Version von *Fame*.
Skin	Diese 17-Jährigen ziehen sich alles rein: Matheunterricht, Mensaessen, Familienneurosen und die verschiedensten Substanzen.

Die ungeahnten Talente

Dexter	Tagsüber Forensiker, nachts Serienkiller.
The Mentalist	Diese sexy Version von Hercule Poirot hat die Gabe, bei Verdächtigen die Details aufzuspüren, die nicht stimmen.

Serienvokabular

Arc:
(auch *story arc*) Handlungsbogen, der sich über mehrere Folgen oder eine ganze Staffel entwickelt. Das Äquivalent dazu gibt es in der Literatur. Zum Beispiel die Geschichte von Desglands – einem jähzornigen Schlossherrn, der durch seine Spielsucht seine Frau verloren hat – in Diderots *Jacques der Fatalist*.

Cliffhanger:
(»Klippenhänger«) Wenn die Spannung ihren Höhepunkt erreicht, ist das im Allgemeinen der richtige Moment für eine Werbepause, das Ende einer Folge oder auch einer Staffel. Um sicherzugehen, dass der Zuschauer wieder einschaltet.

Crossover:
(»Handlungsüberschneidung«) Begegnung zwischen Figuren aus verschiedenen Serien. Wenn zum Beispiel die Hauptfiguren aus *Ally McBeal* für eine Folge bei den Anwälten von *Practice* auftauchen.

Pilot:

Erste Folge einer Serie. Darin lernt man alle wesentlichen Elemente der Geschichte kennen: Stimmung, Thematik, Hauptrollen. Dann funkt es, oder es funkt eben nicht.

Sitcom:

(»Situationskomödie«) Humoristische Serie, die im Vorabendprogramm ausgestrahlt wird und an eingespielten Lachern erkennbar ist.

Soap:

(auch »Seifenoper« genannt) Melodramatische Abenteuer, in denen es sehr häufig um gut situierte und gut frisierte Leute geht. Anfangs wurden *soap operas* im Radio gesendet und von den großen amerikanischen Seifen- und Waschmittelherstellern gesponsert, daher der Name (*soap* = Seife). Heute werden sie zu den Essenszeiten ausgestrahlt und immer noch von Werbung unterbrochen. Zu nennen ist hier der Welterfolg *Dallas*. In Großbritannien *EastEnders*. In Deutschland die *Lindenstraße*. In Frankreich *Plus belle la vie*.

Spin-off:

(auch »Ableger« genannt) Das ist die kleine Schwester einer Serie, die mit anderen Figuren vor derselben Kulisse oder parallel spielt (Beispiel: Die Ermittler von CSI Miami dürfen am Strand arbeiten, während die ursprünglichen Ermittler in Las Vegas festsitzen).

Staffel:

Eine Staffel läuft in den Vereinigten Staaten von September bis Mai/Juni und wird dort, wie eine Theatersaison, *season* genannt. *Season premiere* und *season finale* sind die strategisch wichtigen Folgen, die eine Staffel eröffnen und abschließen.

Reality-TV

Im 18. Jahrhundert sorgt Marivaux mit dem Theaterstück *Der Streit* für einen Skandal. Darin erliegen zwei Jungen und zwei Mädchen, nachdem sie isoliert von der Welt gelebt haben, den Verwirrungen des Verlangens und der Unbeständigkeit. Der Zuschauer darf die Ergebnisse des Experiments beobachten.

Zur Jahrtausendwende sorgt die Produktionsgesellschaft Endemol mit der Sendung *Big Brother* für eine Sensation. Darin erliegen junge, von der Welt isolierte Kandidaten den Verwirrungen des Müßiggangs und der Unbeständigkeit. Dann wird abgestimmt, ob sie bleiben dürfen oder gehen müssen.

Reality-TV ist ein *marivaudage*, ein »Getändel«, bei dem in jeder Staffel neuer Streit inszeniert wird, um möglichst viele Zuschauer anzuziehen.

2. Leinwand

Die Bilder der einstürzenden Twin Towers am 11. September 2001 haben in uns den Eindruck erweckt, live einem Katastrophenfilm zu folgen. Nachdem die Realität die Fiktion übertroffen hat, verfielen die Produktionsgesellschaften von Hollywood in eine kreative Starre, gelähmt von einem System, das an seiner eigenen Maßlosigkeit zerbrochen ist. Die exponentiell steigenden Budgets, der Kampf um Starbesetzungen, der komplizierte Zeitplan der weltweiten Filmstarts, der wachsende Markt der Fanartikel, das alles wirkte auf einmal lächerlich. Die **Block-buster** (Filme, die die Kinokassen klingeln lassen) gaben sich ermutigend und unverfänglich. Sie litten unter mangelnder Inspiration. Das Publikum erlebte die massenhafte Rückkehr von historischen Herrschern (*Alexander, Troja*), Zombies und Superhelden (*Spider-Man, Batman*). Und es sah so viele Wiederholungen früherer Erfolge in Form von Remakes, dass diese schon selbst eine neue Filmtypologie darstellen:

Das Prequel. Film, der auf einem Referenzwerk beruht, dessen Handlung aber vor jenem angesiedelt ist. Die zweite *Star-Wars*-Trilogie (1999–2005) springt dreißig Jahre zurück vor den Krieg der Sterne, um uns die Jugend von Darth Vader sowie die Geburt von Luke und Leia zu erzählen.

Das Sequel. Das ist eine Fortsetzung und ein altbekanntes Verfahren, das aber auch völlig uninteressante Produktionen wie *102 Dalmatiner* einschließen kann, denn Sequels erzielen in der ersten Spielwoche immer gute Ergebnisse und fördern den Verkauf von Fanartikeln.

Die Uchronie, eine Alternativweltgeschichte. Was wäre passiert, wenn ein anderes Ereignis stattgefunden hätte als das, das wir kennen? Die Literatur benutzt dieses Genre, um die Weltgeschichte aus einem kritischen Blickwinkel zu betrachten. Das Kino macht seit einigen Jahren reichlich davon Gebrauch. Bei *Watchmen – Die Wächter* handelt es sich um eine düstere Neuschreibung der Geschichte der USA. In *Inglourious Basterds* wird Hitler von amerikanischen Juden getötet. In *V wie Vendetta* siegt die Anarchie. Die berühmte Maske, die in dem Film auftaucht, wurde von Anonymus aufgegriffen (siehe S. 60).

Das Reboot (»Neustart«). Diesen Begriff verwendet man in der Informatik, er bezeichnet aber auch einen Film, der an den Anfang einer Serie oder eine Figur anknüpft, ohne auf bestehende Episoden Rücksicht zu nehmen. Anders als bei einem Remake oder Prequel kann das Reboot durch die Rückkehr zum Ausgangspunkt in eine andere Richtung weitergehen. *Batman Begins* und *Superman Returns* sind Reboots, sie geben Batman und Superman eine neue Chance.

Die Superkräfte

Superhelden sind in den 2000er-Jahren en masse zurückgekehrt. Anscheinend haben sie sich in der Zwischenzeit mit Antidepressiva vollgestopft. Spider-Man und der dunkle Ritter leiden sicherlich unter der Last ihrer Verantwortung. Aber auch wenn sie ihre gute Laune eingebüßt haben, konnten sie sich doch noch einige Superkräfte bewahren:

Superkraft	Superheld
übermenschliche Kraft	Superman; Colossus (Figur aus X-Men); Hulk
fliegen	Superman
hoch entwickelte Sinne	Superman; Daredevil; Spider-Man
Teleportation	Nightcrawler (X-Men)
Regeneration	Wolverine (X-Men)
Verwandlung	Die Maske; Hulk
Klebekraft	Spider-Man
Telepathie	Professor Xavier (X-Men)
Unsterblichkeit	Dr. Manhattan (Watchmen)
Verformbarkeit	Mr. Fantastisch (Die Fantastischen Vier)
Unsichtbarkeit	Die Unsichtbare (Die Fantastischen Vier)
keine Superkraft	Batman (aber dafür Gadgets und einen Assistenten)

Wenn wir für die ersten zehn Jahre des 21. Jahrhunderts eine Liste der besten Filme erstellen müssten, wäre uns dabei nicht unbedingt nostalgisch zumute, sie würde aber garantiert willkürlich ausfallen. Halten wir uns stattdessen an fünf Filme in fünf ganz unterschiedlichen Genres und nennen wir es eine Nachhilfestunde.

Matrix

Amerikanischer Cyberpunkfilm von Larry und Andy Wachowski aus dem Jahr 1999

Die Welt, in der wir leben, soll nur ein Schattenspiel sein. Woran erinnert Sie das? **Matrix**, die Trilogie der **Wachowski**-Geschwister, nimmt nicht nur Bezug auf die Höhle von Platon, die Frage nach der Rolle der Informatik in unserer Gesellschaft und die Grenzen der künstlichen Intelligenz, sondern die Filmreihe ist auch repräsentativ für das Umkippen der amerikanischen Vorstellungskraft. Im ersten Teil (1999) sehen wir, wie eine Geheimorganisation den jungen Hacker **Neo** (Keanu Reeves) kontaktiert. Neo findet heraus, dass die Realität ein künstliches Konstrukt ist, das von der »Matrix« kontrolliert wird.

Aufgrund der Cyberpunk-Thematik, der Verschwörungstheorie und der atemberaubenden Kamerafahrt-Effekte (»*bullet time*«) wird *Matrix* ein Welterfolg und propagiert eine starke Ästhetik. Der Film markiert einen Höhe- und Wendepunkt. Der folgende Teil (2003) beginnt mit einem schwindelerregenden Fall: Die Heldin **Trinity** (Carrie-Anne

Moss) stürzt von einem Hochhaus ins Leere und erinnert damit an Szenen, die seit dem Einsturz des World Trade Centers für Amerika zu einem Trauma geworden sind. Die Welt hat sich verändert. Im Inneren der Erde liegt Zion, die letzte von Menschen bewohnte Stadt, die den Maschinen Widerstand leistet. Sie wird von Robotern angegriffen, und kein Vermittler, nicht einmal Neo, kann die Lage unter Kontrolle bringen: *Matrix 2* und *3* verwandeln sich in Kriegsfilme. Die Achse des Bösen hat die metaphysischen Ängste des ersten Teils in den Hintergrund gedrängt.

Brokeback Mountain

Amerikanischer Western von Ang Lee aus dem Jahr 2006

Brokeback Mountain ist kein gewöhnlicher Western, er hat im konservativen Lager für Unmut gesorgt. **Jack** (Jake Gyllenhaal) und **Ennis** (Heath Ledger), zwei Cowboys, werden engagiert, um im Gebirge Schafe zu hüten, und mit der Zeit verwandelt sich ihre anfängliche Kameradschaft in gegenseitige sexuelle Anziehung. Die Rückkehr in die Stadt am Ende der Herdenwanderung bedeutet ihre Trennung. Ennis hat für Jack nur ein kaltes: »*See you around*« (Wir sehen uns) übrig.

Jeder von ihnen heiratet, bekommt Kinder. Als sie sich vier Jahre später wiedersehen, reicht ein einziger Blick, um ihnen klar zu machen, wie sehr sie einander verfallen sind. Ab dann gehen sie einmal im Jahr zusammen angeln am Brokeback Mountain ...

Der ernste Ton, den Regisseur **Ang Lee** bei seiner Adaption einer Kurzgeschichte von Annie Proulx angeschlagen hat, unterstreicht das emotionale Drama. Was eine einfache Urlaubsliebe hätte sein können, ein netter Ausflug jeden Sommer, erweist sich als ein viel tieferes Gefühl, dessen Entfaltung zwar erschwert wird durch Ennis' Verleugnung, aber endgültig erstickt von einem homophoben Amerika. Als der Film erscheint, wird seine Botschaft von den Liberalen hoch gelobt. Er wird ein unbestrittener Publikumserfolg, der von einem Wandel der Mentalität zeugt. Dennoch gehört Wyoming, wo das Drama spielt, zu den Staaten Nordamerikas, in denen die gleichgeschlechtliche Ehe ausdrücklich verboten ist.

Heroic Fantasy

»Gollum, Gollum!«, krächzt die kleine Kreatur, nachdem sie den Ring an sich gerissen hat. »Er ist mein, mein Eigen, mein Schatz!« **Der Herr der Ringe** ist ein Juwel der Heroic-Fantasy-Literatur – die die Abenteuer von Helden in einer Fantasiewelt erzählt – und wurde 2001 von Peter Jackson meisterhaft fürs Kino adaptiert. Die neunstündige Odyssee stellt den Höhepunkt des Genres dar und begeisterte Millionen Fans von J. R. R. Tolkien (1892–1973), dem Autor des Zyklus und Vater der Hobbits, Elben und Orks. Der Film zeigt die beschwerliche Reise des Hobbits Frodo (Elijah Wood) zum Schicksalsberg. Die besondere Ästhetik der Trilogie beruht auf der Mischung von Kettenhemden mit Pixeln und uralten Legenden mit atemberaubenden Spezialeffekten.

Ein Neuzugang des Genres ist **Das Lied von Eis und Feuer** (OT *A Game of Thrones*). Dieser großartige Heroic-Fantasy-Zyklus aus der Feder von George R. R. Martin erzählt auf eine düstere und realistische Weise von der Rivalität zwischen mehreren »Adelshäusern«, den sieben Königreichen, um den Eisernen Thron. Die Saga wurde als Fernsehserie und Videospiel adaptiert.

Der Pianist

Französischer, britischer, deutscher und polnischer
Geschichtsfilm von Roman Polanski aus dem Jahr 2002

Der jüdische Pianist **Władysław Szpilman** (Adrien Brody) gibt gerade ein Konzert im polnischen Radio, als die Sendung von Bombardierungen unterbrochen wird. Wir befinden uns im September 1939, und bald machen die deutschen Truppen dem Protagonisten, seiner Familie und allen anderen Polen, besonders den jüdischen, wahrhaftig das Leben zur Hölle. Der Pianist sieht den Demütigungen, standrechtlichen Hinrichtungen sowie der Einrichtung und späteren Zerstörung des Warschauer Ghettos machtlos zu und entgeht nur durch Zufall der Deportation. Seine Flucht und seine wechselnden Verstecke bestimmen das Tempo des Films, ebenso wie eine Nocturne von Chopin, durch die Szpilman mit der Realität verbunden bleibt. Die fließende, leichte Musik bewahrt eine Spur Menschlichkeit in den verzweifelten Handlungen dieses Mannes, der weder zu Kampf noch zu Widerstand fähig ist.

Der Pianist ist das Meisterwerk eines Filmemachers, der als Kind selbst aus dem Krakauer Ghetto floh und seine Mutter in den Gaskammern von Auschwitz verloren hat. **Roman Polanski** ist es gelungen, Pathos, Kitsch, Gefühlsduselei und Heldentum à la Hollywood zu vermeiden. Er hat eine emotionale Distanz zum Zuschauer gewahrt, die wunderbar dazu beiträgt, diese tragische Zeit zu rekonstruieren.

No Country for Old Men

*Amerikanischer Thriller von Joel und Ethan Coen
aus dem Jahr 2007*

Ein Serienkiller von verblüffender Kaltblütigkeit, Figuren, die nicht immer wissen, wovor sie fliehen, und dermaßen einfache Dialoge, dass sie völlig absurd wirken: **No Country for Old Men** ist der beste und verstörendste Thriller des Jahrzehnts. Typisch für den Film sind die Weltuntergangsstimmung ebenso wie eine meisterhafte Steuerung der Spannung und der Bildkomposition.

Die Geschichte beruht auf einem Roman von Cormac McCarthy. An der Grenze zwischen Texas und Mexiko kommt der Vietnam-Veteran **Moss** (Josh Brolin) zufällig an den Tatort eines Massakers, das wie ein Vergeltungsakt der Mafia wirkt. Er weiß nicht, dass der Koffer voller Geldscheine, den er dort findet und mitnimmt, mit einem Peilsender ausgestattet ist. Daraufhin wird ein Killer namens **Chigurh** (Javier Bardem) auf ihn angesetzt. Dieser tötet alle, die ihm in die Quere kommen, und zwar häufig mit einem pneumatisch betriebenen Bolzenschussgerät, wie es in Schlachthöfen eingesetzt wird: »paff, paff«. Sheriff **Bell** (Tommy Lee Jones) steht fassungslos zwischen den Opfern, dem flüchtigen Veteranen und dem Serienkiller. Alle Figuren sind gleichzeitig Jäger und Gejagte, die versuchen, keine Spuren zu hinterlassen. Diese Glanzleistung an Ironie ist den **Coen-Brüdern** zu verdanken.

Avatar – Aufbruch nach Pandora

*Amerikanischer Science-Fiction-Film von James Cameron
aus dem Jahr 2009*

Technische Spielerei im Dienste eines Umweltmärchens.
Der querschnittsgelähmte Ex-Marinesoldat **Jake Sully** (Sam
Worthington) wird beauftragt, sich auf den Lichtjahre von
der Erde entfernten Mond Pandora zu begeben, wo das
Waldvolk der Na'vi lebt, das viel mit den Indianern gemeinsam hat. Der Planet verfügt über einen Bodenschatz,
den die Menschen begehren.

Jake nähert sich dem Volk in Form eines Avatars, das
heißt eines Hybrids aus seiner menschlichen DNA und der
eines Na'vi, und kann sich sogar auf seinen eigenen Beinen
durch den Zauberwald bewegen. **Neytiri** (Zoe Saldana), die
entzückende Häuptlingstochter aus dem blauhäutigen
Stamm, rettet dem Soldaten das Leben. Der staunt ab-
wechselnd über die Schönheit dieses Wesens und die der
Welt um ihn herum, die schillernden Vögel, die phospho-
reszierenden Farne ... All dies bringt Jake dazu, sich für den
Schutz des idyllischen Planeten einzusetzen.

James Cameron gelingt mit Avatar – Aufbruch nach Pandora eine technische Meisterleistung, da 80 % der Szenen
virtuell in 3D gedreht wurden, und ein weltweiter Kassen-
schlager: die Gesamteinnahmen (2,7 Milliarden Dollar)
übertreffen sogar die seines Vorgängers *Titanic* (2,1 Milliarden Dollar).

Found Footage

Hierbei handelt es sich um eine neue Art, im Kino Geschichten zu erzählen, die 1999 mit **Blair Witch Project** populär wurde. Found Footage, »gefundenes Filmmaterial«, bezeichnet ein Genre, das im experimentellen Kino entstanden ist. Die Bilder sollen aus der Kamera eines Protagonisten stammen, der auf unerklärliche Weise verschwunden ist, oder auch aus einer Überwachungskamera, und wurden angeblich zusammengetragen, um ungewöhnliche Ereignisse aufzudecken. Kleines Budget, subjektive Kamera, Effekte wie Körnung, Verschwimmen und Verwackeln – die gleiche Ästhetik und das gleiche Verfahren finden sich auch bei *[REC]*, *Paranormal Activity* und *Cloverfield*.

3. Einführung in die Videospiele

Sollen wir bei **Angry Birds** anfangen, dem am häufigsten heruntergeladenen Spiel der Welt, und mit Sicherheit einem der stumpfsinnigsten, bei dem es darum geht, Vögel auf grüne Schweine zu schießen, um Eier einzusammeln? Oder bei **Die Sims**, dem Spiel eines »simulierten Lebens«, bei dem man Familien in einem Wohnviertel ansiedelt, um sie daraufhin zu beobachten und an ihrer Entwicklung teilzunehmen, indem man ihnen Simoleons, Taschengeld in der örtlichen Währung, zusteckt? Oder sollen wir stattdessen vom aktuellen Stand der Konsolen sprechen, die bald direkte Konkurrenten unserer Router werden und mit denen man surfen, Abonnements verwalten und Filme sehen wird wie heute mit einem Fernseher oder Laptop?

Nach einigem Zögern, aber letztlich begeistert, gebraucht und endlich ernst genommen zu werden, haben sich die jungen Experten aus unserem Umfeld bereit erklärt, das Universum der Konsolen anhand der folgenden fünf Spiele für uns zusammenzufassen:

Fifa

»Das ist der Test.« Fifa dient unter Freunden als Maßstab, um zu sehen, ob man Videospiele spielen kann. Das Spielfeld wirkt realistisch, und alle Clubs der Fédération Internationale de Football Association (FIFA) sowie alle Spieler sind vertreten.

Wii

»Sport, aber nicht nur.« Da die Konsole Körperbewegungen erkennt, kann man boxen, Tennis spielen, aber auch Tanzwettbewerbe veranstalten, oder man kann die Wii als Flugsimulator oder Spielautomat benutzen.

WoW

»Feuer, Eis oder Finsternis?« In der »Welt des Kriegshandwerks« muss man sich entscheiden. Man wählt sein Volk, sein Aussehen, seine soziale Klasse, seinen Beruf, seine Talente und die Art seines Abonnements. Dann kann man zu Quests und Arenenwettkämpfen aufbrechen. Doch wenn man seine Gegner besiegen will, sollte man sich unbedingt einer Gilde, in diesem Fall einer Gruppe von Spielern im Internet, anschließen. Denn WoW (*World of Warcraft*) ist ein **MMORPG** (*massively multiplayer online role-playing game*), ein Massen-Mehrspieler-Online-Rollenspiel.

Grand Theft Auto

»Aber jeder sagt GTA.« Sie sind ein kleiner Gauner, der von der Mafia rekrutiert wurde, und wollen Gangsterboss werden. Dank der **offenen Spielwelt**, in der der Spieler sich frei bewegen kann, ist das Spiel *die* Referenz für alle Gangsterazubis.

Call of Duty

»Wie Krieg.« In *Call of Duty* sieht man nur die Waffe, die man in der Hand hat, und ballert rum wie ein Irrer. Das ist typisch für Spiele mit subjektiver Perspektive, auch Ego-Shooter oder **FPS** (*first-person shooter*) genannt. Es gibt auch Online-Plattformen, wo die unterschiedlichsten Spieler gegeneinander antreten und eine weltweite Rangfolge ermitteln können.

—— III. Weitere Referenzen ——

Ihr Bus kommt immer noch nicht – die öffentlichen Verkehrsmittel in diesem Land sind wirklich lahm! Sie warten jetzt schon so lange an der Haltestelle, dass Sie keine Lust mehr haben, mit den anderen Leuten weiter über Literatur und Kino zu reden. Kein Problem! Wir haben noch andere **gemeinsame Referenzen** eines Großteils der heutigen Menschheit im Gepäck. Damit können Sie das Gespräch ganz schnell wieder in Gang bringen.

--------- 1. Moderne Ikonen ---------

Das 21. Jahrhundert hat jetzt schon Ikonen. Viele davon sind allgemein bekannt. Nur wenige Menschen auf unserem Planeten können nichts anfangen mit Barack Obama, dem ersten Afroamerikaner, der zum Präsidenten der Vereinigten Staaten gewählt wurde; Cristiano Ronaldo, dem portugiesischen Fußballer; oder Lady Gaga, der Sängerin mit den merkwürdigen Kostümen. Alle Europäer kennen Angela Merkel, die erste Frau, die 2005 in Deutschland Kanzlerin wurde; Nicolas Sarkozy, den französischen Präsidenten von 2007 bis 2012; oder auch die Beckhams, das britische Vorzeige-Promi-Paar, das aus dem Fußballer David und der ehemaligen Spice-Girls-Sängerin Victoria besteht.

Andere Persönlichkeiten stehen eine Stufe tiefer auf der Leiter der weltweiten Bekanntheit. Jeder hat zwar schon mal von ihnen gehört, aber niemand kann sie spontan einordnen. Wir nennen sie die »Warte-mal-der-Name-sagt-mir-was-wer-war-das-doch-gleich?« und stellen Ihnen hier einige davon vor.

Anonymous

Wer sind sie? Wo sind sie? Wie viele sind sie? All das ist per definitionem unbekannt. Wie der Name schon sagt, will Anonymous beweisen, dass man sich effizient für seine Sache einsetzen und dabei anonym bleiben kann. Dieses im Internet aktive und anscheinend an zahlreichen Orten auf dem Planeten vertretene Kollektiv bekämpft seine selbsternannten Feinde mit den Mitteln der **Datenpiraterie**: Es setzt die Sicherheitssysteme von Ländern außer Kraft, die das Internet zensieren, blockiert jene der großen Firmen, die Informationen zu ihrem Nutzen kontrollieren wollen, oder sabotiert zum Beispiel die Internetseiten von Scientology, einem ihrer beliebten Ziele. Wenn Anonymous außerhalb des Internets agiert und an Demonstrationen teilnimmt, verstecken die »Hacktivisten« ihre Identität hinter der weißen Maske mit dem Schnurrbart, die auch der Protagonist des Films *V wie Vendetta* trug. Sie stellt das Gesicht von Guy Fawkes dar, einem Widerstandskämpfer aus der englischen Geschichte, der Anfang des 17. Jahrhunderts mit dem »Gunpowder Plot« ein Attentat auf das Parlament und den König verüben wollte.

Mohamed Bouazizi
Geboren 1984, gestorben am 4. Januar 2011.

Für den Großteil seines kurzen Daseins führte dieser Tunesier ein Leben wie Tausende andere junge Menschen in seinem Land. Nach dem Abitur konnte er nicht studieren, weil er sich um die Bedürfnisse seiner Familie kümmern musste. Er versucht, sich seinen Lebensunterhalt als Straßenverkäufer von Obst und Gemüse zu verdienen, und erlebt dabei die alltäglichen Schikanen einer Diktatur: Sabotage durch die Polizei, Erpressung durch korrupte Beamten. Eine x-te Zurückweisung seitens der Behörden, bei denen er sich beschweren will, treibt ihn zum Äußersten. Im Dezember 2010 will er sich verbrennen. Sein Selbstmordversuch ist der Funke, der zuerst seine Stadt Sidi Bouzid und dann das ganze Land in Brand steckt. Demonstrationen folgen und führen am 14. Januar 2011 zur Flucht des Diktators Ben Ali. Der **Arabische Frühling** beginnt.

Larry Page und Sergey Brin
Amerikaner, geboren 1972 und 1973.
Brin ist als Kind aus der UdSSR ausgewandert.

Wenn Sie einen beliebigen Computernutzer nach den berühmtesten Unternehmern der digitalen Revolution fragen, wird er Ihnen spontan zwei Namen nennen: Steve Jobs (1955–2011), den legendären Apple-Gründer, und Mark Zuckerberg (geboren 1984), den Erfinder von Facebook – auch wenn Ihr Gesprächspartner nicht unbedingt einen Mac besitzt und vielleicht auch nicht vorhat, sich bei einem sozialen Netzwerk anzumelden. Es ist jedoch unwahrscheinlich, dass er das System umgehen kann, das Page und Brin erfunden, entwickelt und aufgebaut haben. 1998 gründeten die beiden Absolventen der kalifornischen Stanford University gemeinsam die Firma **Google** und starteten die heute meistgenutzte Suchmaschine der Welt. Etwas später entwickelte Larry Page auch den »PageRank«-Algorithmus, mit dem Internetseiten nach ihrer Beliebtheit sortiert werden können. Die beiden Freunde sind Anfang der 2000er-Jahre in die Rangliste der reichsten Menschen der Welt eingegangen.

Anna Politkowskaja
Russin, geboren 1958 in New York,
2006 in Moskau ermordet.

Diese russische Journalistin und Menschenrechtsaktivistin widmete ihr Leben dem Bestreben, Korruption, mafiöse

Machenschaften in ihrem Land sowie die Verbrechen der Regierung und ihrer Alliierten in Tschetschenien aufzudecken. Ihre Erschießung im Treppenaufgang ihres Wohnhauses in Moskau zeigte, welch hohen Preis mutige Menschen in Russland dafür bezahlen müssen, dass die Wahrheit ans Licht kommt. Politkowskajas Tod machte sie zu einer Märtyrerin der **Pressefreiheit** und zum Symbol des Kampfs gegen die autoritären Ausartungen des Systems unter Wladimir Putin. Um dieses Regime zu beschreiben, spricht man seither manchmal von »Demokratur« – es erweckt den Anschein einer Demokratie, ist aber in Wirklichkeit eine Diktatur.

Ratan Tata
Geboren 1937 in Bombay.

Dieser indische Industrielle war bis 2012 Vorsitzender des riesigen Tata-Konglomerats, das seiner Familie gehört, und ist ein gutes Beispiel für die wirtschaftliche Bedeutung, die sein Land nach und nach auf der Welt einnimmt. Auch wenn es den meisten Europäern noch nicht bewusst ist, konsumieren sie doch zwangsläufig indische Produkte. Die Tata-Gruppe zum Beispiel ist einer der größten Tee-Hersteller weltweit. Ratan Tata selbst wurde 2008 mit dem Tata Nano, dem »günstigsten Auto der Welt«, international bekannt. Zu den großen Persönlichkeiten der indischen Industrie gehört auch Lakshmi Mittal, der Vorstandsvorsitzende des gleichnamigen Stahlkonzerns.

Die Preisträger von Oslo

Der Friedensnobelpreis wird seit 1901 verliehen, um Menschen zu ehren, die in besonderer Weise zur Völkerverständigung beigetragen haben. Auf der Liste der Preisträger seit Beginn des 21. Jahrhunderts stehen:

2000 **Kim Dae-jung** Südkoreanischer Präsident	Für seinen Einsatz für die Menschenrechte und die Verständigung mit Nordkorea
2001 **Kofi Annan (und die UNO)** Generalsekretär der Vereinten Nationen	Für seine Rolle an der Spitze der UNO
2002 **Jimmy Carter** Ehemaliger Präsident der Vereinigten Staaten	Für seine Bemühungen um Demokratie weltweit
2003 **Schirin Ebadi** Erste Richterin im Iran (1974)	Für ihren Einsatz für die Rechte von Frauen und Kindern
2004 **Wangari Muta Maathai** Kenianische Umweltaktivistin	Für die Gründung der »Grüngürtel-Bewegung«
2005 **Mohammed el-Baradei (und die IAEO)** Generaldirektor der Internationalen Atomenergieorganisation	Für ihre Bemühungen gegen den Missbrauch von Atomenergie
2006 **Muhammad Yunus (und die Grameen Bank)** Bangladeschischer Wirtschaftswissenschaftler	Für ihren Beitrag zur Entwicklung des Mikrokredits
2007 **Al Gore (und das IPCC)** Ehemaliger Vizepräsident der Vereinigten Staaten	Für Aufklärungsarbeit über den Klimawandel
2008 **Martti Ahtisaari** Ehemaliger finnischer Präsident	Für seine Bemühungen zur Lösung internationaler Konflikte

2009 **Barack Obama** Präsident der Vereinigten Staaten	Für seine Bemühungen um Zusammenarbeit zwischen den Völkern
2010 **Liu Xiaobo** Chinesischer Schriftsteller	Für die Verteidigung der Menschenrechte in der Volksrepublik China
2011 **Ellen Johnson Sirleaf, Leymah Gbowee und Tawakkol Karman** Liberianische und jemenitische Politikerinnen	Für ihren gewaltfreien Kampf für die Sicherheit von Frauen
2012 **Die Europäische Union**	Für ihren Beitrag zur Festigung des Friedens
2013 **Organisation für das Verbot chemischer Waffen (OPCW)**	Für ihre umfänglichen Bemühungen zur Beseitigung chemischer Waffen
2014 **Kailash Satyarthi** Indischer Kinderrechts- und Bildungsrechtsaktivist **und Malala Yousafzai** Pakistanische Kinderrechtsaktivistin	Für ihren Kampf gegen die Unterdrückung von Kindern und Jugendlichen und für das Recht aller Kinder auf Bildung

Roberto Saviano
Italiener, geboren 1979.

Einige haben vielleicht seinen Namen vergessen. Dafür kennt aber jeder den des Buchs, mit dem er 2006 weltberühmt wurde: **Gomorrha**, eine Mischung aus Roman und Reportage. Darin beschreibt er detailliert, wie die »camorra«, die Mafia in und um Neapel, vorgeht und wie sie es schafft, durch Drogendeals, das Verschieben von Giftmüll, Waffenhandel und alle möglichen anderen Geschäfte die ganze Welt mit ihrem dreckigen Geld zu verschmutzen. Das Besondere daran ist, dass der Autor darauf bestand, die meisten der in diese Machenschaften verwickelten

Schwerverbrecher in seinem Buch namentlich zu nennen. Dadurch wurde er eine Art Salman Rushdie des 21. Jahrhunderts: Er erhielt Morddrohungen, lebt in wechselnden Verstecken und steht unter ständigem Polizeischutz. Der große italienische Schriftsteller Umberto Eco und viele seiner Mitbürger haben ihn zu einem Nationalhelden erhoben. Saviano setzt seinen Kampf gegen »das System«, wie er die mafiösen Blutsauger nennt, noch immer mutig und unbeirrbar fort.

2. Weltwunder

Die Griechen hatten, wie wir von Herodot wissen, eine Liste der sieben Weltwunder der Antike erstellt. Sie umfasst den Leuchtturm von Alexandria, den Koloss von Rhodos, das Mausoleum in Halikarnassos, den Artemistempel, die hängenden Gärten von Babylon, die Zeusstatue des Phidias und die Pyramiden von Gizeh – das letzte heute noch bestehende Wunder.

Können sich die folgenden fünf Projekte mit ihnen messen?

Das Selfridges Building
Birmingham, England, 1999–2003

Ein Meisterwerk der »Blob-Architektur« oder bionischen Architektur, einer architektonischen Strömung des neuen Jahrhunderts, die markante Winkel und strenge Geometrie verabscheut und stattdessen fließende Formen wie Blasen, Flügel oder Insektenaugen bevorzugt. Das *Selfridges Building*, das seit 2003 im Herzen von Birmingham (Großbritannien) steht, wurde vom britischen Architek-

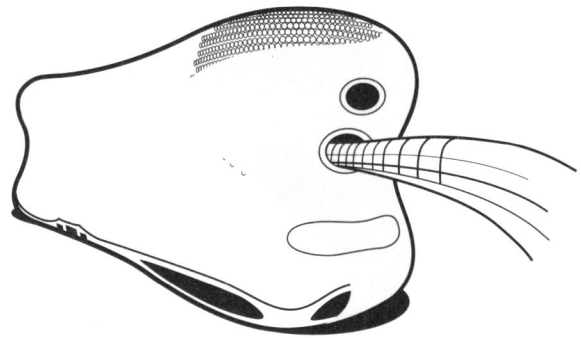

turbüro »Future Systems« entworfen. Das in Yves-Klein-Blau gestrichene Betongebäude ist mit 15 000 anodisierten Aluminiumscheiben bedeckt und sieht aus wie ein gigantisches Reptil. Auch das Innere ist durch die mit weißem Plastik verkleideten Rolltreppen sehr ansprechend. Es ist ein Kaufhaus.

CCTV Tower
Peking, China, 2004–2009

Ist es ein riesiges A? Ein riesiges M? Oder vielmehr eine »große Unterhose«, wie die Pekinger sagen? Die neue Sendezentrale des staatlichen chinesischen Fernsehens – die *China Central Television Headquarters,* zwei an der Spitze miteinander verbundene Türme – kann einem in der Tat Rätsel aufgeben: Die Fassaden sind vollkommen asymmetrisch und ändern je nach Blickwinkel ihre Form. Der Entwurf dafür stammt vom Büro des niederländischen Architekten Rem Koolhaas. Der Bau war in vielerlei Hinsicht eine technische Herausforderung, vor allem, als die beiden Hauptteile miteinander verbunden werden sollten. Um dies zu bewerkstelligen, musste man erst warten, bis die Außentemperatur so weit sank, dass die Materialausdehnung zu-

rückging. Heute überspannt der beeindruckende Doppel-
turm Gärten und Filmstudios im neuen Geschäftsviertel
im Osten von Peking.

Palm Jumeirah
Persischer Golf, 2001–2007

Als erster Archipel eines pharaonischen Projekts im Emirat
Dubai (Vereinigte Arabische Emirate) begrüßte Palm Ju-
meirah im Dezember 2007 die ersten Bewohner. Unmittelbar vor der Weltwirtschaftskrise. Die anderen Bauprojekte
wurden nicht fertiggestellt. Hätte auch dieses lieber in der
Schublade bleiben sollen?, fragen sich die reichen Siedler.
Vielleicht sollten sie besser in den ein paar Kilometer entfernten höchsten Turm der Welt (Burj Khalifa) umziehen.
Die Inselgruppe in Form einer Palme hat zahlreiche Probleme zu bewältigen. Der Wellenbrecherring, der die Palm-
wedel umschließt, behinderte die Wasserzirkulation und
musste in aller Eile umgebaut werden. Die Leute, die ihre
Grundstücke vor der Fertigstellung gekauft hatten, beka-
men kleinere Gärten als geplant, da die Baufirmen ver-
suchten, mehr Profit zu machen. Und das ist noch nicht alles. Geologen prophezeien, dass dieses Wunder konstant
5 mm im Jahr absinken wird, bis es wieder in den Tiefen
des Persischen Golfs verschwunden ist.

Die Drei-Schluchten-Talsperre
Hubei, China, 1994–2009

Die Griechen schufen den Mythos von Prometheus – dem
Menschen, der sich mit den Göttern messen will –, die
Chinesen schufen die Drei-Schluchten-Talsperre, eine ko-
lossale Stauanlage in der Provinz Hubei im Herzen Chi-

nas. Nicht nur eine Herausforderung der Elemente, sondern auch des gesunden Menschenverstands. Zuerst mussten der Jangtsekiang umgeleitet und fast zwei Millionen Menschen umgesiedelt werden, um die über 2,3 km lange Anlage zu bauen, dann wurde monatelang Beton eingespritzt, um eine Staumauer von fast 40 Milliarden m^3 zu errichten. Die Flutung der Talsperre erfolgte zwischen 2006 und 2009 in mehreren Etappen. Aktuell dienen sechsundzwanzig Turbinen der Stromerzeugung, wodurch die Drei-Schluchten-Talsperre das größte Wasserkraftwerk der Erde ist. Und vielleicht auch die größte bevorstehende Umweltkatastrophe.

Das Viadukt von Millau
Millau, Frankreich, 2001–2004

Die Franzosen sind Meister des Brückenbaus. Im ganzen Land gibt es nicht weniger als 266 000 befahrbare Straßenbrücken. Einige dieser Bauwerke heben sich von der Masse ab, wie die Brücke der Île de Ré, die Pont de Normandie oder auch das Viadukt von Millau aus dem 21. Jahrhundert. Dieser strategische Abschnitt der Autobahn A75, der im Dezember 2004 freigegeben wurde, verbindet Clermont-Ferrand mit Béziers, und somit Paris mit dem Mittelmeer. Die Brücke wurde von dem englischen Architekten Lord Norman Foster gestaltet und von Michel Virlogeux umgesetzt. Das Viadukt besteht aus nur sieben Pfeilern und einem schlanken Fahrbahnträger aus Metall und beschreibt eine leicht ansteigende, gebogene Linie von 2 460 Metern Länge, die bei 270 Metern über dem Tarn ihren höchsten Punkt erreicht. Es sollte die Stadt Millau entlasten und Staus vermeiden. Heute bleiben die Autofahrer dort immer noch stehen, aber dann, um die höchste Brücke der Welt und ihr einzigartiges Panorama zu bestaunen.

Der Jeanne-Calment-Test

Die Französin Jeanne Calment wurde 1875 in Arles geboren und starb 1997 im Alter von hundertzweiundzwan-
zig Jahren. Sie hält den Weltrekord des höchsten erreich-
ten Lebensalters. Die älteste Frau der Menschheit hat
viel miterlebt. Doch wie viele Neuheiten hat sie nicht
mehr kennengelernt? Wir haben eine Liste erstellt, um
uns einmal die zahlreichen Veränderungen in unserer
Epoche vor Augen zu führen.

Sie erlebte ...		Sie erlebte nicht ...	
das Telefon	A. G. Bell, 1876	das Smartphone	2007
die Glühbirne	T. Edison, 1879	das Touchscreen-Tablet	2010
das französische Protektorat Tunesien	Vertrag von Bardo, 1881	den Arabischen Frühling	2010–2012
Coca Cola	J. Pemberton, 1886	Red Bull	2008 (in Frankreich)
den Eiffelturm	G. Eiffel, 1889	den Einsturz der Twin Towers	11. September 2001
das Röntgen-verfahren	W. Röntgen, 1895	Körperscanner mit Terahertz-strahlung in Flughäfen	2010
das Kino	Die Brüder Lumière, 1895	Avatar in 3D	J. Cameron, 2009
Aspirin	F. Bayer, 1899	Viagra	1998
Auf der Suche nach der verlorenen Zeit	M. Proust, 1913–1927	Wikipedia	2001
das T-Shirt	1911 (New York)	Crocs (Plastiksandalen)	2003

die Relativitäts-theorie	*A. Einstein, 1916*	*Elementarteilchen*	*M. Houellebecq, 1998*
den Passbild-automaten	*1936*	Facebook	*2004*
den Schuman-Plan als Grund-lage der europäi-schen Integration	*9. Mai 1950*	den Euro	*2002*
das Taschenbuch	*1953 (in Frankreich)*	den E-Reader (Kindle)	*2008*
die Diskette	*IBM, 1967*	das Cloud-Computing	*2000*
den PC	*Micral, 1973*	den USB-Stick	*2001*
die CD	*1978*	den MP3-Player	*1998*
das Post-it	*1981*	Twitter	*2006*
das Navi	*1995*	Google	*1998*
das Klonschaf Dolly	*1996*	Lady Gaga, *The Fame*	*2008*

Lektion 2

Sprachen

In diesem kurzen Kapitel betrachten wir verschiedene Arten von Codes und Jargons, die sich auf der Welt verbreiten.

Eine Einführung ins Mandarin steht ebenfalls auf dem Programm.

Sprechen Sie Globish?

In der Sprachwissenschaft heißen sie Verkehrssprachen. Im Gegensatz zu den Vernakularsprachen, die von den Einheimischen eines Landes oder den Angehörigen derselben Ethnie gesprochen werden, helfen sie Menschen unterschiedlicher Herkunft, einander zu verstehen. Im Laufe der Zeit gab es schon viele Verkehrssprachen. Manchmal griff die Menschheit auf bereits existierende Sprachen zurück, zum Beispiel verständigten sich die Europäer im Mittelalter und in der Renaissance auf Lateinisch, und heute kann man sich mit klassischem Arabisch von Marokko bis an die Grenzen des Iran durchschlagen. Aber manchmal schufen die Menschen auch neue Sprachen, wahre Patchworkdecken, zu denen jedes beteiligte Volk einen Flicken beisteuerte. Das in Ostafrika gesprochene Swahili ist eine Mischung aus Bantu-Dialekten mit Arabisch und Persisch. Die Seeleute, Sklaven und Kaufmänner verschiedener Nationalitäten in den Häfen des Mittelmeers verständigten sich mithilfe der **Lingua franca**, einer Mischung aus Französisch, Italienisch, Spanisch, Türkisch und Arabisch. Sie wurde bis ins 19. Jahrhundert gesprochen. Heute ist der Begriff *Lingua franca* im weiteren Sinne ein Synonym für Verkehrssprache. Das 21. Jahrhundert schwankt noch zwischen zwei Möglichkeiten. Allgemein gilt heute Englisch als Verkehrssprache. Praktisch herrscht jedoch im weltweiten Austausch – angereichert mit Wörtern, die durch die neuen Technologien entstanden sind, gemischt mit Entlehnungen von überall her und mit einer vereinfachten Grammatik versehen – eher einer ihrer Sprösslinge vor: das *Globish* (eine Zusammensetzung aus *global* und *English*). Wir wollen hier einen Eindruck davon vermitteln.

—— I. Wörter aus dem Web ——

Im Englischen ist ein *tweet* ein Zwitschern und ein *link* eine Verbindung. Im Zusammenhang mit den neuen Technologien benutzen wir oft Wörter, ohne zu wissen, was sie in ihrer ursprünglichen Sprache bedeuten. *Web* (wörtlich Gewebe) ist einleuchtend: Wenn man im Deutschen »Netz« sagt, bedient man sich desselben Bilds. *Chat* kommt vom Verb *to chatter* und heißt plaudern, wie all jene sich denken können, die dies im Internet tun. Aber sind alle Wörter aus dem Web so einfach?

1. Bug

Bug heißt Insekt. Dieses Ungeziefer führt zu einer technischen Panne. Ein Programmfehler, mangelnde Kompatibilität, ein voller Speicher oder ein Virus, all das kann einen Computer abstürzen lassen. Das Reparieren nennt man debuggen. Angeblich ist das Wort auf eine Motte zurückzuführen, die in einem Relais eines Rechners in Harvard gefunden wurde.

2. Geek

Lange bevor dieser Begriff einen Computerfreak bezeichnete, wurde er in Nordeuropa für die Gecken oder Jecken, die Narrenfiguren des Karnevals, verwendet. Ein Computerfreak wird oft auch Nerd genannt.

Abkürzungen

Abkürzungen sind Modesache, sie zeigen uns die Bedeutsamkeit und den Ton einer Aussage an. Sie dienen als Marker; wer sie nicht kennt, ist ausgeschlossen. Hier die gebräuchlichsten:

OMG *oh my God* oder *oh my Gosh:* oh mein Gott

WTF *what the fuck:* Was soll der Scheiß?!

IMHO *in my humble opinion:* meiner unbedeutenden Meinung nach

PRW *parents are watching:* Achtung, die Eltern schauen zu

GG *good game:* gut gespielt
grin grin: großes Grinsen

BFF *best friends forever:* beste Freunde für immer

LMFAO *laughing my fucking ass off:* Ich lach mir den Arsch ab

3. Godwin

Schon 1990, als das Internet noch in den Kinderschuhen steckte, bemerkte der amerikanische Anwalt Mike Godwin: »Mit zunehmender Länge einer Online-Diskussion nähert sich die Wahrscheinlichkeit für einen Vergleich mit den Nazis oder Hitler dem Wert Eins an.« Fehlschlüsse nennt man scherzhaft *reductio ad Hitlerum*. Wenn Internetnutzer sich in Foren mangels Argumenten gegenseitig Anspielungen auf den Zweiten Weltkrieg an den Kopf werfen, verleiht man ihnen einen **Godwinpunkt**.

-------------------- 4. Hacker --------------------

Hacker (vom Verb *to hack*: tüfteln) bedeutet wörtlich Tüftler. *Hacker* sind einfallsreiche Programmierer, werden jedoch oft mit *Crackern* und anderen Softwarepiraten gleichgesetzt. Um Raubkopien zu erstellen, muss man ein Bastler sein, aber nicht alle *Hacker* sind auch *Cracker*.

-------------------- 5. Hashtag --------------------

Hash bezeichnet im Englischen die Raute »#« auf der Tastatur. *Tag* heißt »Etikett« und lässt sich hier mit »Stichwort« übersetzen. Mit einem *Hashtag* kann man das Hauptthema einer Nachricht hervorheben. Auf Twitter dient es dazu, einen Begriff zu *hypen*. Beispiel: Wenn man **#Allgemeinbildung21Jahrhundert** ans Ende einer Nachricht schreibt, in der man dieses Buch empfiehlt.

-------------------- 6. Mem --------------------

Verfremdetes Bild, *running gag*, endlos vervielfältigte Information im Internet. Zum Beispiel Bilder von einer Katze am Keyboard, einem Polizisten, der Demonstranten mit Pfefferspray besprüht, oder dem Schauspieler Chuck Norris in den unmöglichsten Situationen. Der Begriff Mem hat Bezüge zum altgriechischen *mimeme* (Imitation) und zum französischen *même* (gleich).

7. Spam

Spam, ursprünglich eine minderwertige amerikanische Frühstücksfleischmarke (*Spiced Ham,* gewürzter Schinken), bezeichnet heute unerwünschte und in Massen verschickte elektronische Post, oft zu Werbezwecken. Falsche Petitionen und Fehlinformationen nennt man **Hoax** (Streich) oder **Glurge** (wenn die Geschichten so schmalzig sind, dass man sich übergeben möchte).

8. Streaming

Streaming kommt vom Englischen *stream* und bedeutet Strom, Fluss. Beim *Streaming* wird eine Datei fortlaufend an den Empfänger übertragen, ohne dass dieser sie herunterlädt.

Na dann gn8

Dieses Spiel spielt man mit den Daumen, und Jugendliche sind oft echte Cracks darin. Die SMS-Sprache erfindet sich immer wieder neu. Man muss gut kombinieren können, aber die Regeln beruhen auf ein paar recht einfachen Prinzipien:

- Abkürzungen: **lg** für liebe Grüße, **kp** für kein Problem, **hdl** für hab dich lieb
- Phonetik: **aba** für aber, **akla** für alles klar?
- Zahlenrätsel: **gn8** für gute Nacht, **3st!** für dreist!
- Anglizismen: **asap** für so schnell wie möglich (*as soon as possible*), **lol** für lautes Lachen (*laughing out loud*), **cu** für bis bald (*see you*)

Das technische Vokabular der virtuellen Welt erscheint mal selbstverständlich und mal rätselhaft, deshalb wollen wir hier mit ein paar Definitionen aushelfen.

App: von engl. *application,* Anwendung. Software, die Anfragen an einen Server schickt und die Antworten auf einer entsprechenden grafischen Benutzeroberfläche anzeigt (dann erscheinen Icons, Buttons, Textfelder, Dropdown-Menüs ...). Der DB Navigator zum Beispiel ist eine E-Commerce-App, mit der man sich über Zugverbindungen informieren und auch direkt Tickets buchen kann.

Big Data: Durch unsere ständigen Aktivitäten (Tweets, E-Mails, Ortungssignale, Onlinebanking, Posts ...) erzeugen wir eine sehr große Datenmenge, die nach der Auswertung von so unterschiedlichen Sparten wie Gesundheit, Sicherheit, Marketing oder Umwelt genutzt werden kann.

Cloud: siehe **Cloud-Computing** S. 103 und **Soundcloud** S. 315.

Crowdfunding: Genossenschaft des 21. Jahrhunderts. Eine große Menge (crowd) von Internetnutzern folgt einem Spendenaufruf (funding), um ein Produkt zu finanzieren. Im Klartext? Ein junger, talentierter Musiker stellt eine seiner Kompositionen ins Internet. Wenn er damit gut ankommt, beschafft er sich so das nötige Kapital, um sein Album zu produzieren. Dieses Prinzip wird auch beim Film, in der Mode, bei der Gründung eines Unternehmens und in der Forschung angewandt.

Erweiterte Realität: auch engl. *augmented reality*. Vor das, was Sie auf einem Bildschirm oder durch eine Brille sehen, schieben sich live aus dem Netz übertragene grafische Elemente und Texte – das ist erweiterte Realität.

PDA: Die handlichsten der neuen Computerformate sind der persönliche digitale Assistent (PDA für *personal digital assistant*), ein Cousin des Smartphones, erkennbar am zugehörigen Stift; das **Netbook**, ein kostengünstiger Minilaptop; das **Tablet**, über dessen Touchscreen man auf Multimediainhalte zugreifen kann; und schließlich das **Phablet**, gelegentlich auch Smartlet genannt, eine Mischung aus Telefon und Tablet.

Pop-up: Fenster, das sich vor dem Hauptnavigationsfenster öffnet und eine Warnmeldung oder Werbung enthält. Zur Familie der Eindringlinge gehören auch **Cookies**, kleine Spionageprogramme der Server, die den Internetnutzer identifizieren und sein Surfverhalten protokollieren.

Soziale Netzwerke: Soziale Netzwerke sind Dienste zum Austausch persönlicher Nachrichten (Facebook, Twitter, Badoo) oder Bilder (Instagram, Pinterest), und man kann sich je nach Interessen und anderen Gemeinsamkeiten zu Gruppen zusammenschließen. Was noch? Durch Netzwerke wie Facebook, das eine Milliarde Mitglieder hat, vollziehen sich gesellschaftliche Veränderungen von nun an über den Weg des Internets.

Web 2.0: Dieser Ausdruck beschreibt ganz allgemein die Tatsache, dass Nutzer das Internet ohne besondere technische Vorkenntnisse mitgestalten können. Web 2.0 ist die Möglichkeit jedes Einzelnen, sich zu beteiligen, zu interagieren. Man kann sehen, wie die eigene Suchanfrage autovervollständigt wird, noch bevor man sie fertig eingegeben hat, weil die Anfragen anderer Nutzer bereits gespeichert sind. Und durch taggen (= markieren), liken (= »Gefällt mir« klicken) oder poken (= anstubsen) trägt man zur Erweiterung der sozialen Netzwerke bei.

Whistleblower: Jemand, der bei Verstößen oder zur Warnung pfeift. Nicht zu verwechseln mit einem Denunzianten, denn der Whistleblower verfolgt eine gute Absicht: Er glaubt, eine mögliche Bedrohung für die Gesellschaft entdeckt zu haben, und beschließt, sein Wissen zu veröffentlichen. Edward Snowden zum Beispiel arbeitete für amerikanische Geheim- und Sicherheitsdienste (CIA, NSA) und machte das weltweite Überwachungsprogramm (PRISM) seiner Regierung bekannt, bevor er ins Exil ging.

Wiki: »schnell« auf Hawaiianisch. Dabei handelt es sich um ein Informationssystem, bei dem mehrere User gemeinsam an einem Dokument arbeiten können. Wiki ist nicht nur der Namensgeber der Enzyklopädie Wikipedia, sondern bezeichnet auch allgemein den **kollaborativen** Aspekt der Erstellung von Onlineinhalten.

—— II. Wörter aus aller Welt ——

Unter den neuen Wörtern, die jedes Jahr in die Wörterbücher eingehen, stellen Lexikografen seit dem Jahr 2000 im Durchschnitt ein Fünftel Entlehnungen aus Fremdsprachen fest. Ein Viertel dieser Lehnwörter stammt aus dem Englischen, doch auch andere Sprachen bereichern den Wortschatz des 21. Jahrhunderts. Hier eine Auswahl der Neueinträge:

Ayurveda
Sanskrit, »Wissen von
der Lebensdauer«

Burka
Urdu, »Umhang«

Capoeira
Brasilianisch, tänzerisch-
akrobatische Kampfsportart

Chikungunya
Swahili, tropische
Infektionskrankheit

Churro
Spanisch, eine
Art Krapfen

Dojo
Japanisch, Ort, an dem
Kampfkünste gelehrt werden

Fango
Italienisch,
Heilschlammbad

Fatwa
Arabisch,
»Rechtsprechung«

Feng-Shui
Chinesisch, »der Wind
und das Wasser«

Gaucho
Spanisch, eine
Art Cowboy

Hakama
Japanisch, schwarzer
Hosenrock

Hamam
Türkisch,
türkisches Bad

Hummus
Arabisch, Kicher-
erbsenpüree

Malossol
Russisch, »schwach
gesalzen«

Mojito
Kubanisch, Name
eines Cocktails

Nacho
Spanisch, dreieckiges
Maismehlplätzchen

Omrah
Arabisch, »kleine
Pilgerfahrt«

Pita
Neugriechisch, flaches,
rundes Fladenbrot

Qigong
Chinesisch, »Beherrschung
der Lebensenergie«

Quinoa
Quechua, Pflanze
aus den Hochanden

Ramadan
Arabisch, »der
heiße Monat«

Salsa
Spanisch,
»Soße«

Taliban
Paschtu, »Erkenntnis
Suchender«

Tsunami
Japanisch,
»Hochwasser«

Vuvuzela
Zulu, »Lärm
machen«

Wok
Kantonesisch, eine
Art Kochtopf

------------- **1. Unoisch** -------------

Ihre Arbeitssprachen sind Englisch und Französisch, doch
die 1945 gegründete UNO, die Organisation der Vereinten
Nationen, hat sechs Amtssprachen (Arabisch seit 1973,
Englisch, Französisch, Mandarin, Russisch und Spanisch).

Ihren Statistiken nach ist Spanisch die Sprache mit der zweitgrößten Zahl an Muttersprachlern, knapp vor Englisch (über 300 Millionen Muttersprachler) und weit hinter Chinesisch (1,2 Milliarden). Arabisch, Hindi und Bengali sind ebenfalls gut platziert. Über **Portugiesisch** wird diskutiert. Die Sprecher dieser Sprache wollen, dass Portugiesisch ebenfalls Amtssprache der UNO wird. Sie argumentieren mit der Tatsache, dass ihre Sprache alle Kontinente abdeckt; 240 Millionen Menschen verstehen sie, und das demografische Wachstum Brasiliens bestärkt sie bei dieser Forderung.

Im Jahr 2000 haben sich die 193 Mitgliedsstaaten gemeinsame Ziele gesetzt (**Millennium-Entwicklungsziele**), darunter Bildung: Sie wollen erreichen, dass bis 2015 alle Kinder eine Primärschulbildung abschließen können.

2. Mandarin

Mandarin ist die Sprache mit der größten Zahl an Muttersprachlern weltweit, und das wird sich so bald auch nicht ändern. Was wissen wir über Chinesisch? Im Allgemeinen nicht viel, aber da tut sich was: Seit einigen Jahren wird die Sprache immer häufiger unterrichtet. Die Grammatik ist einfach, die Zeichen haben keinen Numerus oder Genus, und es gibt weder Konjugationen noch Deklinationen. Ein Kinderspiel?

Mandarin, auch Hochchinesisch oder Peking-Chinesisch genannt, wird mit chinesischen Schriftzeichen geschrieben und in **Pinyin** transkribiert (Pinyin ist die phonetische Umschrift in lateinische Buchstaben, zum Beispiel wird »Mandarin«, 官话, als *guān huà* transkribiert).

Mandarin ist eine tonale Sprache. Ein Wort besteht aus einer einzigen Silbe, deren Ton die Bedeutung trägt. Es gibt vier Haupttöne.

- 妈 *mā*, konstanter Ton: Mutter

- 麻 *má*, steigender Ton: Hanf

- 马 *mǎ*, fallender und dann steigender Ton: Pferd

- 骂 *mà*, fallender Ton: schimpfen

Das Schwierige sind also die Aussprache, das Lernen und das Erkennen der 3 000 hochchinesischen Schriftzeichen. Wir wollen uns hier auf drei Ausdrücke beschränken:

- 你 好 *nǐ hǎo*, gesprochen ni-chao: Guten Tag
  你 *nǐ*: du, Pronomen
  好 *hǎo*: gut, Adjektiv

- 謝謝 *xièxiè*, gesprochen chié-chié: Danke
  謝 *xiè*: danken, Verb

- 再 见 *zài jiàn*, gesprochen dsai-dschan: auf Wiedersehen
  再 *zài*: noch, Adverb
  见 *jiàn*: sehen, Verb

Im Deutschen gibt es wenig direkte Entlehnungen aus dem Chinesischen. Wir kennen zum Beispiel Litschi, Ginseng und Kaolin, aber diese Wörter sind im Gespräch mit einem Pekinger nicht immer leicht unterzubringen. Einige Produktbezeichnungen sind auch indirekt über andere Sprachen zu uns gekommen, wie Soja (*shōyu*) über das Japanische oder Ketchup (*kěchap*) über das Malaiische und dann das Englische, um Lücken in unserem Wortschatz zu füllen.

Leetspeak

Von engl. *elite speak*, Elitesprache. Anfangs wurde Leetspeak nur in der Computerszene gebraucht und diente als eine Art Geheimcode. Dabei werden Buchstaben durch ähnlich aussehende Ziffern ersetzt:

0 für O.
3 für E.
4 für A.
VI4GR4 für Viagra.

Weil dieser Netzjargon cool wirkt, hat er sich schnell verbreitet, er taucht immer wieder im Internet und zum Beispiel in der Werbung auf. Heute gibt es sogar Leetspeak-Versionen von Google und Facebook. Wer Schwierigkeiten hat, diese Schrift zu dechiffrieren, ist ein Noob (*noob, newbie,* ein Anfänger).

3. Smileys

Smileys, auch Emoticons genannt, sind die Interpunktion der heutigen Zeit und dienen dazu, den Ton einer Nachricht zu verdeutlichen. (Drehen Sie das Buch um 90°.)

:-) für Freude

:-(für Traurigkeit

;-) ein Augenzwinkern

:-o Staunen

:-/ Ärger ...

Smileys gab es schon lange vor Erfindung des Computers. Angeblich findet sich sogar ein ;) in einer abgedruckten Rede von Abraham Lincoln, jedoch ist nicht geklärt, ob der Setzer damit Ironie ausdrücken wollte oder sich einfach verschrieben hat.

Der Smiley erschien zunächst schüchtern im Briefverkehr um 1980 und verbreitete sich dann explosionsartig mit den E-Mails und SMS der 2000er-Jahre. Seine Verwendung wird oft kritisiert, vor allem, wenn er redundant ist. Das Zeichen :-) ist in der Tat überflüssig, wenn ein Satz eindeutig ein Scherz ist. Wenn der Empfänger sich jedoch nicht sicher ist, kann ein ;-) zum Beispiel eine Prise trockenen Humor einbringen oder eine Äußerung nuancieren, die sonst plump oder schwer verständlich erscheinen würde. Die schönsten Exemplare kommen aus Japan, sie sind sehr raffiniert, sehr ausdrucksstark, und man muss nicht mal den Kopf schief legen, um sie zu verstehen:

(@_@)	(o_~)
(è_é)	(^_^)
\(^o^)/	(-_-)zzz
(·_·?)	(· x ·)

Lektion 3

Rechnen

In diesem Kapitel lernen wir, den Taschenrechner in unserem Handy ein bisschen besser zu nutzen.

Wir entdecken die wahre Rolle der Algorithmen und ihrer zahlreichen Anwendungen in der Informatik, und wir verschaffen uns einen kurzen Eindruck davon, was bei den größten Mathematikern aktuell ansteht.

Mathebeule

Die Mathebeule, wie auch die Denkerstirn, ist eine Erfindung des 19. Jahrhunderts. Anhängern der Phrenologie zufolge (einer Pseudowissenschaft, die einen Zusammenhang zwischen der Schädelform und den geistigen Fähigkeiten eines Menschen herstellen wollte) konnte eine Wölbung am Kopf als Zeichen einer Neigung zum Rechnen gelten. Die Phrenologen und ihre fadenscheinigen Theorien sind verschwunden. Die Mathebeule, »la bosse des maths«, ist als französische Redewendung für ein Matheass bestehen geblieben. Matheasse sind in vielerlei Hinsicht die Gestalter unserer Epoche. Die Welt, in der wir leben, ist von Mathematik geprägt. Die Modelle ihrer Tochter, der Informatik, finden in den unter-

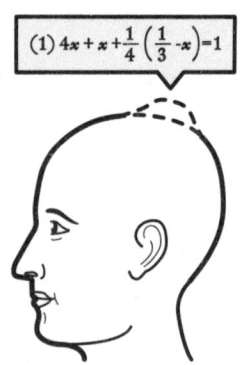

schiedlichsten Disziplinen Anwendung: wenn die Medizin auf Statistiken zurückgreift, um die Mechanismen und die Inzidenz von Krebs in der Bevölkerung zu erfassen; wenn die Finanzwelt mithilfe von Algorithmen Programme für bestimmte Transaktionen entwickelt; wenn die Astronomie die kompliziertesten Rechnungen aufstellt, um die Struktur des Universums zu begreifen. Selbst Pokerchampions kommen nicht daran vorbei: Sie entwickeln ihre Strategien heute mithilfe der Wahrscheinlichkeitsrechnung und der Kombinatorik.

An der schönen Wissenschaft des Euklid (Mathematiker der griechischen Antike, Vater der Geometrie) und des al-Chwarizmi (persischer Mathematiker des Mittelalters, Vater der Algebra) scheiden sich die Geister. Manche stehen mit den Zahlen so sehr auf Kriegsfuß, dass sie sogar das Einmaleins vergessen haben. Wozu sollte man es auch können, wo es doch Taschenrechner gibt? Andere hatten in der Schule Spaß daran, ihre Hefte mit Gleichungen zu füllen. Ihnen ist der zweite Teil dieses Kapitels gewidmet.

I. Der Taschenrechner

Wir kennen ihn alle, es gibt ihn in jedem Handy und auf jedem Computer. Er ist 100 % zuverlässig und hilft uns aus der Patsche bei Unsicherheiten mit dem Einmaleins, der Kommaverschiebung und dem Übertrag. Der Taschenrechner bewahrt uns davor, alles hinzuschmeißen, wenn das Ergebnis unserer Division der Neunerprobe nicht standhält.

Wir gebrauchen ihn für die arithmetischen Grundrechenarten, nutzen also etwa 10 % seiner Kapazitäten. Das ist wenig. Wahrscheinlich haben wir Angst, Fehler zu machen, ohne es zu merken. Was passiert, wenn wir auf die Taste [MR] drücken? Müssen wir dann alles noch mal eingeben? Genau das wollen wir herausfinden. Um zu lernen, wie man einen Taschenrechner nutzen kann, sehen wir uns seine paar Tasten einmal genauer an. Dabei behalten wir immer im Hinterkopf, dass es für jede Rechnung eine Anwendung im Alltag gibt.

1. Alles auf Anfang

Fangen wir mit dem Einfachsten an. Das [C] (*clear*) auf dem Taschenrechner löscht die angezeigte Zahl. Wenn man

zweimal auf [C] oder einmal auf [AC] (*all clear*) drückt,
löscht man die ganze laufende Rechnung.

Mit der Taste [CE] (*cancel entry,* auf der Computertasta-
tur [↵] oder [Del]) kann man nur die letzte Ziffer löschen,
was sehr praktisch ist, wenn man sich vertippt hat.

------------ 2. Das Komma ------------

Mit [,] oder [.] je nach Gerät kann man Dezimalstellen ab-
trennen, also zwischen dem ganzen Teil und dem dezima-
len Teil einer Zahl unterscheiden.

Um 0,5 einzugeben, müssen Sie nicht die [0] drücken. Es
reicht, wenn Sie [,][5] eintippen.

Soll man bei offiziellen Dokumenten, Rechnungen und
Kontenübersichten lieber das Komma oder den Punkt benutzen? Das wird je nach Land unterschiedlich gehand-
habt. In den meisten europäischen Ländern (außer Großbritannien, der Schweiz, Irland und Liechtenstein) nimmt
man für Dezimalstellen das Komma. In angelsächsischen
Ländern hingegen gliedert man mit dem Komma traditionell die Tausender: 1,000.00 = tausend

Um Verwechslungen zu vermeiden, empfiehlt das Internationale Büro für Maß und Gewicht daher seit 2003, Tausender mit einem Leerzeichen zu gliedern: 1 000 = tausend

Als Dezimaltrennzeichen erkennt das Büro ausnahmslos
für alle Länder sowohl den Punkt als auch das Komma an.
Damit gibt es keine Missverständnisse mehr: Tausender
gliedert man mit einem Leerzeichen, Dezimalstellen mit einem Punkt oder Komma.

3. Die Speichertasten

Das Prinzip ist ganz einfach: M (*memory*, dt. Speicher) ist wie ein Behälter, in den Sie mit der Taste [M+] eine Zahl ablegen, um sie später noch einmal zu benutzen, ohne dass Sie sie noch einmal eintippen müssen. Genauso können Sie mit [M-] wann immer eine Zahl von ihrem Speicher subtrahieren oder ihn mit [MC] (*memory clear*) auf null zurücksetzen. Mit der Taste [MR] (*memory recall*) können Sie den aktuellen Inhalt des Speichers abrufen.

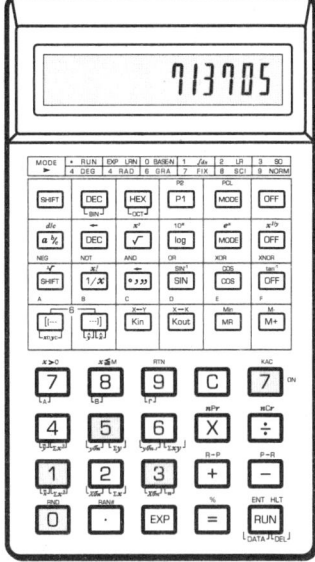

Versuchen wir einmal auszurechnen, wie viele Stunden im Jahr jemand arbeitet, der acht Stunden pro Tag an fünf Tagen die Woche im Büro ist und fünf Wochen Jahresurlaub hat.

$$\underbrace{(365 \times 8 \times 5 / 7) - (8 \times 5 \times 5)}$$

(ein Jahr 8h/Tag 5Tage/7) – (Urlaub)

Zuerst leeren wir den Speicher des Taschenrechners mit [MC], dann holen wir einmal tief Luft und drücken die folgenden Tasten:

[8] [×] [3] [6] [5] [×] [5] [÷] [7] [=] [M+] [8] [×]
[5] [×] [5] [=] [M-] [MR]

Der abgerufene Inhalt des Speichers [MR] entspricht dem Ergebnis der Rechnung: 1 885,71.

(Dann multiplizieren wir 0,71 mit 60, um die Minuten zu erhalten: 42. Macht also 1 885 Stunden und 42 Minuten.)

---------- ## 4. Prozentrechnen ----------

Mit einem Prozentsatz drückt man eine Proportion aus. Ein Prozent, 1 %, das bedeutet ein Hundertstel, eins von hundert: 1/100. Prozentsätze tauchen häufig in der Wirtschaft (Zinssatz, Steuersatz, Mehrwertsteuersatz) und der Statistik auf. Einen Prozentsatz **aufzulösen oder auszurechnen** sind zwei verschiedene Dinge, wie wir im Folgenden sehen werden.

2011 zählte Disneyland Paris 15,6 Millionen Besucher, davon 624 000 Italiener und 9 % Spanier.

Um den Prozentsatz aufzulösen und die Anzahl der spanischen Besucher zu erfahren, muss man auf dem Taschenrechner nur folgende Rechnung eingeben:

[1] [5] [6] [0] [0] [0] [0] [0] [×] [9] [%] [=]

Das Ergebnis ist 1 404 000 (eine Million vierhundertviertausend spanische Besucher).

Um den Prozentsatz der italienischen Besucher auszurechnen, geht man so vor:

[6] [2] [4] [0] [0] [0] [÷] [1] [5] [6] [0] [0] [0] [0] [0]
[×] [1] [0] [0] [=]

Das Ergebnis ist 4 %.

Nebenbei bemerkt: Umfrageergebnisse sollte man nicht als Fakten betrachten, sondern eher als eine Interpretation statistischer Daten. Das zeigt uns auch dieses Beispiel. Hat das Institut, das die Studie für Disneyland Paris durchgeführt hat, die Besucher wohl nach einer möglichen doppelten Staatsbürgerschaft gefragt? Wir wagen es zu bezweifeln.

------ 5. Quadrat, Quadratwurzel ------

Das Quadrat einer Zahl ist das Produkt dieser Zahl mit sich selbst. Die Quadratwurzel einer Zahl x entspricht der Zahl, die man mit sich selbst multiplizieren muss, um das Ergebnis x zu erhalten.

Das Quadrat von 4 ist also 16, und die Quadratwurzel von 16 ist 4.

Betrachten wir ein konkretes Beispiel, bei dem man Quadrate und Wurzeln braucht.

Frage: Was meint ein Elektronikverkäufer mit »Zehn-Zoll-Computerbildschirm«?

Nehmen Sie sich ein Lineal und messen Sie die Breite und die Höhe des Bildschirms ab. Die eine Seite (a) misst 22,14 cm. Die andere (b) 12,45 cm. Berechnen Sie nun die Diagonale (c).

Denken Sie an den berühmten Satz des Pythagoras für rechtwinklige Dreiecke:

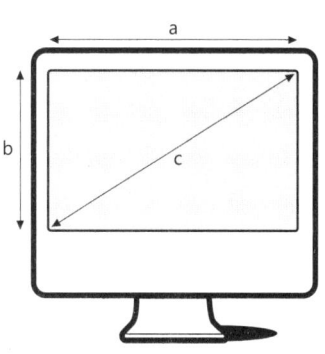

$$a^2 + b^2 = c^2$$

Wir kennen die Länge von zwei Seiten des Bildschirms, also müssen wir in den Taschenrechner nur Folgendes eingeben:

[2] [2] [,] [1] [4] [x²] [+] [1] [2] [,] [4] [5] [x²] [=]

Dann erhalten wir das Quadrat der Hypotenuse, nämlich 645,18.

Die Quadratwurzel von 645,18 verrät uns die Länge der Diagonale.
Dafür drücken Sie die Taste [√].
Das Ergebnis ist 25,4 cm. Um es in Zoll umzurechnen, teilen wir es durch 2,54.
Das ergibt genau 10 Zoll.
q. e. d.

π

Die Zahl Pi, die Taste [π] auf dem Taschenrechner, entspricht dem Verhältnis des Umfangs eines Kreises zu seinem Durchmesser. Sie spielt eine wichtige Rolle in der Geometrie, ist aber vor allem für ihre unendliche Ziffernfolge bekannt: 3,1415926535897...

Seit 2010 sind wir in der Lage, die ersten fünftausend Milliarden Nachkommastellen zu bestimmen.

Die japanischen und amerikanischen Wissenschaftler, denen diese Meisterleistung gelungen ist, schlugen den Vorjahresrekord ihres französischen Kollegen um zweitausenddreihundert Milliarden Dezimalstellen. Seit 2013 sind es bereits 12 Milliarden Nachkommastellen.

Was bringt es, so viele Dezimalstellen zu kennen? Unter anderem kann man damit die Rechenleistung eines Computers überprüfen und in statistischen Berechnungen Regelmäßigkeiten aufdecken.

Wir haben ihn stets zur Hand, ohne ihn zu sehen. Bei manchen Handys erscheint er, wenn man das Display quer hält. Er ist in alle Computer integriert* und online in Suchmaschinen zu finden.

Mit dem wissenschaftlichen Taschenrechner können wir komplexe Rechnungen durchführen, mit Klammern, Potenzen, Brüchen ... Die Tasten [sin] und [ln] helfen uns beim Lösen **trigonometrischer** Funktionen (Winkelfunktionen) beziehungsweise **logarithmischer** Funktionen (zum Beispiel zur Berechnung von Dezibel).

Wenn Sie das Rechenfieber packt, können Sie sogar in den Programmiermodus dieser Geräte gehen und damit Rechnungen durchführen wie sonst nur Informatikgenies: einen Wert ins Binärformat konvertieren und Bits drehen oder verschieben, um bei der Softwareprogrammierung Zeit zu gewinnen.

Pokerspieler hingegen benutzen spezielle Taschenrechner, die für **statistische** Funktionen besonders gut geeignet sind. Damit können sie je nach Karten ihre Chancen auf einen Sieg, eine Niederlage oder ein Unentschieden bestimmen, aber auch die Wahrscheinlichkeit einschätzen, ihr Blatt (die beste Kombination der fünf Karten, die der Spieler in der Hand hat: Straight, Flush, Three of a Kind ...) zu verbessern, bevor sie mit dem Einsatz mitgehen, ihn erhöhen oder passen.

---

* Am PC klicken Sie auf Start > Suchen > Rechner > Ansicht.
  Am Mac klicken Sie auf Programme > Rechner.

—— II. Die großen Rechner ——

Die Computer, die in der Lage sind, die komplexesten Rechnungen durchzuführen, wurden auf der Grundlage der Arbeit großer Mathematiker entwickelt. Mit ihren Speicherkapazitäten und ihrer Leistungsfähigkeit helfen sie heute anderen Mathematikern, noch schwierigere Rätsel zu lösen. Es handelt sich sozusagen um ein exponentielles Wachstum. Die Mathematik hat einen so hohen Entwicklungsstand erreicht, dass sie Normalsterblichen nur noch schwer zugänglich ist. Wir wollen nicht versuchen, die schwindelnden Höhen zu erklimmen, in denen sie sich aufhält. Begnügen wir uns damit, ein paar Pfade zu erkunden, die sie auf dem Weg dorthin eingeschlagen hat.

----------- 1. Algorithmen -----------

Ein Algorithmus ist ein Rezept, eine Gebrauchsanweisung, eine Folge von Handlungen, die man durchführen muss, um zu einem Ergebnis zu kommen. Wenn ein Mathematiker einen Algorithmus konzipiert, überlegt er sich logische Handlungsschritte, die automatisiert werden können. Er bestimmt die Vorschriften, die daraufhin von einem Programmierer umgesetzt werden. Das nennt man **Implementierung**: Der Algorithmus, den ursprünglich der Mathematiker kreiert hat, wird in eine Computersprache transkribiert.

Algorithmen haben sich mit der Computerisierung und der Notwendigkeit entwickelt, Unmengen immer gleicher Abläufe (Suchen, Sortieren, Einordnen ...) von Maschinen statt Menschen durchführen zu lassen – Computer verfügen über die schöne Eigenschaft, einer Sache nie überdrüssig zu werden. Man spricht oft von der »**Komplexität**« eines

Algorithmus (also von seiner Schnelligkeit und der Menge an benötigtem Speicherplatz, während das Programm ausgeführt wird) oder allgemeiner von seiner Leistungsfähigkeit. So ist es Google dank einem besonders leistungsfähigen Suchalgorithmus gelungen, den Markt der Internetsuchmaschinen zu beherrschen.

Raffinierte Algorithmen zur Lösung von Problemen im Zusammenhang mit Netzwerken (Internet, soziale Netzwerke, Verkehrsnetze), arbeiten oft mit der **Graphentheorie**, der mathematischen Untersuchung von Verbindungen zwischen Punkten. Es ist möglich, in einem Netzwerk die Verbindung zu ermitteln, die zwischen zwei Punkten besteht, und den Weg vom einen zum anderen zu erforschen. Mithilfe der Graphentheorie und der damit zusammenhängenden Algorithmen, zum Beispiel des Dijkstra-Algorithmus, können Informatiker den kürzesten Weg bestimmen, um von A nach B zu gelangen.

Die Welt ist klein

Der Graph des **Kleine-Welt-Phänomens** (*small-world experiment*) beschreibt die soziale Vernetzung: Heute steht fest, dass jeder Mensch mit jedem anderen über eine Kette von weniger als fünf Kontakten verbunden ist. Mit anderen Worten, es trennen uns nur vier Personen von einem beliebigen anderen Menschen auf der Welt. Und mit der Ausweitung der sozialen Netzwerke wird diese Zahl jedes Jahr kleiner.

Ein neuer Algorithmus namens **ACO** hat sich ebenfalls als sehr effizient erwiesen, um das Problem des Wegs von A nach B zu lösen. Er beweist, dass Mathematiker, im Gegensatz zu dem Ruf, den sie seit Jahrhunderten genießen, nicht alle im Elfenbeinturm leben, sondern die Welt auch sehr genau beobachten können.

ACO bedeutet *Ant Colony Optimization,* im Deutschen spricht man von »Ameisenalgorithmus«. Er stützt sich auf das Prinzip, nach dem diese Insekten die kürzeste Strecke zwischen ihrem Ameisenhaufen und einer Futterquelle festlegen. Die aktuelle mathematische Forschung führt häufig zu interdisziplinärem Austausch. In diesem Fall lässt sie sich von der Biologie inspirieren und ahmt bewusst ihre Funktionsweise nach, um Fortschritte zu erzielen.

Googol

Der Legende nach wurde das Wort Googol von einem achtjährigen Bengel erfunden. 1938 wollte der amerikanische Mathematiker Edward Kasner den Unterschied zwischen einer sehr großen Zahl und einer unendlichen Zahl erklären und suchte deshalb einen Namen für diese sehr große Zahl. »Googol«, brabbelte das Kind. Wenn der Junge daran gedacht hätte, das Wort urheberrechtlich schützen zu lassen, hätte er vielleicht inzwischen die Zahl Googol in Dollar verdient und wäre heute Multimilliardär.

Der Name der berühmten Suchmaschine, die wir jeden Tag benutzen, stammt in der Tat daher. **Google** ließ sich von dieser Bezeichnung inspirieren, um die immense Menge der im Netz verfügbaren Informationen zu verdeutlichen – immens, aber nicht unendlich.

Googol entspricht folgender Zahl:

10 000 000 000 000 000 000 000 000 000 000 000
000 000 000 000 000 000 000 000 000 000 000
000 000 000 000 000 000 000 000 000 000 000

Einfacher lässt sich die Zahl in ihrer konventionellen Schreibweise darstellen:

1 Googol = 10^{100}

Um uns eine Vorstellung von ihrer Größe zu machen, wollen wir sie mit der Anzahl der Protonen im sichtbaren Universum vergleichen. Diese ist deutlich kleiner, sie wird nämlich auf 10^{80} geschätzt.

Alan Turing

Dieser geniale englische Mathematiker (1912–1954) ist dafür bekannt, dass er die Forschung zur künstlichen Intelligenz revolutionierte und eine Maschine entwickelte, die als Vorläufer des Computers gilt. Turing wurde von Churchill als Held des Zweiten Weltkriegs ausgezeichnet, weil er durch die Entschlüsselung feindlicher Nachrichten dazu beigetragen hatte, den Einmarsch der Nazis zu verhindern. Seine Arbeiten eröffneten der Mathematik ungeahnte Horizonte, und das Modell der »Turingmaschine« wird heute noch häufig angewandt, um Probleme der algorithmischen Komplexität und der Berechenbarkeit zu lösen.

Doch dieser große Denker war auch ein Opfer der archaischen Gesellschaft seiner Zeit. Die öffentliche Entdeckung seiner Homosexualität, damals eine Straftat, brachte ihn vor Gericht. Der Skandal und die chemische Kastration, zu der er verurteilt wurde, trieben ihn 1954 dazu, sich das Leben zu nehmen, indem er in einen zyanidgetränkten Apfel biss. Gerüchten zufolge erinnere das berühmte Logo der Firma Apple an diese Geste. Sein Designer Rob Janoff dementierte jedoch: Der von ihm entworfene Apfel sei eine Anspielung auf den Apfel von

Newton, dem Entdecker der universellen Schwerkraft. Dem Andenken an den Vater der Informatik tut dies keinen Abbruch: Die größten Universitäten der Welt organisierten 2012 Konferenzen und Kongresse, um Turings hundertsten Geburtstag zu feiern.

2. Speicherplatz

Ein Laptop verfügt über eine Festplatte mit 500 GB Speicherplatz. Was bedeutet das?

		Byte	Kilobyte	Megabyte
1 KB	Kilobyte	1 000 B	1 KB	0,001 MB
1 MB	Megabyte	1 000 000 B	1 000 KB	1 MB
1 GB*	Gigabyte	1 000 000 000 B	1 000 000 KB	1 000 MB
1 TB	Terabyte	1 000 000 000 000 B	1 000 000 000 KB	1 000 000 MB

Ein **Byte** ist eine Folge von acht **Bits**, also acht **binären** Werten in den Zuständen 0 oder 1, acht elementaren Informationseinheiten, die die Maschine verarbeiten kann.

Ein Gigabyte entspricht acht Milliarden Bits, 500 GB entsprechen 4 000 Milliarden Bits. Um sich eine Vorstellung von den Größenordnungen zu machen:

1 KB	8 000 elementare Informationen (Bits), etwa ½ Seite Text
1 MB	500 Seiten 1 Minute Ton (im MP3-Format) 1 Farbfoto mittlerer Qualität (im JPEG-Format)

---

* Nicht zu verwechseln mit GiB, einer von Informatikern gebrauchten Einheit, die 1 073 741 824 Byte entspricht.

1 GB	½ Stunde Video in guter Qualität
100 GB	die Bibliothek von Alexandria
500 GB	Ihr neuer Computer*

Cloud-Computing

Mit der Verbreitung von USB-Sticks haben wir uns daran gewöhnt, gespeicherte Daten mitzunehmen, zu transportieren: Dann hat man eben einfach mal ein paar Gigabyte in der Tasche. Anfang der 2000er-Jahre ging die Entwicklung (unterstützt von viel Marketing) noch einen Schritt weiter mit der Möglichkeit, über das Netzwerk »Internet« auf Daten zuzugreifen, ohne sie speichern zu müssen. Das nennt man *Cloud-Computing* – das Rechnen in einer Wolke –, die Datenverarbeitung und -speicherung wird über das Netzwerk an entfernte Server ausgelagert.

------ **3. Neue Herausforderungen** ------

Anfang des 20. Jahrhunderts erstellte der deutsche Mathematiker David Hilbert eine Liste von mathematischen Problemen, deren Lösung für den Fortschritt seiner Disziplin von großer Bedeutung wäre. Gut hundert Jahre später ist über die Hälfte davon bewältigt. Nach diesem Vorbild zählte das amerikanische Clay Mathematics Institute im Jahr 2000 in einer Liste weitere Probleme auf und lobte ein

---

* Dabei unterscheidet man zwischen der Gesamtspeicherkapazität und dem Arbeitsspeicher (RAM, engl. *random-access memory*, Direktzugriffsspeicher), der im Durchschnitt 4 GB beträgt.

Preisgeld für ihre Lösung aus. Von diesen sieben **Millennium-Problemen** wurde bisher ein einziges gelöst, nämlich die Poincaré-Vermutung. Dieses komplexe Problem der Topologie könnte dabei helfen, die Form des Universums zu bestimmen. Dem Russen Grigori Perelman, der seinen brillanten Beweis online veröffentlichte, wurden dafür 2006 die Fields-Medaille (ein Äquivalent des Nobelpreises) und 2010 der Millennium-Preis in Höhe von einer Million Dollar zugesprochen. Doch das Genie wies beide Auszeichnungen mit der Begründung zurück, er fühle sich nicht mit der internationalen mathematischen Gemeinschaft verbunden. Er ist einfach zu Hause geblieben. Vielleicht wollte er lieber Sudoku spielen.

Japanische Mathematik

Bestimmt kennen Sie **Sudoku**, das Prinzip ist einfach: Es geht darum, ein Gitter so zu vervollständigen, dass jede Ziffer in jeder Zeile, jeder Spalte und jedem Block genau ein Mal vorkommt. Ein paar Kästchen sind immer schon ausgefüllt, sodass man sich nach und nach das ganze Zahlenrätsel erschließen kann.

Aber kennen Sie auch **Futoshiki**? Es ist genauso leicht verständlich wie Sudoku und sein früher Vorläufer, das lateinische Quadrat, und macht genauso süchtig. Man muss nur unter Beachtung der Zeichen für größer [>] und kleiner [<] die Ziffern von 1 bis 5 in ein Gitter eintragen und so alle Kästchen füllen, ohne sich in einer Zeile oder Spalte zu wiederholen.

Und **Nonogramme**? Sie werden auch Griddler oder Picross genannt. Das Ziel ist, durch logisches Vorgehen nach und nach bestimmte Kästchen eines Gitters einzufärben. Die Angabe 2 und 5 bedeutet zum Beispiel, dass es in der betreffenden Zeile einen Block von zwei und dann einen Block von fünf eingefärbten Kästchen gibt. Die beiden Blöcke sind durch mindestens ein weißes Kästchen voneinander getrennt. Nun geht es darum, ihre korrekte Position zu finden.

Das Ergebnis erscheint am Ende in Form eines Pixelbilds (Lösung auf S. 361).

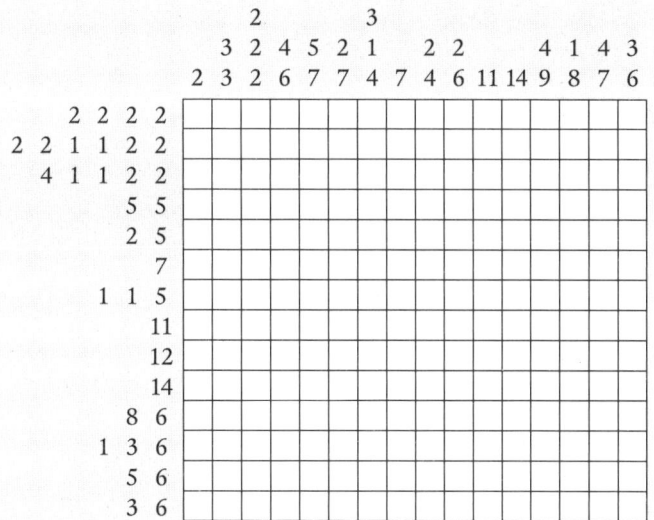

Lektion 4
Wirtschaft

Auch in diesem Kapitel wird gerechnet:
Wir sprechen über Geld.

Zahlreiche Europäer mussten sich zu
Beginn des Jahrhunderts an eine neue
Währung gewöhnen, den Euro.

2008 erinnerte uns die weltweite Bankenkrise an die Macht der Finanzmärkte und
ihre gefährliche Instabilität.

Die Schuldenkrise führte zu Staatskrisen.

Das alles wollen wir uns im Folgenden
genauer ansehen.

Die Finanzialisierung der Welt

Nach dem Zweiten Weltkrieg standen **Ingenieure** an der Spitze der Wirtschaft: Mit ihrer immer höher entwickelten Technik und ihren großartigen Plänen waren sie die Richtigen, um eine Welt in Trümmern wieder aufzubauen. In den 1980er-Jahren machten sie **Werbeagenten** und **Marketingdirektoren** Platz, die mit ihren Slogans und Tricks die Welt eroberten. Die Parameter hatten sich verschoben: Was man verkaufte, zählte letztendlich weniger, als wie man es verkaufte. In den 2000er-Jahren haben wieder andere Herrscher die Macht übernommen: die Aktionäre, die Trader und anschließend die neuen Fürsten der Unternehmen, die **Finanzdirektoren**. Ein einziges großes Gesetz scheint die Wirtschaft zu regieren: das der Zahlen.

Was ist daran so schlimm?, fragen die Verteidiger des Systems. Wenn das Ziel des Kapitalismus darin besteht, Geld zu machen, dann haben Finanzinstitutionen die Aufgabe, ihren Kunden welches zu beschaffen. Man kann ihnen nicht vorwerfen, dass sie ein System wollen, das Gewinne bringt.

Gewiss, antworten andere Ökonomen, aber nicht in diesem Ausmaß! Geld ist in der Logik des Kapitalismus nur ein Mittel, das dazu dienen soll, die Wirtschaft ins Rollen zu bringen. Aber langsam könnte man meinen, die Wirtschaft wäre zu einem Mittel geworden, um das Geld ins Rollen zu bringen. Die Forderung nach immer höheren Renditen, die Gier nach immer schnellerem Profit werden die Maschine auf Dauer blockieren. Die Wirtschaft erfüllt unterschiedliche Bedürfnisse: Sie ist dafür da, Reichtum für alle zu schaffen. Sie muss jedoch auch anderen Ansprüchen genügen: Sie soll zum allgemeinen Wohlstand eines Landes beitragen, die Umwelt berücksichtigen sowie technischen und gesellschaftlichen Fortschritt ermöglichen. Sie auf rein finanzielle Motive zu reduzieren – was manchmal auch als die »Finanzialisierung der Welt« bezeichnet wird –, führt zu einem sehr gefährlichen Ungleichgewicht.

Die schwere Bankenkrise von 2007–2008, die sich fast zu einem weltweiten wirtschaftlichen Zusammenbruch ausgeweitet hätte, schien dem letztgenannten Standpunkt recht zu geben. Damit hat sie auch eine alte Debatte wieder angestoßen: Kann sich der Kapitalismus noch einmal erholen?

Aber hallo!, rufen die Verteidiger der Märkte, die man allgemein als **Ultraliberale** bezeichnet, natürlich wird der Kapitalismus sich erholen, er hat ja schon einiges hinter sich! Diese Krise war auch nicht anders als die anderen, die es schon immer gab. Sie war hart, aber wie alle vorherigen Krisen wird sie ihren Nutzen bringen und dem System helfen, seine eigenen Exzesse zu korrigieren: Die Finanzinstitute haben dabei fast alles verloren, ab jetzt werden sie besser aufpassen. Diese alte Leier ist skandalös!, schreien daraufhin die Gegner der Märkte, die Antikapitalisten, die **Globalisierungskritiker**. Diese Krise war kein Missgeschick, sie ist der Beweis dafür, dass das System verrückt geworden ist und man es beseitigen muss.

Warum beseitigen?, melden sich wieder andere zu Wort. Es kommt nicht infrage, den Kapitalismus abzuschaffen, man muss ihn nur regulieren, indem man ein paar Gesetze verabschiedet, die Ausartungen verhindern. Seit 2008 haben alle Machthaber der Politik und Wirtschaft weltweit diese Haltung eingenommen. Ihre ehrgeizigen Pläne wurden bisher jedoch nur selten konkret umgesetzt.

Was soll man also von der Wirtschaft halten? Ihre Konsequenzen für das tägliche Leben jedes Einzelnen sind offensichtlich. Ihre Mechanismen erscheinen uns fern und abstrakt. Die großen Finanz- und Währungsfragen sind immer in ein kompliziertes Vokabular verstrickt, sodass man glaubt, sie wären einer kleinen Expertenelite vorbehalten. Und das Thema wirkt so trocken, dass es einem auch nicht besonders leid tut, es ihr zu überlassen. Aber das ist dumm. Auch für die Wirtschaft gilt, was man über den Krieg und die Soldaten sagt: Sie ist eine zu ernste Sache, um sie allein den Ökonomen anzuvertrauen. Wenn man sich ihre Funktionsweise einmal klar macht, wirkt sie nämlich gar nicht mehr so komplex. Man muss nur ein Mal richtig dranbleiben. Und genau das machen wir jetzt.

Was sehen wir auf dem Euro?

Alle Euromünzen haben eine gemeinsame Vorderseite. Die Rückseite gestalten die Mitgliedsstaaten mit ihren jeweiligen Nationalsymbolen (für Frankreich die Marianne, für Irland die keltische Harfe, für Portugal drei mittelalterliche Siegel, für Deutschland der Bundesadler, das Brandenburger Tor und der Eichenzweig), ihren regierenden Königen (Albert II. von Belgien, Juan Carlos von Spanien) oder berühmten Persönlichkeiten (Dante für Italien, Cervantes auf einigen spanischen Münzen).

Die Scheine zeigen alle Brücken, Fenster und Tore, die für verschiedene Epochen der Architekturgeschichte stehen:

     5 €   Die Antike
    10 €   Die Romanik

20 € Die Gotik
50 € Die Renaissance
100 € Der Barock
200 € Das Industriezeitalter des 19. Jhd.
500 € Die moderne Architektur des 20. Jhd.

Werden wir noch lange mit Münzen und Scheinen bezahlen? Das sogenannte **Zeichengeld** (Bargeld, das einen Wert repräsentiert, ohne einen eigenen entsprechenden Materialwert zu haben) weicht allmählich dem **Buchgeld** (das nur in Form von Buchungen sichtbar wird, auf Kontoauszügen oder im Computer).

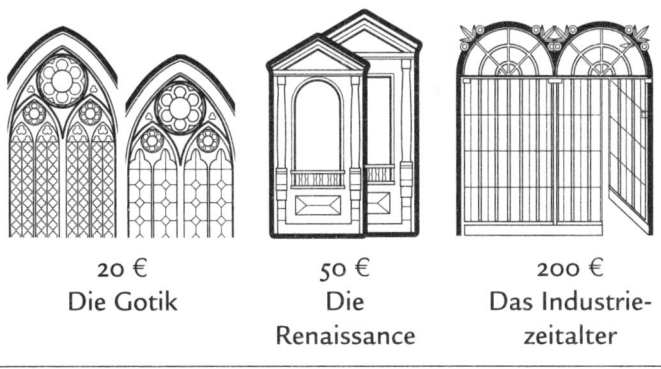

20 €
Die Gotik

50 €
Die
Renaissance

200 €
Das Industrie-
zeitalter

I. Alles über den Euro

Die Idee einer **einheitlichen europäischen Währung** entstand bereits Ende der 1960er-Jahre, ihre Umsetzung wurde 1992 mit dem Vertrag von Maastricht beschlossen. Am 1. Januar 1999 fand der erste Schritt der Währungseinführung statt: Auf allen Konten verschwanden die deutsche Mark, der österreichische Schilling, der belgische Franc, die spanische Peseta, die finnische Mark, der französische Franc, das irische Pfund, die italienische Lira, der luxemburgische Franc, der niederländische Florin und der portugiesische Escudo und wurden nach dem jeweils festgelegten Wechselkurs in eine neue Einheit umgerechnet: den Euro (€). Drei Jahre später, am 1. Januar 2002, wurde der Euro in Form von Münzen und Scheinen in Umlauf gebracht. 2011 benutzten ihn rund 230 Millionen Bürger. Aber wissen sie auch, was dahinter steckt?

--- 1. Die Entwicklung einer Währung ---

Wie mit allen Währungen der Welt kann man mit dem Euro einen Handel begleichen, den Wert einer Sache festlegen, ein Vermögen ansparen oder ein Darlehen aufnehmen. Doch im Gegensatz zu fast allen anderen Währungen hat diese auch über die Grenzen eines einzigen Staats hinaus Gültigkeit. Genau das ist ihr Grundgedanke. Sie wurde erschaffen, um alle Länder, die sie angenommen haben, stärker miteinander zu verbinden.

Damit nicht der Eindruck entsteht, ein Mitglied der Gruppe würde mit einem nun gemeinsamen Gut unverantwortlich umgehen, hat jeder Teilnehmer sich verpflichtet, sich nicht zu sehr zu verschulden, also sein **Haushaltsdefizit** und seine **Verschuldung** (siehe III., S. 127) in einem vernünftigen Rahmen zu halten. Diese entsprechen einem bestimmten Prozentsatz des Bruttoinlandsprodukts, man nennt sie die Konvergenzkriterien oder auch Maastricht-Kriterien.

Wie alle Währungen der Welt wird der Euro von einer zentralen Bank ausgegeben und kontrolliert: der **Europäischen Zentralbank** (EZB) mit Sitz in Frankfurt. In den meisten Staaten ist die Zentralbank der politischen Macht unterworfen. Was aber, wenn diese Macht unter zahlreichen Ländern aufgeteilt ist? Um zu vermeiden, dass einzelne Mitgliedsstaaten begünstigt werden oder Einfluss nehmen, wurde die EZB als vollkommen unabhängige Institution konzipiert. Ihr Direktorium wird von den Staats- und Regierungschefs gewählt, danach legen die Direktoriumsmitglieder niemandem mehr Rechenschaft ab. Sie sind dafür zuständig, dass das System funktioniert, ihre Hauptziele sind ein gleichbleibendes Preisniveau und die Stabilität des Euro in Bezug zu anderen Währungen der Welt.

2. Was ist Geldpolitik?

Die EZB betreibt die sogenannte Geldpolitik. Dafür stehen ihr verschiedene Instrumente zur Verfügung. Die beiden wichtigsten sind folgende:

Sie hat die Macht, die Zinssätze festzulegen, zu denen alle Privatbanken sich bei ihr Geld leihen können. Diese führen es der Wirtschaft zu, indem sie es an Privatpersonen und Unternehmen weiterverleihen, und zwar zu Zinssätzen, die von jenen abhängen, die die Privatbanken selbst an die EZB zahlen mussten. Deshalb spricht man vom **Leitzins** der EZB. Wenn sie befürchtet, dass die Wirtschaft sich überhitzt, die Geschäfte zu schnell laufen, die Preise steigen und eine **Inflation** droht, hebt sie die Zinsen an. Dann wird es teuer, sich Geld zu leihen: Privatpersonen, die einen Immobilienkredit aufnehmen wollen, werden zögern, ebenso wie Unternehmer, die investieren wollen. Die Wirtschaft kühlt ab. Die Senkung der Zinsen ruft den entgegengesetzten Effekt hervor.

Außerdem verfügt die EZB über **Währungsreserven**, das heißt über Reserven in Devisen, mit denen sie den Kurs des

Euro in Bezug zu anderen Währungen beeinflussen kann. Angenommen, zu einem bestimmten Zeitpunkt würden auf den Devisenmärkten plötzlich alle ihre Euros verkaufen, um Dollars, Yens oder eine andere Währung zu kaufen: Der Dollar, der Yen oder die andere Devise würden augenblicklich steigen und der Eurokurs sinken. Dann kann die EZB ihre Währungsreserven herausholen, um Euro zu kaufen und so dazu beizutragen, dass er wieder steigt. Wenn sie das Gegenteil tut, erzielt sie das umgekehrte Ergebnis.

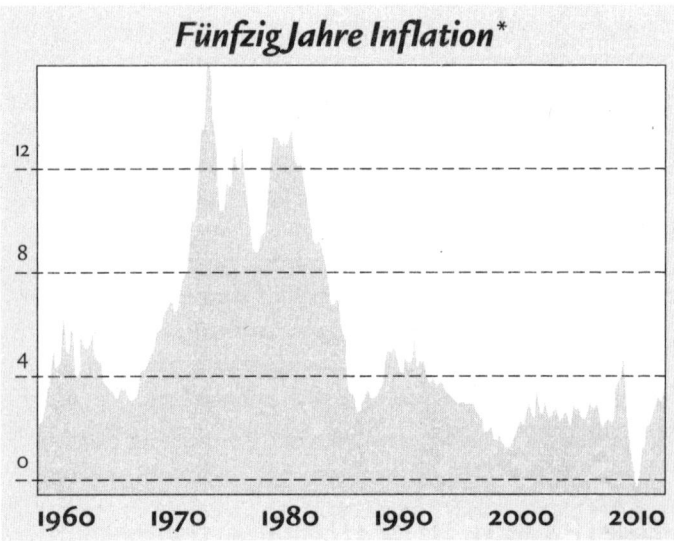

Fünfzig Jahre Inflation*

* Entwicklung der Inflation in Europa seit 1961. Harmonisierter Verbraucherpreisindex (seit 1996), Veränderung in Prozent. Quelle Eurostat und EZB.

3. Für oder gegen den Euro?

Die Verteidiger des Euro heben seine Vorteile hervor. Dank ihm, sagen sie, wurde die Inflation eingedämmt. Der Handel innerhalb der Eurozone hat sich vereinfacht, schon allein durch die Abschaffung der Wechselgebühren und der großen Unterschiede zwischen den einzelnen Währungen. Heute ist er eins der stärksten Zahlungsmittel der Welt.

Er hat aber auch seine Gegner – manche lehnen schon sein Prinzip ab, andere finden die Idee gut, sind jedoch mit ihrer aktuellen Umsetzung nicht einverstanden. Jeder hat etwas an ihm auszusetzen.

Seit es ihn gibt, steht der Euro im Zentrum endloser Diskussionen. Nehmen wir uns die drei wichtigsten Fragen einmal vor.

Die Frage der Preise. Der Großteil der Europäer hat der Einheitswährung vor allem eins vorzuwerfen: Mit ihr sind die Preise in die Höhe geschossen, »alles ist teurer geworden«. Sicher, bei der Umstellung waren viele Händler recht großzügig, als es darum ging, die umgerechneten Beträge aufzurunden. Zahlreiche Produkte des täglichen Bedarfs kosten deutlich mehr als vorher: eine Tasse Kaffee, ein Brot, ein Einkauf im Supermarkt. Hinzu kommt, dass wir alle den Reflex haben, bestimmte Preise von heute mit Preisen in der alten Währung zu vergleichen und dabei zu vergessen, dass jene mit der Zeit sicher genauso angestiegen wären. Das alles gibt uns dann das Gefühl, die Preise wären explodiert: Dieses Phänomen heißt **gefühlte Inflation**. Die Realität sieht anders aus. Tatsächlich sind die Preise vieler Produkte (Elektrogeräte, Computer) gesunken. Dass wir alle den Eindruck haben, wir hätten weniger Geld in der Tasche, liegt auch an neu hinzugekommenen Ausgaben (z. B. Handy- und Internetverträge).

Die **reelle Inflation** wurde eingedämmt: Sie beträgt seit Anfang dieses Jahrhunderts im Durchschnitt etwa 2 %. Ende der 1970er-Jahre lag sie in Frankreich bei fast 13 %, in Deutschland 1975 bei einem Höchstwert von 6,9 %.

Der Großteil der Ökonomen verurteilt den Euro nicht wegen eines Preisanstiegs, denn dieser hat nicht stattgefunden. Manche kritisieren eher das Gegenteil – nicht an der Währung selbst, sondern an der Art, wie sie verwaltet wird. Die Leute von der EZB, sagen sie, seien »Orthodoxe«, die blind eine **monetaristische Politik** verfolgen, das heißt, für sie sei der Preiseanstieg die einzige Gefahr und sie glaubten, man müsse nur die Währung richtig steuern, dann würde sich der Rest der wirtschaftlichen Probleme – Arbeitslosigkeit, Verschuldung usw. – schon von allein regeln. Natürlich kann eine hohe Inflation eine Katastrophe sein. Viele Europäer, vor allem die Deutschen, haben panische Angst davor; sie haben die Hyperinflation von 1923 vor Augen, die ihr Land in den Ruin stürzte, und sind besessen von einer strikten Währungs- und Preissteuerung. Andere Experten sind der Meinung, diese orthodoxe Geldpolitik ersticke die Wirtschaft, und eine gemäßigte, kontrollierte Inflation könne nützlich sein, um sie wieder anzukurbeln: Wenn die Konsumenten wissen, dass der Preis einer Ware steigt, kaufen sie sie schneller; die Unternehmer investieren ohne zu zögern; und wer Schulden hat, kann zusehen, wie sie verschwinden, denn die zurückzuzahlende Summe verringert sich im gleichen Maß, wie die Preise steigen.

Die Frage der Souveränität. Kehren wir zum Franc, zur D-Mark, zur Peseta, zur Lira usw. zurück!, rufen überall in Europa die **Souveränisten**, die **Euroskeptiker**. Indem wir unser Geld den Frankfurter Bankiers überlassen, verlieren wir unsere Souveränität. Das stimmt. Aber wie kann man dem Euro das vorwerfen? Genau das war sein Grundgedanke. Die Währungsunion wurde speziell dafür geschaffen, die Einheit unter den Europäern zu stärken und die sogenannte **europäische Integration** voranzutreiben. Der Euro war nur als eine Etappe auf diesem Weg gedacht: Der Vertrag von Maastricht sah eigentlich eine »Währungs-UND Wirtschaftsunion« vor. Die Währungsunion existiert. Die Wirtschaftsunion lässt auf sich warten. Genau das, beklagen zahlreiche Ökonomen, sei die Schwäche des Euro. Eine Währung an sich ist nichts wert, wenn sie nicht mit einer kohärenten Wirtschaftspolitik verbunden ist und sich auf eine gemeinsame Regierung stützt, die über

einen Etat verfügt und Steuern erheben sowie staatliche Anleihen aufnehmen kann usw. Die Staaten der Eurozone haben zwar dieselbe Währung, aber der ganze Rest (das Steuerrecht, die Haushaltspolitik, die Verschuldung) ist unterschiedlich geregelt, und das kann zu ernsthaften Spannungen führen.

Langfristig, sagen die Pessimisten, wird der Euro daran scheitern. Im Gegenteil, sagen die Optimisten, gerade um den Euro und die Stabilität, die er bringt, zu bewahren, werden die Europäer zwangsläufig enger zusammenrücken.

Die Frage des Euro in der Welt. Die Euro-Befürworter weisen mit Stolz darauf hin, dass er zu einer der großen Referenzwährungen der Welt geworden ist. Nach dem Zweiten Weltkrieg waren die ruinierten Europäer gezwungen, ihre Währungen an den »König Dollar« zu koppeln. Doch seit Anfang des 21. Jahrhunderts hatten die grünen Scheine jedes Mal, wenn in der amerikanischen Wirtschaft ein neues Problem auftrat, Schwierigkeiten gegenüber dem Euro. Leider ist das nicht unbedingt etwas Gutes. Sehen wir uns das ewige Dilemma noch einmal an.

Wenn man eine starke Währung hat, kann man Importware billiger kaufen:

Wenn ich zum Beispiel für 100 Dollar Erdöl kaufe und ein Euro einen Dollar wert ist, kostet mich das Erdöl 100 Euro.

Wenn der Euro gestiegen ist und zum Beispiel 1,30 Dollar wert ist, kostet mich das Erdöl: $100/1,3 = 76,92$ Euro.

Aus demselben Grund begünstigt eine starke Währung Investitionen im Ausland.

Im Gegenzug erschwert sie jedoch den Export: Alles, was man verkauft, wird viel zu teuer.

¥ € $

Um die zahlreichen Devisen auf dem internationalen Währungsmarkt darzustellen, existieren mehrere Systeme parallel. Auf den Preisschildern im Laden erscheinen Symbole: Der Euro wird mit € gekennzeichnet. Auf den Tafeln der Börsen und Wechselstuben werden **drei Buchstaben** (ISO-Norm 4217) angezeigt: EUR für den Euro, USD für den nordamerikanischen Dollar. So werden Verwechslungen vermieden, zum Beispiel beim Pfund (GBP für das Pfund Sterling, EGP für das ägyptische Pfund, LBP für das libanesische Pfund ...).

¥

oder 元 CNY
Yuan – China

 €

EUR – *Euro*
Europa

 $

USD – *Dollar*
Vereinigte Staaten

₩

KRW – *Won*
Südkorea

oder £ EGP
Pfund – Ägypten

 **S/.**

PEN
Nuevo Sol – Peru

ЛВ

BGN
Lew – Bulgarien

DH

AED – *Dirham*
Vereinigte
Arabische Emirate

 ₺

TRY
Lira – Türkei

฿

THB
Baht – Thailand

¥

oder 円 JPY
Yen – Japan

MAD
Dirham – Marokko

$

ARS – *Peso*
Argentinien

R$

oder $ BRL
Real – Brasilien

⋔

AZN – *Manat*
Aserbaidschan

₹

INR
Rupie – Indien

₪

ILS
Schekel – Israel

руб

RUB – *Rubel*
Russische
Föderation

£

GBP – *Pfund*
Vereinigtes
Königreich

Der Yuan, ein chinesisches Geduldspiel

Die internationalen Währungen waren lange Zeit mit Gold hinterlegt: Theoretisch konnte man für Bargeld eine entsprechende Menge des Edelmetalls erhalten. Nach dem Zweiten Weltkrieg haben sie sich an den Dollar gekoppelt, und nur er war noch in Gold umtauschbar. In den 1970er-Jahren gaben die Amerikaner dieses System auf. Eine Währung erhält ihren Wert nur noch in Bezug zu anderen Währungen. Auf den Finanzmärkten werden täglich Euros, Pfund Sterling, Dollars, Yens usw. gekauft und verkauft, und genau dieses Prinzip der kommunizierenden Gefäße bestimmt den Kurs der Devisen; man nennt es das System der **flexiblen Wechselkurse**. Für zahlreiche Länder, die zu klein oder zu schwach sind, ist das jedoch zu gefährlich: Wer würde ihre kleine Währung kaufen, wenn sie mit den ganz großen konkurrieren müsste? Sie haben deshalb **feste Wechselkurse**: Das bedeutet, man kann diese Währung nicht umtauschen, wie man will, man kann nicht mit ihr das Land verlassen, und ihr Kurs wird autoritär von der Regierung festgelegt.

Ein Problem seit Anfang des Jahrhunderts ist, dass China diese Option noch immer nutzt, obwohl es sich inzwischen zu einem der mächtigsten Länder der Welt entwickelt hat. Der Yuan kann auf den Finanzmärkten nicht frei fließen. Sein Kurs wird von der Regierung bestimmt, und viele Experten sind der Meinung, er sei deutlich unterbewertet, wodurch das Land seine Exportprodukte bedeutend günstiger verkaufen kann.

II. Die Finanzmärkte
——— und andere Scherze ———

Auf dem weiten Spielfeld der Wirtschaft diktieren die Finanzmärkte die Regeln. Sie bestehen schon lange und rufen seit jeher gemischte Gefühle hervor. »Wenn Sie einen Bankier aus dem Fenster springen sehen, springen Sie hinterher. Es gibt bestimmt etwas zu verdienen«, soll schon Voltaire gesagt haben. In seinem und den folgenden Jahrhunderten wurde unablässig gegen Börsenspekulanten gewettet, gegen Agioteure, Bankster, die sich an anderen bereichern. Das Problem ist heute nicht das Finanzwesen an sich – dass man nun mal Geld braucht, damit die Wirtschaft läuft, ist wohl jedem klar –, sondern seine unverhältnismäßig große Macht durch die Globalisierung des Handels und die technische Entwicklung. Mit einem einfachen Klick kann man nun in einem Sekundenbruchteil kolossale Summen von einem Markt zu einem anderen irgendwo auf der Welt schieben und so für industrielle oder kommerzielle Tsunamis am anderen Ende des Planeten sorgen, ohne den Handelsraum verlassen oder irgendjemandem Rechenschaft ablegen zu müssen. Mit immer raffinierteren Tricks werden Profite eingefahren, die immer weniger mit der Realität zu tun haben: Man spricht von »Kasino-Kapitalismus«. Die Welt ist ein einarmiger Bandit, den die Trader fröhlich bedienen, und die Unternehmen, Staaten und bergbaulichen oder landwirtschaftlichen Rohstoffe sind die kleinen Bildchen, die sich darin drehen. Sie müssen nur in der richtigen Kombination erscheinen, und Bingo! Wir stellen Ihnen einige der neuesten Modespiele in jenen Kreisen vor. Dann kommen wir auf den flächendeckenden Zusammenbruch zurück, den dieses System beinahe ausgelöst hätte: die **Subprime-Krise.**

---------- 1. Irre Spekulationen ----------

Spekulation bedeutet, man hofft auf einen Gewinn, indem man Kursveränderungen vorhersagt: Man kauft Weizen nicht, um ihn zu benutzen oder sofort weiterzuverkaufen, sondern um ihn zu lagern, bis ein Mangel herrscht und man ihn teurer wieder verkaufen kann. Das ist eine uralte Taktik, die sich ständig weiterentwickelt. Seit Anfang des 21. Jahrhunderts wird viel über Investmentgesellschaften diskutiert, die mit **Hedgefonds**, sogenannten **Spekulationsfonds**, arbeiten. Ihre Tätigkeit besteht darin, andauernd und blitzschnell über ausnahmslos alles zu spekulieren – Devisen, Rohstoffe, Kunstwerke – und sich auch der **Arbitrage**-Technik zu bedienen, das heißt, sie setzen auf die unterschiedliche Notierung eines Wertpapiers an zwei Finanzplätzen. Das ist mit enormen Risiken verbunden, vollkommen unmoralisch, und Laien können über solche Strategien nur staunen.

Eine dieser Strategien ist der **Leerverkauf**. Dabei wird auf eine Preissenkung spekuliert. Das Spiel geht so:

1 Ich leihe mir ein Finanzprodukt
2 Ich verkaufe es weiter
3 Ich warte, bis der Preis sinkt
4 Ich kaufe es zum niedrigeren Preis zurück
5 Ich erstatte es dem Verleiher

Die Differenz zwischen 2 und 4 stecke ich ein. Damit habe ich mir praktisch ein Vermögen aus der Luft gezaubert.

Zumal man für diese Art Geschäft überhaupt kein Geld haben muss. Man muss sich nur welches leihen, dann macht man damit Gewinn und zahlt es anschließend wieder zurück: Das nennt man den **Leverage-Effekt**, engl. für Hebelwirkung. Das Spiel ist natürlich gefährlich. Wenn die Kurse entgegen aller Erwartung steigen, ist es eine Katastrophe. Dementsprechend sind Börsenmakler bereit, einiges zu tun, damit sie sinken, einschließlich, wenn man wiederholten Anschuldigungen glauben mag, Gerüchte in die Welt zu setzen. Solche Praktiken verleiten zu allen möglichen Machenschaften. Deshalb haben diverse Länder, besonders in Europa, Ende des letzten Jahrzehnts versucht, sie zu verbieten.

Was ist die Tobin-Steuer?

Anfang der 1970er-Jahre sorgen die nicht mehr vorhandene Umtauschbarkeit des Dollars in Gold und das neue System der flexiblen Wechselkurse für große Instabilität auf den Geldmärkten: Spekulanten kaufen und verkaufen pausenlos. Um sie ein wenig zu bremsen, schlägt der amerikanische Ökonom und spätere Wirtschaftsnobelpreisträger (1981) James Tobin (1918–2002) vor, »Sand ins Getriebe zu streuen«, indem eine zwar sehr geringe (er spricht von 0,05 bis 0,5 %), aber für alle Devisengeschäfte geltende Steuer erhoben wird, die ihre Häufigkeit beschränken soll. Ende der 1990er-Jahre greifen verschiedene globalisierungskritische Bewegungen, zum Beispiel die französische Organisation Attac, diese Idee auf und fordern, sie auf alle Finanztransaktionen zu erweitern. Das war zwar nicht Tobins Absicht, aber die Steuer behält seinen Namen. Mit der Krise von 2008 drängt sie sich schließlich allen auf. Gestern noch als utopisch oder nicht umsetzbar belächelt, wird das Konzept nach und nach von den höchsten westlichen Verantwortlichen in Politik und Wirtschaft übernommen. José Manuel Barroso, bis Ende Oktober 2014 der sehr liberale Präsident der Europäischen Kommission, hatte versprochen, die Steuer noch vor 2014 einzuführen, was aber dann nicht geschah.

2. Her mit den Algorithmen

Früher einmal musste man, um an der Böse erfolgreich zu sein, einen guten Riecher und ein gewisses Talent für Wirtschaft und Handel haben. Heute kommt es eher auf mathematische Kenntnisse an. Seit gut einem Jahrzehnt werden die Handelsräume von den Quants regiert, den Spezialisten eines besonders komplizierten Gebiets der angewandten Mathematik: der »quantitativen Finanzmarktanalyse«. Sie kennen sich aus mit komplexen Modellen der Differenzialrechnung, Wahrscheinlichkeiten und Algorithmen (siehe S. 98) und bauen damit die neuen Waffen des Finanzkriegs: hochleistungsfähige Programme, mit denen Computer im richtigen Moment Kauf- und Verkaufsorders verschicken und in Rekordzeit ein Vermögen anhäufen können.

Denn natürlich wird heute ein großer Teil der Transaktionen gar nicht mehr von Menschen durchgeführt: Wie könnte man sich auch auf sie verlassen? Sie müssen die Kursentwicklungen auf ihren Bildschirmen verfolgen und Mausklicks tätigen. Das dauert viel zu lange. Ein weiterer Schlüsselbegriff der zeitgenössischen Finanzwelt ist der **Hochfrequenzhandel**. Dabei führen Maschinen, wie oben beschrieben, Handelsgeschäfte durch, und zwar kaufen und verkaufen sie mit schwindelerregend steigender Geschwindigkeit: zwischen 2005 und 2010 hat sie von 2 Sekunden auf 150 Millionstel Sekunden zugenommen.

3. Subprime-Kredite und die fatale Kettenreaktion

In welcher Katastrophe die Subprime-Krise von 2007–2008 beinahe geendet hätte, hat niemand vergessen. Wir wollen uns hier noch einmal die Kettenreaktion in Erinnerung rufen, die dazu geführt hat.

Die Ikone Jérôme Kerviel

Es gibt T-Shirts mit seinem Konterfei. Theaterstücke, Essays und Romane wurden über ihn geschrieben, sein Name ist weltbekannt. Eine der Ikonen unserer Zeit heißt Jérôme Kerviel. Dieser junge Franzose wurde im Januar 2008 mit einunddreißig Jahren auf der ganzen Welt berühmt, nachdem bekannt wurde, dass seine Bank, die Société Générale, durch ihn fünf Milliarden Euro verloren hatte.

Und dabei war diese Summe nur die Spitze eines Eisbergs von der Größe eines Kontinents: Der Mann setzte auf **Termingeschäfte**, das heißt auf Geschäfte, die erst zu einem späteren Zeitpunkt abgewickelt werden, und die von ihm eingegangenen Eventualverbindlichkeiten waren noch zehnmal höher, nämlich 50 Milliarden.

Als die Affäre aufflog, stieß sie eine weltweite Debatte an, die noch nicht abgeschlossen ist. Für seine Gegner ist Kerviel ein **Rogue Trader**, einer dieser verrückten Händler, die Börsengeschichte schreiben, der kleine Bruder des Briten Nick Leeson, der durch seine Veruntreuungen 1995 den Zusammenbruch der Barings Bank herbeiführte. Für seine Verteidiger ist er nur ein Sündenbock, ein Opfer eines Systems, das alle Beteiligten zu den maßlosesten Risiken treibt, um Gewinne einzufahren, und sie fallen lässt, sobald sie Verluste machen.

I. Akt: **Die Immobilienkrise**

Anfang der 2000er-Jahre lassen das Platzen der **Dotcom-Blase** (also das Ende der außerordentlichen Investitionen in die neuen Internetunternehmen, die berühmten Start-ups, die dadurch zu hoch notiert waren) und die Attentate vom 11. September eine Rezession befürchten.

Um die Konjunktur wieder anzukurbeln, senkt die Fed, die amerikanische Zentralbank, ihren Zinssatz. Ein Darlehen aufzunehmen kostet fast nichts mehr, und die Banken drängen selbst Leute dazu, die es sich nicht leisten können. Wenn man einem sehr guten Kunden – einem, der ein sicheres Gehalt und eine gute Bonität hat – einen Kredit gewährt, bietet man ihm einen sehr guten Preis an: eine **prime** *rate,* im amerikanischen Bankenjargon. Wenn bei einem Kunden ein größeres Risiko besteht, bietet man ihm einen Kredit einer niedrigeren Stufe an (mit anderen Worten einen teureren): eine **subprime** *rate.* Warum sich nicht mal was gönnen? Die Kredite sind »hypothekarisch gesichert«, das heißt garantiert durch den Wert des Hauses. Die Immobilienpreise steigen stetig: Im Notfall muss man nur verkaufen, und jeder bekommt mehr zurück, als er ausgegeben hat. Glaubte man bis 2006–2007.

Dann klemmt dieser schöne Mechanismus. Die Zinsen steigen wieder, die Tilgung wird teurer, und viele Leute schaffen es nicht mehr, sie zu bezahlen. Sie müssen verkaufen. Doch der Immobilienmarkt schwächelt, und der Hausverkauf reicht nicht mehr, um das Darlehen zu begleichen. Eine gegenläufige Bewegung setzt ein. Pfändungen häufen sich und lassen die Hauspreise noch weiter sinken. Tausende landen auf der Straße, und den Banken bleibt nur die Gewissheit, dass sie ihr Geld nie wiedersehen.

II. Akt: **Die Bankenkrise**

Wem gehören diese faulen Kredite? Ein bisschen allen und niemandem. Das ist das Problem. Nachdem die Banken sie vergeben haben, behielten sie sie nicht brav in ihren Geschäftsbüchern, sondern verkauften sie weiter an andere Finanzinstitute, die sie ebenfalls weiterverkauften und mit anderen Wertpapieren vermischten: durch **Verbriefung**. Millionen Wertpapiere werden also vermischt, gekauft, weiterverkauft. Die gesamte Finanzwelt ist von dem Gift durchdrungen. Angst greift um sich. Die Jagd auf jene, die die meisten dieser Wertpapiere besitzen, beginnt. Die Kurse stürzen ab. Insolvenzen folgen.

III. Akt: **Die weltweite Krise**
Die spektakulärste Insolvenz wird am 15. September 2008 beantragt: Lehman Brothers, eine der größten Investmentbanken der Welt und über 150 Jahre alt, bricht zusammen. Panik macht sich breit. Innerhalb weniger Stunden erfasst sie die ganze Welt. Ein Schreckgespenst lässt den Planeten erstarren: die Wiederholung von 1929 – Bankschließungen, ruinierte Sparer, Weltuntergang. Die Staaten beschließen zu tun, was neunundsechzig Jahre zuvor nicht getan wurde. Sie investieren massiv, um die Banken mit allen Mitteln zu retten: Darlehen, Garantien, Verstaatlichungen. Tausend Milliarden Dollar werden dafür geopfert, davon siebenhundert allein von der Regierung der Vereinigten Staaten. Gigantische Kosten, die die nächste Krise einleiten: die Schuldenkrise.

——— III. Die Verschuldung ———

Früher griffen allzu verschwenderische Könige gern zu einer einfachen Lösung, um Probleme mit ihren Bankiers zu regeln. Wenn sie nicht mehr bezahlen konnten, steckten sie sie ins Gefängnis oder verwiesen sie des Reichs und konfiszierten ihr Vermögen. Gewiss haben viele der heutigen Machthaber schon mehr als einmal mit dem Gedanken gespielt, sich daran ein Beispiel zu nehmen. In unserem 21. Jahrhundert geht ein Schreckgespenst um: die Verschuldung.

Für diejenigen, die man allgemein auf der rechten Seite des politischen Spektrums einordnet, hat sie nur eine Ursache: Wir geben zu viel aus. Die Staatskonten werden von den überflüssigen Bemühungen belastet, in allen Bereichen einzugreifen und die sozialen Auffangnetze bis ins Unendliche zu spannen, sodass sie zu einer regelrechten wirtschaftlichen Abhängigkeit vom Staat führen, die man nicht mehr unterstützen darf.

Für die andere Seite ist die Verschuldung viel eher den Ausartungen eines ungebändigten Kapitalismus zuzuschreiben: Die Staaten geben vor allem Geld aus, um die sozialen Schäden durch das zerstörerische Gewinnstreben zu reparieren, das ein kleiner Kreis skrupelloser Zyniker in Gang gesetzt hat. Diese scheuen sich nicht, betteln zu kommen, wenn sie sich selbst an den Rand des Ruins manövriert haben, und sind im Stande, am nächsten Tag die Hand abzuhacken, die ihnen geholfen hat, um sie gewinnbringend zu verkaufen. Diese Darstellung ist gar nicht so weit von der Wahrheit entfernt: Sah man nicht bei der »Schuldenkrise« der 2010er-Jahre, wie die Finanzmärkte Staaten in die Knie zwangen, die von einer Verschuldung geschwächt waren, welche zum Teil durch die Rettung eben dieser Finanzmärkte zwei Jahre zuvor verursacht worden war, nachdem ihre Unersättlichkeit beim Subprime-Geschäft sie an den Rand des Abgrunds gebracht hatte? Verschuldung ist eins der Schlüsselwörter unserer Epoche. Sehen wir uns die wesentlichen Mechanismen einmal genauer an.

Ein Staat gibt jedes Jahr Geld aus: Er muss seine Armee finanzieren, seine Polizei, seine Schulen usw. Er hat auch Einnahmen: Sie stammen zum Teil aus Eigenmitteln (zum Beispiel aus Erträgen durch Wälder und andere Güter, die ihm gehören), aber hauptsächlich aus Steuern. Diese können **direkt** (wie die Einkommensteuer, die der Steuerzahler direkt ans Finanzamt überweist) oder **indirekt** erhoben werden (wie die Abgaben, die im Preis der Produkte enthalten sind, die man kauft; die wichtigste davon ist die Mehrwertsteuer). Zum Jahresende erstellt der Staat die Bilanz der Zahlungsein- und -ausgänge. Wenn Geld in den Kassen übrig bleibt, hat er einen Haushaltsüberschuss. Wenn welches fehlt, ein Defizit.

Um dieses **Haushaltsdefizit** auszugleichen, muss der Staat sich Geld leihen, und zwar von den Bürgern oder den Finanzmärkten. Diese Anleihen summieren sich von Jahr zu Jahr zuzüglich ihrer Zinsen: Darunter versteht man die »Schulden des Staats«.

Ebenso verfährt man bei den großen öffentlichen Entitäten: der Sozialversicherung (Krankenversicherung, Arbeitslosengeld, Rente, Kindergeld) und den Gebietskörperschaften (Bundesländer, Gemeinden usw.). Wenn man alles zusammenzählt, erhält man die Zahl, die am häufigsten als Referenz gilt: die **Staatsverschuldung**.

Man kann sie nominal ausdrücken (die Staatsverschuldung Deutschlands betrug Ende 2012 zum Beispiel 2068 Milliarden Euro). Für ein sehr kleines Land wäre das eine enorme Summe, für ein großes weniger. Den Wert der Verschuldung kann man nur einschätzen, wenn man ihn mit der gesamten Finanzlage eines Landes in Beziehung setzt. Deshalb wird sie meist als Prozentsatz des Volksvermögens (des Bruttoinlandsprodukts, **BIP**) ausgedrückt:

Öffentliche Verschuldung Ende 2012
(gemäß Eurostat)

Estland	*10,1 % des BIP*
Polen	*55,6 %*
Deutschland	*81,9 %*
Frankreich	*90,2 %*
Irland	*117,6 %*
Portugal	*123,6 %*
Italien	*127 %*
Griechenland	*156,9 %*

Wenn man das Geld betrachtet, das alle Wirtschaftseinheiten eines Landes, die Bürger, die Unternehmen, die öffentlichen Dienste usw. vom Ausland geliehen haben, erhält man die **Auslandsverschuldung**. Beschränkt man sich dabei auf den Anteil des Staats, spricht man von den **Staatsschulden**. Die »Staatsschulden« sind ein Schlagwort Schuldenkrise und bezeichnen das Geld, das ein Land auf den Finanzmärkten auftreiben muss, um liquide zu bleiben.

2. Der Schneeballeffekt

Vielen Ländern geht es gut, obwohl sie Schulden haben oder hatten. Das muss nichts Schlimmes sein. Es gibt auch »gute Schulden«. Wenn man sich Geld für große Investitionen wie die Gründung von Universitäten, den Straßenbau usw. leiht, kann sich das für die Zukunft lohnen.

Das konservative Lager befürwortet traditionell eine »orthodoxe Haushaltsführung«: Man soll nicht mehr ausgeben, als man hat. Die **Keynesianer** hingegen verteidigen – in Anlehnung an die Theorien des großen britischen Ökono-

Ratingagenturen

Wenn man Geld investieren will, holt man zunächst Erkundigungen ein, um zu wissen, worauf man sich einlässt. In der Finanzwelt fällt diese Rolle den Ratingagenturen zu. Die »Großen Drei« sind Standard & Poor's, Moody's und Fitch Ratings. Ihre Arbeit besteht darin, die Gesundheit eines bestimmten Unternehmens oder Landes genau zu untersuchen, um ihren Kunden sagen zu können, wie riskant es ist, ihm Geld zu leihen, was sich selbstverständlich auf den Zinssatz auswirkt, zu dem das Geld verliehen wird. Das ist der Sinn ihrer berühmten Ratingcodes. Es gibt 9 große Stufen von AAA (kein Verleihrisiko, Sie können einen günstigen Zinssatz anbieten) bis C oder D: Zahlungsausfall (Finger weg, sonst sehen Sie Ihr Geld nie wieder). Die Macht dieser Agenturen ist enorm: Eine gute oder schlechte Note bestimmt, ob ein Darlehensnehmer für einen erbetenen Kredit Millionen mehr oder weniger zahlen muss.

Trotzdem wird die Glaubwürdigkeit der Agenturen häufig infrage gestellt. Oft werden ihnen Interessenkonflikte vorgeworfen: Es kommt vor, dass sie Unternehmen bewerten müssen, die zu ihren Kunden gehören. Das trägt nicht gerade zu einer objektiven Beurteilung bei. Und sie werden zweier schwerwiegender Fehleinschätzungen beschuldigt: Der amerikanische Enron-Konzern hatte vier Tage vor seiner spektakulären Insolvenz 2001 noch ein exzellentes Rating, und auch die Subprime-Kredite hatten, kurz bevor sie beinahe die ganze Welt in den Bankrott gerissen hätten, immer noch ebenso gute Bewertungen.

men John Maynard Keynes (1883–1946) – die Idee, dass es im Krisenfall hilfreich sein kann, ein Defizit noch ein wenig zu vergrößern. Sie zitieren das Beispiel des amerikanischen Präsidenten Roosevelt, der die USA in den 1930er-Jahren so mit seiner »New Deal«-Politik (dt. »Neuverteilung der Karten«) aus dem Konjunkturtief holte. Indem ein Staat umfangreiche Bauvorhaben umsetzt oder den Menschen durch Sozialleistungen mehr Geld zur Verfügung stellt, kann er dazu beitragen, den Wirtschaftsapparat wieder in Gang zu bringen: Das nennt man **Konjunkturförderung**.

Die Krise der 2010er-Jahre lässt darauf schließen, dass dieses optimistische Szenario nur bis zu einem gewissen Grad funktioniert. Das Problem mit der Verschuldung ist, dass sie leicht weitere Schulden mit sich bringt: Um das Haushaltsloch zu stopfen, nimmt man noch mehr Kredite auf, deren Zinsen immer schwerer zu bezahlen sind, sodass man damit das Defizit des Folgejahrs vergrößert. Das ist der »Schneeballeffekt«. Er wird noch durch das Problem der steigenden Zinssätze verschärft, zu denen der Staat sich Geld leiht. Je mehr er verschuldet ist, desto weniger vertrauen die Kreditoren auf seine Fähigkeit, das Geld zurückzuzahlen, und desto stärker treiben sie folglich den Preis des geliehenen Geldes in die Höhe. Das Ende dieses gefährlichen Spiels ist eine allgemeine Katastrophe: Der Staat wird »zahlungsunfähig«, er erklärt sich bankrott. Das Land ist ruiniert, es kann seine Ausgaben nicht mehr bestreiten, seine Beamten nicht mehr bezahlen, seine Aufgaben nicht mehr erfüllen.

Seinen Kreditoren ergeht es ebenso: Die Banken, die ihm zu viel geliehen haben, riskieren selbst Pleiten, was wiederum weitere Insolvenzen nach sich ziehen kann.

3. Die Lösungen

Folglich muss man die Schulden reduzieren, da ist sich ganz Europa einig. Und in ganz Europa finden die gleichen Diskussionen statt, mit welchen Mitteln das erreicht werden kann. Um sich daran zu beteiligen, braucht man keinen Harvard-Abschluss: Es gibt nicht hundert Arten, ein Defizit einzudämmen, sondern zwei.

**Entweder man erhöht die Einnahmen,
oder man senkt die Ausgaben.**

Die zwei Lösungen haben eins gemeinsam: Ihre Umsetzung ist gleichermaßen unangenehm, und sie bringen beide unzählige negative Begleiterscheinungen mit sich.

Um die Einnahmen zu erhöhen, muss man die Steuern erhöhen. Aber welche? Die indirekten Steuern, also die Abgaben auf die Produkte, die man kauft? Das bedeutet, man lässt alle bezahlen, selbst die Ärmsten. Also hebt man stattdessen die direkten Steuern an und lässt »die Reichen bezahlen«? Wenn man bedenkt, auf welch schwindelerregend hohe Beträge sich das Vermögen mancher Leute beläuft, erscheint das gerecht. Aber wie viel lässt man sie bezahlen? Ab einem gewissen Punkt, behaupten die Gegner eines solchen Vorgehens, führen zu hohe Steuern zu sinkenden Steuereinnahmen: Die Betroffenen werden Wege finden, das Finanzamt zu umgehen, und die Maßnahme wird nur dafür sorgen, das Geld verschwinden zu lassen, von Investitionen abzuschrecken und somit der Wirtschaft zu schaden.

Der Staat kann auch seine Besitztümer verkaufen: Gebäude, Wälder, Kasernen. Aber das ist selbstverständlich keine Dauerlösung. Also beschließt man lieber, die Ausgaben zu senken und die Budgets zu kürzen?

Welche?

»Bei den Gehältern der Minister könnte man einiges einsparen«, rufen die Wähler gern. Diese Idee findet im Allgemeinen viel Zuspruch, aber die daraus gewonnenen Summen wären Peanuts.

Wo soll man dann sparen?

Bei der sozialen Absicherung, indem man Arbeitslose weniger unterstützt und weniger Arztkosten erstattet? Beim öffentlichen Dienst, indem man die Anzahl der Lehrer, Polizisten und Sozialarbeiter reduziert?

Aber dann gäbe es nur noch mehr Arbeitslose, die keine Steuern mehr zahlen, kaum konsumieren und Hilfe brauchen, damit es nicht zu weiteren sozialen Katastrophen kommt. Angesichts dieser gleichermaßen unerfreulichen Lösungen wählen die meisten Regierungen im Allgemeinen den Mittelweg: Sie vermischen beide ein wenig miteinander. Wenn das Land noch einigermaßen stabil ist, können diese Strategien helfen, es wieder aufzurichten. Wenn das Land schon am Rand des Abgrunds steht, können sie dazu beitragen, es hineinzustürzen. Das hat das Beispiel Griechenlands ab 2010 gezeigt. Das hoch verschuldete Land war kurz vor dem Zusammenbruch. Die finanzielle Logik gebot: Man muss vor allem die Konten wieder füllen, die Budgets kürzen, von jedem Opfer verlangen usw. Die wirtschaftliche und soziale Logik gebot: Diese Politik schafft so viel Elend, dass sie den Kranken letztendlich umbringen wird, anstatt ihn zu heilen.

König Dollar

Der ehemalige französische Präsident Valéry Giscard d'Estaing nannte es als junger Finanzminister in den 1960er-Jahren das »unverschämte Privileg des Dollars«. Die Ungerechtigkeit der Geopolitik lässt das Problem der Staatsverschuldung nicht für alle gleich schwer wiegen.

Die Vereinigten Staaten sind hoch verschuldet. Im August 2011 traten sie sogar dem kleinen »Club der 100 %« der Länder bei, deren Verschuldung 100 % des BIP übersteigt. Für ein kleines Land wäre das eine Katastrophe. Für die mächtigste Nation der Welt ist es eine gefährliche Schwelle, aber kein Drama, denn die USA haben einen Joker in der Hand: den Dollar. Die grünen Scheine sind die große »Reservewährung« des Planeten. Jeder besitzt Dollar, jeder hat von den Amerikanern ausgegebene Anleihen gezeichnet, und zahlreiche Handelsgeschäfte (zum Beispiel die mit Rohstoffen) werden in Dollar abgewickelt. Um ihre Schulden zu finanzieren, können die Vereinigten Staaten immer machen, was sie immer gemacht haben, nämlich mehr Geld in Umlauf bringen. Dadurch fällt sein Kurs. Für jedes andere Land ist das gefährlich, denn alles, was man im Ausland kauft, wird teurer, und die Darlehen, die man in Devisen aufgenommen hat, verteuern sich ebenso. Aber was macht das schon, wenn die Rechnungen aus dem Ausland gleich bleiben, weil man sie in der eigenen Währung bezahlt? Nichts, außer ein wenig die Anleihen in grünen Scheinen zu entwerten, die andere besitzen – mit anderen Worten, diese verfluchten Schulden zu verringern.

Lektion 5

Natur- wissenschaft

Mithilfe der Naturwissenschaft können wir einen Bezug zwischen dem unendlich Kleinen und den großen Fragen der Menschheit herstellen. Wir erforschen den Zusammenhang zwischen Elementar- teilchen und der Entstehung des Universums, DNA und Unsterblichkeit sowie den Nanotechnologien und künstlicher Intelligenz.

— I. Alles über das Universum —

Was wissen wir aktuell über das Universum? Woher stammt die Materie, aus der das Sonnensystem besteht? Welche unterschiedlichen Teilchen sind heute bekannt, und welche Rolle spielt dabei das berühmte Higgs-Boson, dessen Entdeckung die Physiker weltweit im Juli 2012 feierten?

Wir wollen zunächst einmal die Elementarteilchen unter die Lupe nehmen und uns dann damit befassen, wie sie einem genialen Modell zufolge miteinander interagieren.

------ 1. Das Geheimnis der Materie ------

Wenn es ein Gebiet gibt, das die Naturwissenschaftler besonders fasziniert, so ist das wohl die Astrophysik, denn ihre Tragweite ist immens, und zur Grundlagenforschung werden bedeutende Mittel bereitgestellt. Das berühmte CERN zum Beispiel, ein Forschungszentrum auf dem Gebiet der Teilchenphysik in der Nähe von Genf, wurde nach dem Zweiten Weltkrieg von einem knappen Dutzend Physikern gegründet und vereint heute über 13 000 Wissenschaftler aus 85 Nationen.

Mithilfe der Astrophysik lässt sich nachvollziehen, wie die verschiedenen Elemente entstanden sind, die in der Natur vorkommen. Den Ursprung der Materie erklären Wissenschaftler heute so:

Am Anfang des Universums, vor über 13 Milliarden Jahren, schlossen sich kurz nach dem **Urknall** unterschiedliche Teilchen (Protonen, Neutronen und Elektronen) zu Atomen (hauptsächlich Wasserstoff und Helium) zusammen. Die Energie verwandelte sich in Materie. Diese Urmaterie war an der Entstehung der Sterne beteiligt, durch die zahlreiche Kernfusionen und Explosionen stattfanden, sowie an der Bildung neuer Atome wie Kohlenstoff und Eisen, die schwerer waren als Wasserstoff.

Die Astrophysiker haben gezeigt, dass unser Sonnensystem und die Materie, aus der es besteht, aus der Explosion heute erloschener Sterne hervorgegangen sind. Mit anderen Worten sind die Erde und alles, was sich darauf befindet – Steine, Pflanzen, Tiere und Menschen –, Sternenstaub.

Die Materie gibt es also seit dem Urknall, aber was genau wissen wir über ihre Bestandteile? Mit der Verbesserung der Mikroskope und der Entwicklung großer elektromagnetischer Beschleuniger hat die wissenschaftliche Gemeinschaft die tiefere Erforschung der **Elementarteilchen** in Angriff genommen. Denn das Universum besteht aus

einer Menge unteilbarer Partikel, die wechselseitig aufeinander wirken.

Um zu verstehen, was ein Elementarteilchen ist, muss man nun systematisch vorgehen: Die Materie wird aus Molekülen gebildet. Ein Molekül ist aus Atomen aufgebaut. Atome bestehen aus einem Kern und Elektronen. Der Kern setzt sich aus Protonen und Neutronen zusammen. Diese wiederum lassen sich in Partikel aufteilen, die »Quarks« genannt werden. Elektronen und Quarks gelten als Elementarteilchen, da sie nicht aus weiteren Partikeln bestehen; sie sind unteilbar und stellen das letzte (beziehungsweise kleinste) Stadium der Materie dar.

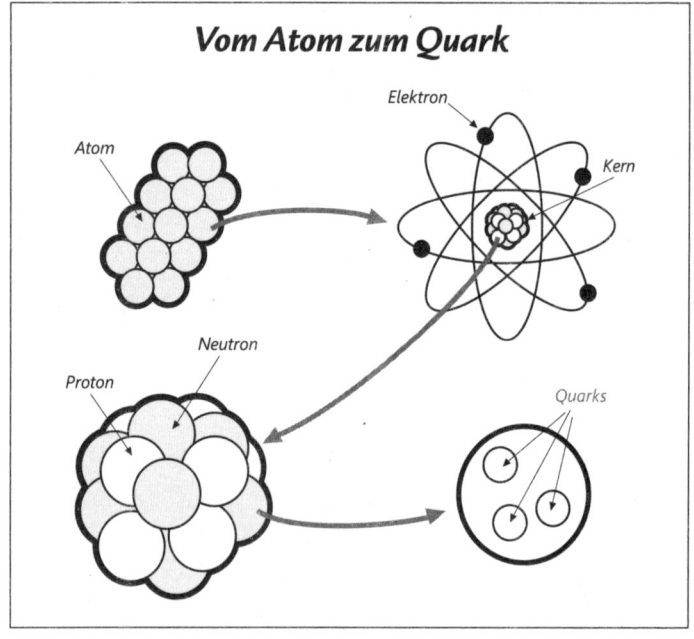

Vom Atom zum Quark

Elektron

Atom

Kern

Neutron

Proton

Quarks

Im unendlich Kleinen verliert man sich leicht. Wir haben hier die wichtigsten Begriffe noch einmal zusammengefasst:

Atom: Ein Atom ist die kleinste Einheit eines chemischen Elements; es enthält nur eine einzige Spezies. Es besteht jedoch selbst aus Elektronen und Nukleonen.

Boson: benannt nach dem indischen Physiker Satyendranath Bose (1894-1974). Bosonen sind Teilchen, die Kräfte übertragen; sie sind für die Wechselwirkungen zwischen den verschiedenen Partikeln verantwortlich. Zu den Bosonen gehören auch Photonen und Gluonen.

Elektromagnetisch: Elektromagnetische Wellen sind eine Übertragung von Energie. Die Abstrahlung eines Photons zum Beispiel setzt Energie frei, das heißt, es bewirkt eine Veränderung im elektrischen und im magnetischen Feld. Diese Wellen kann man mit bloßem Auge erkennen: das Licht. Aber auch Röntgenstrahlen und Radiowellen sind elektromagnetische Wellen.

Elektron: Als Bestandteil des Atoms spielt das Elektron eine wesentliche Rolle bei den physikalischen Phänomenen der Leitfähigkeit, der Elektrizität und des Magnetismus. Es ist ein Elementarteilchen mit negativer elektrischer Ladung. Seine Masse beträgt $9,1 \times 10^{-31}$ kg, was einer Energie von 0,511 MeV (einem halben Megaelektronenvolt) entspricht.

Nukleon: Baustein des Atomkerns. Es gibt zwei Arten von Nukleonen: Protonen und Neutronen.

Photon: Das Photon ist ein Teilchen der Bosonen-Familie, ein Vermittler der elektromagnetischen Wechselwirkung. Sein Name kommt vom griechischen *phōtos,* was »Licht« bedeutet. Licht ist der sichtbare Teil der elektromagnetischen Strahlung.

Proton: Das Proton, auf Griechisch »das Erste«, wurde als eins der ersten Teilchen entdeckt. Es ist ein Nukleon und hat, im Gegensatz zum Elektron, eine positive elektrische Ladung. Protonen bestehen aus Quarks und bilden zusammen mit den Neutronen den Atomkern.

Quark: Ein Quark ist ein Grundbaustein der Materie und unterliegt starken Wechselwirkungen. Es gibt sechs verschiedene Quark-Arten: das Up-Quark, das Down-Quark, das Strange-Quark, das Charm-Quark, das Bottom-Quark und das Top-Quark. Quarks können allein nicht existieren, sie treten immer in Paaren oder Dreiergruppen auf. Diese Teilchen wurden nach einem der zahlreichen Neologismen in James Joyces Roman *Finnegans Wake* benannt.

Urknall: Der Urknall, engl. *big bang,* beschreibt die heiße und dichte Anfangsphase des Universums vor etwa 13,7 Milliarden Jahren. Die Astrophysiker konnten Hinweise auf diesen Ursprungsmoment beobachten, in dem sich die ersten Wasserstoff- und Heliumatome bildeten. Obwohl der Begriff »big bang« zuerst nur ironisch von Wissenschaftlern verwendet wurde, die eine andere Hypothese vertraten, wird diese Theorie heute nicht mehr infrage gestellt, sondern immer weiter ausgearbeitet.

Beschleuniger

In der Nähe von Genf, hundert Meter unter der Erde, versteckt sich der größte und leistungsstärkste Teilchenbeschleuniger der Welt. Dieses technologische Monstrum mit einem Umfang von 27 km namens **LHC** (*Large Hadron Collider*, dt. Großer Hadronen-Speicherring), das vom **CERN** (*Conseil européen pour la recherche nucléaire*, der Europäischen Organisation für Kernforschung) entwickelt wurde, reproduziert die Bedingungen während der Ausdehnung des Universums. In ihm kann man Teilchen mit nahezu Lichtgeschwindigkeit kreisen und kollidieren lassen. Mithilfe des LHC wurde im Juli 2012 das Higgs-Boson entdeckt.

Das gewisse Etwas

Wenn man etwas nicht versteht, klassifiziert man es, sagen die Zoologen. Die Physiker haben sich daran ein Beispiel genommen und die 17 Elementarteilchen wie folgt geordnet, um ihre Wechselwirkungen besser zu erfassen, noch bevor sie sie überhaupt alle nachweisen konnten:

Die Elementarteilchen

Quarks

$^{2}/_{3}$	$^{2}/_{3}$	$^{2}/_{3}$
u	**c**	**t**
Up	Charm	Top
$^{-2}/_{3}$	$^{-2}/_{3}$	$^{-2}/_{3}$
d	**s**	**b**
Down	Strange	Bottom

Leptonen

0	0	0
ν_e	ν_μ	ν_τ
Elektron-Neutrino	Myon-Neutrino	Tau-Neutrino
–1	–1	–1
e	**μ**	**τ**
Elektron	Myon	Tau

Bosonen

0	0	0
γ	**g**	**Z°**
Photon	Gluon	Z-Boson
±1	0 ← Ladung	
w	**h** ← Teilchen	
W-Boson	Higgs-Boson	

2. Das Modell des Universums

Experimente sind die einfachste Art, um in der Naturwissenschaft Fortschritte zu erzielen: Ein Chemiker beobachtet eine Reaktion zwischen zwei Substanzen und versucht anschließend, das Phänomen zu wiederholen, um das Wie und Warum zu verstehen. Auf dem Gebiet der Teilchenphysik geht man oft in entgegengesetzter Richtung vor: Ein Forscher stellt eine Gleichung auf, und die gesamte wissenschaftliche Gemeinschaft macht sich an die Arbeit, um die Ausgangshypothese zu bestätigen oder zu widerlegen. Anhand der theoretischen Überlegungen eines Physikers wird ein Gesetz aufgestellt, dessen Gültigkeit daraufhin bewiesen werden muss.

Große Gesetze zur Erklärung des Universums wurden ausgehend von Gleichungen formuliert. In den 1970er-Jahren fasste man sie zu einem theoretischen Gebilde zusammen, das alle Elementarteilchen sowie die Wechselwirkungen zwischen ihnen beschreibt. Dieses Gebilde nennt man **das Standardmodell**. Das Bemerkenswerteste an diesem theoretischen Modell ist, dass es inzwischen durch die Experimente, die in den Teilchenbeschleunigern durchgeführt wurden, fast vollständig bestätigt wurde.

Wir wollen hier einige der Wechselwirkungen nennen, die im Standardmodell entwickelt wurden.

Die erste ist die **elektromagnetische Wechselwirkung**. Durch sie lässt sich erklären, warum zwei Magnete einander anziehen oder abstoßen, außerdem bedingt sie alle Gesetze der Optik, da das Licht der sichtbare Teil der elektromagnetischen Strahlung ist.

Die zweite Wechselwirkung betrifft den Zusammenhalt des Atomkerns; diese Wechselwirkung ist stärker als der Elektromagnetismus. Sie erklärt, weshalb eine so ungeheure Energie freigesetzt wird, wenn man versucht, diesen Kern zu zerstören, zum Beispiel bei der Kernspaltung, bei der Explosion einer Atombombe oder der Energieerzeugung in einem Kernkraftwerk. Hierbei handelt es sich um die **starke Wechselwirkung**. Den Physikern zufolge ist sie ein Kräfteaustausch zwischen zwei Nukleonen.

Die **schwache Wechselwirkung** hingegen bewirkt die Emission eines winzigen Teilchens, des »Neutrinos«, das eine noch unbestimmte Masse und keine elektrische Ladung hat und nur schwer nachzuweisen ist. Die schwache Wechselwirkung soll die Phänomene der Radioaktivität erklären.

Das Standardmodell lässt uns die im Universum herrschenden Kräfte verstehen, aber es hat auch seine Grenzen. Die **Wechselwirkung der Gravitation** wird von ihm nicht berücksichtigt – die Kraft, die uns auf der Erdoberfläche hält und die Bewegung der Sterne steuert. Die Schwerkraft wird schon lange erforscht: Der englische Gelehrte Isaac Newton stellte bereits in der zweiten Hälfte des 17. Jahrhunderts das Gesetz der universellen Anziehung auf, doch Gravitationswellen konnten bislang nicht beobachtet werden. Ihre Wirkung schon, aber nicht die Wellen an sich. Sie bleiben ein Rätsel, das die Wissenschaft zu lösen versucht. Vielleicht sind sie einfach das ferne Echo einer Schwingung aus einer Dimension, die wir noch nicht kennen? Darauf deutet die vielversprechende Spur der **Superstringtheorie** hin, der zufolge es im Universum weit mehr Dimensionen gibt, als wir aktuell annehmen.

Die Entdeckung des Higgs-Bosons war ein Meilenstein in der Geschichte der Naturwissenschaft.

Das Higgs-Boson, auch BEH-Boson genannt (Brout-Englert-Higgs-Boson, nach den Namen der drei Wissenschaftler, die seine Existenz schon 1964 vorhersagten), ließ sich lange Zeit nicht beobachten. Erst im Juli 2012 erschien es für einen Sekundenbruchteil bei einer Kollision im LHC, dem größten Teilchenbeschleuniger der Welt, der die Bedingungen des Urknalls nachbildet. Heute weiß man, dass es eine Masse hat – es ist 133-mal schwerer als ein Proton oder Neutron –, und vor allem, dass es tatsächlich existiert.

Warum ist diese Entdeckung so wichtig? Das Higgs-Boson ist das Teilchen, das die wissenschaftlichen Hypothesen über die Zusammensetzung der Materie zum Zeitpunkt des Urknalls bestätigt. Es verleiht allen anderen Teilchen eine Masse. Durch diese Entdeckung können Forscher die Anfänge unseres Universums und die Entstehung der Materie noch genauer untersuchen; statt auf bloße Annahmen oder Gleichungen können sie sich auf greifbare Elemente stützen. Dank dem Boson werden wir verstehen, wie aus der diffusen Energie des Universums stabile, handfeste Materie geworden ist.

Dunkle Materie und Antimaterie

Welche Masse hat das Universum? Wenn man die Bestandteile einer Galaxie (die Sterne, die Gase, die Anhäufungen von Materie ...) zusammenzählt oder aber anhand ihrer Bewegungen auf ihre Masse schließt, kommt man nicht zum selben Ergebnis. Führt man diese Rechnungen fort, stellt man fest, dass die Materie der Planeten und Sterne nur 4 % der Masse des Universums darstellt. Der Rest (die 96 % fehlende Masse) wird **Dunkle Materie** (engl. *dark matter*) genannt. Die Astrophysiker brüten über diesem Rätsel, um zu verstehen, was das Universum zusammenhält und woher die Galaxien kommen. Die Dunkle Materie könnte die Gravitationskraft erklären.

Sie ist nicht zu verwechseln mit der **Antimaterie**: der Tatsache, dass jedes Elementarteilchen ein umgekehrtes Gegenstück hat. Zunächst war die Antimaterie nur eine mathematische Hypothese, die Paul Dirac 1928 in einer Gleichung aufgestellt hatte. Als 1932 in der Atmosphäre Positronen entdeckt wurden, also Teilchen mit genau der gleichen Masse wie Elektronen, aber einer umgekehrten Ladung, bestätigte sich diese Voraussage. Die Antimaterie existiert. Heute arbeiten die Physiker daran, konkrete Anwendungen für sie zu finden. Sie kommt bereits beim PET-Scan (Positronen-Emissions-Tomographie) in der Medizin zum Einsatz.

— II. Das Leben auf der Erde —

Unter welchen Bedingungen ist das Leben entstanden? Was braucht es, um Leben zu erschaffen? Das passende Verhältnis von Neutronen und Protonen, antwortet der Physiker überzeugt. Eine Atmosphäre von weniger als 60 °C, die hauptsächlich aus Kohlendioxid besteht, erläutert der Chemiker. Eine plötzliche Energiezufuhr, die Kollision zwischen einem Meteoriten und der Erde, meint der Astronom. Eine schwefelhaltige Warmwasserquelle reicht aus, widerspricht der Geologe. Auch der Virologe bringt seine Hypothese ein, die sicherlich ebenfalls unsere Aufmerksamkeit verdient. Von der Entstehung des Lebens auf der Erde gibt es ebenso viele Versionen, wie es Forschungszweige gibt. Die Frage nach dem Wie und Warum ist noch nicht geklärt, doch alle sind sich einig über die Tatsache, dass es Leben gibt, dass es einen Sinn hat und dass es vermutlich wichtiger ist, seine Entwicklung zu verstehen, als sich darüber zu streiten, was letztendlich der Auslöser war.

------ 1. Das Leben entwickelt sich ------

Am Anfang des Lebens war die Suppe. Eine Nährbrühe, eine Kohlenstoff und Ammoniak enthaltende Flüssigkeit, die man **Ursuppe** nennt. Die ersten heute identifizierbaren Spuren von Leben werden auf ein Alter von Pi mal Daumen 3,8 Milliarden Jahren geschätzt und sind Bakterien und Algen. Die Evolution geht laut den Biologen auf die Entwicklung von Aminosäuremolekülen (Derivate des Ammoniaks) zurück, auf die eine Energie gewirkt hat und die sich daraufhin kombiniert haben, bis sie eine Zelle bildeten. Dieses Phänomen ist ebenso einfach wie unfassbar. Es gibt Aufschluss über die Funktionsweise der lebenden Materie und die Anweisungen, die von Generation zu Generation weitergegeben werden: das **genetische** Material.

Die Wissenschaftler sind sich einig, dass die Ursuppe Ribonukleinsäure (RNS oder engl. *RNA*) enthielt, die Substanz, die für die Bildung der Proteine in den Zellen sorgt und der Vorläufer der Desoxyribonukleinsäure (DNS oder engl. *DNA*) ist. Die DNA ist RNA mit einem Sauerstoffatom weniger. Bei der DNA handelt sich um ein komplexes Molekül, dessen Struktur und Funktion in den 1950er-Jahren entdeckt wurden. Die DNA besteht aus Nukleinsäuren und enthält die Eigenschaften eines Lebewesens sowie die für seine Fortpflanzung nötigen Informationen. Sie hat die Form einer Doppelhelix, in der sich Paare von Nukleinbasen (Substanzen, die mit Säuren reagieren) abwechseln. Aus der Abfolge der Basen ergibt sich ein Code, mit dem eine Information ausgedrückt werden kann. Man nennt ihn den **genetischen Code**: Jeder Sequenz von drei aufeinanderfolgenden Basen entspricht eine Botschaft, die von der Zelle übersetzt und zum Bau von Proteinen herangezogen werden kann. Die Anordnung dieser Proteine ist an der Entwicklung der Lebewesen beteiligt.

Zwischenbilanz

■ Quarks und Elektronen bilden ein Atom (siehe Elementarteilchen, S. 139)
■ Mehrere Atome zusammen bilden ein Molekül.

■ Die lebende Materie besteht aus organischen Molekülen, deren DNA, die Desoxyribonukleinsäure, wiederum aus Nukleinbasen besteht.
■ Eine Reihe von Basen nennt man Gen; sie enthält die nötigen Informationen zum Bau von Proteinen.

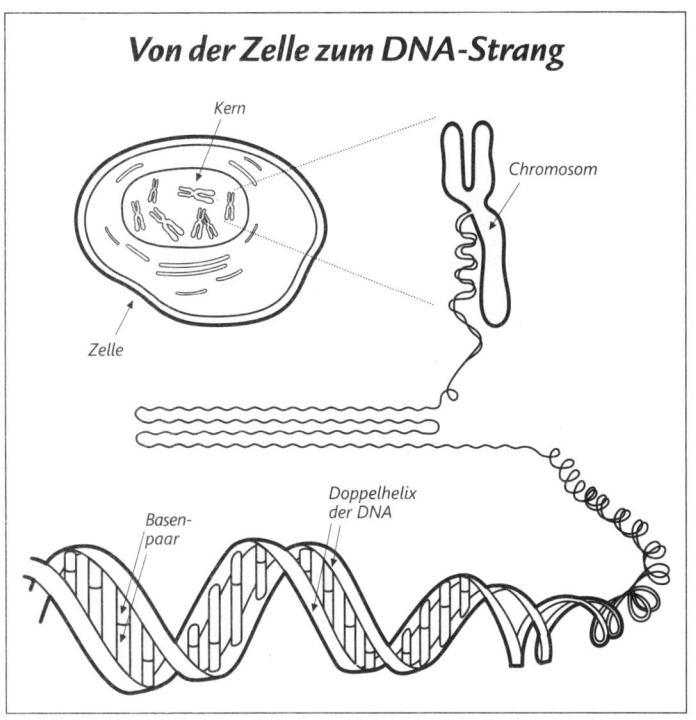

Von der Zelle zum DNA-Strang

Kern

Chromosom

Zelle

Doppelhelix der DNA

Basen-paar

Genetik-Glossar

Amine: organische Verbindungen, Derivate des Ammoniaks. Aminosäuren sind die Hauptbestandteile der lebenden Materie.

Chromosom: aufgewickelte DNA-Moleküle. Wir haben 23 Chromosomenpaare im Kern jeder unserer Zellen. Die Chromosomen enthalten das Erbgut eines Individuums, sie kommen bei der Weitergabe der Erbanlagen zum Einsatz.

DNA oder DNS, für Desoxyribonukleinsäure: wesentlicher chemischer Bestandteil der Chromosomen. Ihre Struktur hat die Form einer Doppelhelix. Die DNA trägt die genetischen Eigenschaften eines Lebewesens.

Gen: DNA-Segment, das in einem Chromosom enthalten ist. Es bestimmt die verschiedenen Charakteristika eines Lebewesens: sein Aussehen, seine körperliche Verfassung, seine Resistenzmechanismen.

Genetischer Fingerabdruck: Probe organischer Zellen, um ein Individuum mithilfe der Informationen seiner DNA zu identifizieren. Mit diesem Verfahren kann man Vaterschaftstests durchführen oder Straftäter überführen.

Genom: Gesamtheit der Gene, also des von den Eltern weitergegebenen genetischen Materials. Es besteht aus DNA-Molekülen, die Informationen zum Bau und zur Aktivität der Proteine enthalten, aus denen der Organismus besteht.

Phänotyp: Gesamtheit der Merkmale eines Individuums. Brünett, behaart, lockig, dunkelhäutig, braunäugig – diese Parameter bilden den Phänotyp, so ähnlich wie ein Profil in einem sozialen Netzwerk.

RNA oder RNS, für Ribonukleinsäure: Molekül, das einen kurzen Strang bildet, welcher die genetische Botschaft transportiert und so an der Proteinsynthese mitwirkt.

Stammzellen: (siehe S. 158)

XY: Alle Menschen haben 22 Chromosomenpaare gemeinsam sowie ein Paar, das sie unterscheidet. Dieses Paar nennt man die **Geschlechtschromosomen**. Bei der Frau werden sie als zwei X dargestellt; beim Mann wird in der Regel einem der Chromosomen die Form eines X gegeben, während das andere ein Bein weniger hat und ein Y bildet.

Wofür steht der Name LUCA?

Alle Lebewesen haben denselben Urahnen. Schmetterlinge, Gänseblümchen, Kühe, Pilze, Menschen – wir alle haben einen gemeinsamen Nenner. Wir bestehen aus den gleichen Makromolekülen, wir synthetisieren Proteine und wir benutzen dafür einen genetischen Code. LUCA (für engl. *Last Universal Common Ancestor*), auch Urvorfahr genannt, ist nicht die erste lebende Zelle, sondern vielmehr der erste Zelltyp, den wir universell teilen. Die Bezeichnung stammt aus dem Jahr 1996, doch die Gelehrten Darwin und Lamarck stellten ihn bereits im 19. Jahrhundert vor. Mit LUCA kann heute nachgewiesen werden, dass es eine **Einheit des Lebens** gibt.

------ 2. Das Humangenomprojekt ------

Einige Labors sind heute in der Lage, bei Frauen eine Veranlagung für Brust- oder Eierstockkrebs festzustellen, indem sie bestimmte Gene identifizieren und beobachten, ob sie zu Mutationen neigen oder nicht. Diese Diagnosen wurden durch die **Sequenzierung des menschlichen Genoms** möglich.

Beginnen wir mit einem Bild: Der **Kern** einer Zelle ist eine Bibliothek, die unser gesamtes Erbgut (unser Genom) verwahrt. Ein **Chromosom** ist ein Buch. Ein **Gen** ist eine Seite, auf der Zusammenstellungen von Buchstaben (die **Nukleinbasen**) Wörter bilden.

Ein 1990 gestartetes internationales Forschungsprojekt ermöglichte zu verstehen, was diese Bibliothek genau enthält, sie vollständig abzuschreiben und mit ihrer Entschlüsselung zu beginnen. Es heißt »Humangenomprojekt«. Das menschliche Genom besteht aus sechs Milliarden Basen, die in einer ganz bestimmten Reihenfolge Paare bilden. Es ist so umfangreich, dass seine Entschlüsselung dreizehn Jahre gedauert hat. Diese Sequenzierung (das Ablesen in der Reihenfolge der Elemente, aus denen unsere DNA besteht) ist seit April 2003 mit einer Genauigkeit von 1:10 000 abgeschlossen. Somit kann unter 10 000 sequenzierten Genen ein Fehler auftreten.

Parallel wurde das Genom kartografiert, das heißt, man hat die Verortung von über 20 000 verschiedenen Genen auf der gesamten Länge des DNA-Strangs bestimmt. Der nächste Schritt wird darin bestehen, die Funktion all dieser Gene für unsere Gesundheit zu ermitteln. Dann könnte man zum Beispiel anhand des genetischen Codes eines Menschen die Wirksamkeit bestimmter Medikamente und ihre unerwünschten Nebenwirkungen auf den Patienten voraussehen, bevor man ihm eine Behandlung verschreibt, oder auch schwere Krankheiten so früh wie möglich erkennen, um seine Heilungschancen zu erhöhen.

Die Wissenschaft ist offen

Die Methode der Brust- oder Eierstockkrebsdiagnose mithilfe der DNA-Sequenzierung ist Eigentum eines privaten amerikanischen Unternehmens, was eine Reihe von Fragen aufwirft:

Besteht ein Unterschied zwischen unseren Genom und dem Rezept für Coca-Cola?

Kann jemand der Besitzer unseres genetischen Codes sein und seine Anwendungen kontrollieren? Wie kann man in der Biotechnologiebranche die Tendenz eindämmen, alles zu privatisieren?

Während der Sequenzierung in den 1990er-Jahren fand ein juristisches Kräftemessen zwischen den öffentlichen Gesundheitsinstituten und einigen privaten Unternehmen wie Celera Genomics statt. Es ging um die Jagd nach Patenten. Dieser Rechtsstreit brachte einen Nutzen: Durch ihn wurde ein internationales Abkommen verabschiedet, demzufolge entschlüsselte DNA-Sequenzen veröffentlicht werden mussten, um den Austausch zwischen Wissenschaftlern zu fördern und die Forschung voranzubringen.

Dieses **Open-Source**-Prinzip wurde 2002 festgelegt und bestätigt seither den öffentlichen Charakter des menschlichen Genoms. Eine DNA-Sequenz kann folglich nicht patentiert werden. Ein Diagnose- oder Therapieverfahren jedoch schon.

Genmanipulation

Wir verfeinern unsere Produkte schon lange mit Mikroorganismen – wie zum Beispiel mit Hefe, damit das Brot aufgeht. Nun gehen wir noch einen Schritt weiter: Wir sind in der Lage, einen DNA-Abschnitt aus einem Organismus zu entfernen und ihn in einen anderen einzupflanzen, um diesen zu verbessern. **GVOs** (gentechnisch veränderte Organismen) sind Organismen, die einer solchen Modifizierung unterzogen wurden. Muss man sie fürchten? Die Antwort finden Sie auf Seite 333.

Genmanipulation kann auch darin bestehen, das Erbgut eines Lebewesens direkt zu verändern, um die Produktion von Antibiotika oder Antikörpern anzuregen. Zur Herstellung von Impfstoffen benutzte man im Allgemeinen den Stamm eines abgeschwächten Virus. Heute verändert man das genetische Material von Bakterien, sodass sie die Charakteristika von viralen Proteinen aufweisen. Durch diesen Umweg über GVO-Bakterien statt Viren wird vermieden, dass es bei der Impfung zu einer Ansteckung mit der Krankheit kommt.

Unsterblichkeit

Warum sterben wir? Unsere Lebensdauer wird von einem Enzym namens **Telomerase** begrenzt. Die Wissenschaftler brüten über Möglichkeiten, dieses Protein zu kontrollieren, um den Alterungsprozess zu verlangsamen. Der andere Ansatz besteht darin, die defekten Zellen zu reparieren. Die Nanotechnologie eröffnet Perspektiven in dieser Richtung, ebenso wie das Klonen und die Züchtung von Stammzellen. Diese wissenschaftlichen Vorstöße lassen den alten Traum von der Unsterblichkeit wieder aufleben.

—— III. Hallo, Onkel Doc? ——

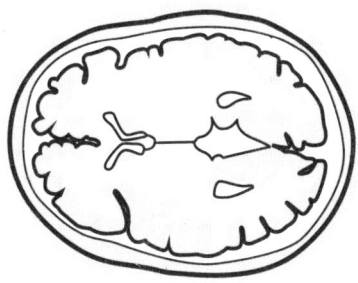

-------- 1. Bildgebung --------

Wenn man einen Arzt fragt, was sich in seiner Berufspraxis in den letzten zehn Jahren am meisten verändert hat, erzählt er von medizinischer Bildgebung. Die Fortschritte in diesem Bereich haben sein Vorgehen bei der Diagnose von Verletzungen oder Tumoren grundlegend gewandelt.

Die MRT (Magnetresonanztomografie) ist eines der neuesten und genauesten bildgebenden Verfahren. Sie macht die Organe und Gewebe des menschlichen Körpers mithilfe eines Magnetfelds in mehreren Schnittbildern oder sogar in 3D sichtbar. Sie ist nicht invasiv, und der Patient wird keiner Strahlung ausgesetzt.

Neben anderen vielversprechenden Anwendungen entdeckt die MRT bereits geringste Veränderungen in der Sauerstoffanreicherung des Bluts, wodurch Rückschlüsse auf die neuronale Aktivität möglich sind. Neurowissenschaftler können dadurch immer genauer bestimmen, welche Hirnregionen an Funktionen wie Gedächtnis oder Bewegung beteiligt sind.

2. Stammzellen

Eine »spezialisierte« Zelle ist so programmiert, dass sie bestimmte Funktionen erfüllt. Eine Hautzelle zum Beispiel produziert Keratin. Im Gegensatz dazu hat eine »undifferenzierte« Zelle keine festgelegte Rolle, kein vorgeschriebenes Programm, außer sich zu vermehren.

Stammzellen sind undifferenzierte Zellen, die sich unendlich vermehren und dabei verschiedene Arten von spezialisierten Zellen produzieren können. Deshalb sind sie so wichtig bei der Entwicklung eines Organismus.
Sie können aus Embryonen, aber auch Föten oder, nach einer Umwandlung, aus adulten Zellen gewonnen werden (Experimente mit letzteren wurden 2007 erfolgreich in Japan durchgeführt). Mithilfe von Stammzellen kann man Zellgewebe herstellen, Organe regenerieren und wahrscheinlich auch bald neu wachsen lassen.

3. Klonen

Wenn Sie versuchen, in einem Reagenzglas die Begegnung eines Spermiums mit einer Eizelle zu erleichtern, nennt man das In-Vitro-Befruchtung. Wenn Sie nun einen Zellkern mit Chromosomen direkt in die Eizelle injizieren, ist es Klonen. Dann wird die Eizelle nur als Auffanggefäß betrachtet, und der so gezeugte **Klon** ist nicht der Sohn seiner Eltern, sondern der Zwilling des Spenders.

Wenn man einen Embryo erzeugt, um ihn in die Gebärmutter einer Leihmutter einzupflanzen, spricht man von **reproduktivem Klonen**. Das Schaf Dolly (1996–2003) und seine Freunde, die Ratte Ralph, die Kuh Marguerite und der Hund Snuppy, sind mit der gleichen Technik entstanden. Wie alle Labortiere sind sie recht anfällig und haben nicht unbedingt ein langes Leben.

Wenn dem Embryo Zellen entnommen werden, um sie daraufhin im Labor weiter wachsen zu lassen, spricht man von **therapeutischem Klonen**. So sollen Zellen (Stammzellen) gewonnen werden, die für die medizinische Forschung jede beliebige Art spezialisierter Zellen produzieren können. Die Forscher glauben, damit Krankheiten wie Diabetes, Alzheimer oder Parkinson behandeln zu können.

Das therapeutische Klonen ist bei Menschen technisch möglich, bleibt aber stark eingeschränkt. Das reproduktive Klonen ist aus offensichtlichen ethischen Gründen verboten: Die Technik könnte theoretisch dazu genutzt werden, die biologische Abstammung eines Individuums zu reproduzieren, sodass es seinen eigenen Zwilling erschaffen und wahrscheinlich die vorzeitige Zellalterung seines Sprösslings beobachten könnte. Zum gegenwärtigen Zeitpunkt rechtfertigt nichts ein solches Experiment.

----------- 4. Gentherapie -----------

Die geläufigste Methode besteht darin, bei einem Patienten die »normale« (gesunde) Kopie des oder der defekten Gene einzufügen, die für seine Krankheit verantwortlich sind. Die Gentherapie begann in den 1990er-Jahren, um Mukoviszidose und **Myopathien** (Muskelerkrankungen) zu behandeln; heute wird sie bei der Bekämpfung von Krebs eingesetzt, indem man ein »normales« Genfragment in Tumore einfügt.

Andere Behandlungsmöglichkeiten entstehen durch die Mikrochirurgie des Gens, also die leichte Veränderung der Informationen für die Expression eines Gens bei einer Krankheit.

Alternativen

Wenn man sich ein paar Minuten Zeit nimmt, um einem Patienten zuzuhören oder ihn am Arm zu berühren, stärkt das seine Abwehrkräfte. Viele Ärzte experimentieren mit sogenannten alternativen oder komplementären Heilungsansätzen. Das bedeutet, sie aktivieren die Genesungsmechanismen, die bereits im Körper vorhanden sind, indem sie auf Entspannung, Massage, Meditation oder Hypnose zurückgreifen. Immer mehr Ärzte versuchen so, den Stress und die nervliche Anspannung ihrer Patienten zu reduzieren, ganz ohne sie mit Medikamenten vollzustopfen.

IV. Nanotechnologie

Nanoteilchen sind fast überall, schwer sichtbar zu machen, aber leicht zu verstehen. Mit Eisenoxidpartikeln kann man die Haftung von Lippenstift verbessern, Kalziumfluoridpartikel unterstützen die Wirksamkeit von Zahnpasta. Nanoteilchen aus Siliziumdioxid erleichtern das Auftragen von Make-up, ohne die Haut auszutrocknen. Der Großteil der Wunderpülverchen, die die Kosmetikindustrie in den letzten zwanzig Jahren entwickelt hat, basiert auf Fortschritten in der Nanotechnologie.

Die **Nanotechnologie** kam bereits in den 1990er-Jahren mit der Erfindung des Rastertunnelmikroskops (RTM) und des Rasterkraftmikroskops (RKM) auf. Diese hochleistungsfähigen Geräte haben die Erforschung der Materie im Nanometerbereich möglich gemacht.

1 Nanometer	1 Milliardstel Meter
1 000 nm	$1\,\mu$

Das Prinzip ist simpel. Die Nanotechnologie geht vom unendlich Kleinen aus, von Molekülen, die manipuliert und dann zu Nanobauteilen zusammengefügt werden, wie wenn man einen Pulli strickt. Durch dieses Verfahren erhalten Materialien neue Eigenschaften, was Rohstoffe spart oder Produktionsabfälle reduziert.

Die Titandioxid-Nanopartikel in Wandfarbe zum Beispiel machen sie gleichzeitig deckender und weißer. Man braucht weniger davon für ein gleichwertiges Ergebnis.

Das andere Ziel der Nanotechnologie ist es, die Grenzen der Verkleinerung auszuloten. Das beeindruckendste Beispiel ist der Bereich der **Nanoelektronik**, um integrierte Schaltkreise herzustellen.

Die Mikroprozessoren in heutigen Laptops enthalten Schaltungen mit Strukturbreiten von 22 Nanometern – über 400-mal feiner als vor zehn Jahren.

Bastelarbeit

Material:
Ein Reagenzglas
Eine Quarzplatte
Ein Laserstrahl
Ein Synthesereaktor (ein hochspezialisierter Ofen)

Ingredienzien:
Ferrocen
Toluol

Um eine **Kohlenstoffnanoröhre** herzustellen, brauchen Sie etwas Lösungsmittel und einen Katalysator. Sie können eine Eisenverbindung verwenden, zum Beispiel Ferrocen, das Sie in flüssigem Kohlenwasserstoff lösen: Toluol.

Nachdem Sie alles gut vermischt haben, tragen Sie die Lösung mit einem Laser auf eine Quarzplatte in einem Synthesereaktor auf, der vorher auf 850 °C erhitzt wurde.

In der intensiven Hitze verdunsten die Tröpfchen, und die Reagenzien zersetzen sich. Von den übrigen Teilchen werden die Kohlenstoffatome auf den Quarz gesprüht. Nun können Sie beobachten: Je mehr Sie auftragen, desto mehr fügt sich der Kohlenstoff auf der Platte zu einem Teppich zusammen, von dem jede Faser eine Nanoröhre ist.

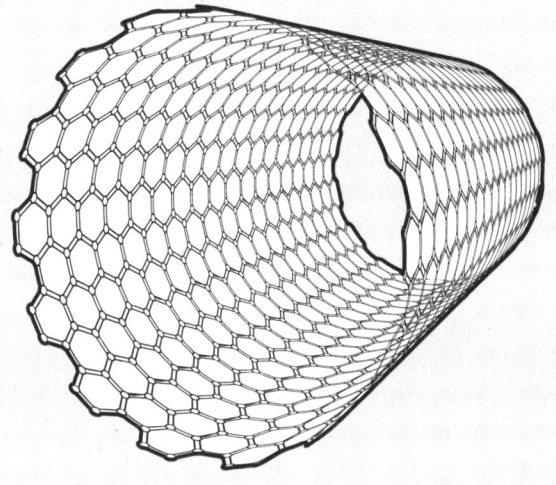

Das ist das Schönste an den Nanos: Die **Kohlenstoffna-noröhre** ist ein zylindrisches Gebilde aus einem einzigen Molekül, das aus einem Netz von Kohlenstoffatomen besteht. Sie ist extrem resistent, äußerst elastisch und verfügt über hervorragende elektrische Eigenschaften, wodurch sie den Supraleitern ähnelt. Dieses Nanobauteil wird seit 1993 synthetisiert und ersetzt nun in bestimmten Batterien den Grafit. Es kommt bei Herstellung von Prozessoren und elektronischen Transistoren zum Einsatz. Außerdem dient es als Basis für die Entwicklung biegsamer Bildschirme.

Durch Nanoteilchen werden ultradünne, leichte und widerstandsfähige Materialstrukturen mit innovativen Eigenschaften denkbar. Seit einigen Jahren setzen Städte **Wasserfilter** aus verflochtenen Metall-Nanoröhren ein, durch die schwacher elektrischer Strom fließt, sodass die Bakterien nicht nur aufgehalten, sondern auch zerstört werden. Mit diesem System lässt sich Abwasser effizient recyceln, ohne dass es noch durch die Kläranlagen in den Außenbezirken fließen muss: Das spart Platz und Zeit.

Die Medizin steht dem in nichts nach. Die Nanotechnologie eröffnet zahlreiche Möglichkeiten mit Pulvern, die der Organismus nicht ablehnt, Medikamenten mit verzögerter Wirksamkeit und **implantierbaren Hightech-Geräten**. Die bioelektronische Pille, die dank einem Silizium-Nanogel und einem integrierten Prozessor nach und nach an bestimmten Stellen Moleküle (Schmerzmittel, Hormone) freisetzt, ist ein gutes Beispiel dafür – ein wahres inneres Labor.

Stellen wir uns nun vor, Nanoteilchen könnten sich zu Millionen aneinander festhaken und sich ganz weit ausbreiten, bis sie eine Decke bilden. Ein mobiles Heer. Der amerikanische Physiker Dr. Hall nennt dieses Konzept *utility fog* (dt. »Nutznebel«). Er soll dazu dienen, Dinge fortzubewegen, sie neu zu formen und sie dann auf Befehl wieder aufzulösen. Man könnte ihn als fliegende Knetmasse beschreiben. Diese unglaubliche These wird mit Unterstützung der NASA vom sehr ernst zu nehmenden Institute for Molecular Manufacturing untersucht*.

* Utility fog. www.imm.org/about/hall/

Künstliche Intelligenz

Ein Fahrrad, das auf meine Impulse reagiert, ist ein braver Drahtesel. Ein Tablet, das der Nutzer über ein System der Stimmerkennung bedienen kann, das ihn warnt, wenn seine WLAN-Verbindung schwächer wird, ihm stattdessen ein stärkeres Netz vorschlägt und auch gleich eine bessere Route für die Fahrradtour findet, ist ein Gerät, dem definitiv die Forschungen und Entwicklungen im Bereich der künstlichen Intelligenz zugutegekommen sind.

Zwischen dem Fahrrad und dem Tablet steht ein technologisches Prinzip, das sich nach dem Zweiten Weltkrieg mit der Verbreitung der Informatik in der Gesellschaft herausgebildet hat. Die künstliche Intelligenz verändert verschiedene Bereiche: die Kognitionswissenschaft (Erkenntnisgewinn), die Robotik, die Psychologie, die Ergonomie ... Sie alle haben gemeinsam, dass sie Theorien und Techniken für die Konzeption von Maschinen untersuchen, die menschliche Intelligenz simulieren können. Wenn man über ein Tablet streicht, wird dieses Prinzip greifbar.

Lektion 6
Geschichte

Starten wir eine Zeitreise um die Welt.
Wir werden Alexander den Großen,
Karl den Großen, Süleyman I. und
sogar Jean Monnet kennenlernen.

- I. Kurze Geschichte Europas -

Rufen Sie eine Handvoll Bürger unseres Kontinents zusammen, fragen Sie sie nach der Zukunft Europas, und bringen Sie Ihr Geschirr in Sicherheit: Sie können davon ausgehen, dass Ihnen ein turbulenter Nachmittag bevorsteht. Vom **Souveränisten**, der zu geschlossenen Landesgrenzen zurückkehren will, über die ganze Bandbreite derer, die zwar für die Vereinigung Europas sind, sie aber anders gestalten würden, bis zum **Föderalisten**, der von den Vereinigten Staaten von Europa träumt, wird jeder eine klare Meinung zu dem Thema haben und imstande sein, diese stundenlang vehement zu vertreten. Wenn Sie wieder Ruhe in die Versammlung bringen wollen, versuchen Sie es mit dem gegenteiligen Experiment: Fragen Sie sie nach der Geschichte Europas.

Wahrscheinlich wird jeder ein paar Schlagworte zur Vergangenheit seines eigenen Landes beitragen. Jeder nennt seine großen Könige, seine großen Siege, seine großen Momente. Aber die Geschichte, die alle gemeinsam haben? Die Art und Weise, wie sich nach und nach die allgemeine Identität eines Teils der Welt herausgebildet hat, der keinem anderen ähnelt? Oder auch nur die Entstehung der jeweiligen Nachbarländer? Man wird schnell sehen: Nach einer Minute machen alle nur noch große Augen und schweigen.

So ist es nun mal. Wie wir bald erfahren werden, hat sich der »nationale Rahmen« - die Vorstellung, dass ein Land aus einem Volk mit einer gemeinsamen Sprache, Identität und Regierung innerhalb seiner Staatsgrenzen besteht - erst vor sehr kurzer Zeit durchgesetzt, dafür aber mit so viel Kraft, dass er damit gleich die Vergangenheit neu geordnet hat. Wir alle, Deutsche, Italiener, Niederländer, Polen, Franzosen, Spanier, sind mit der Überzeugung aufgewachsen, dass unser Land vor Urzeiten entstanden ist und seine Identität quasi in Stein gemeißelt wurde. Gilt das auch heute noch? Ist es vernünftig, Geschichte im 21. Jahrhundert noch so zu verstehen, wie man sie vor dem Krieg von 1914 verstanden hat? Ist es überhaupt die einzig mögliche Geschichte? Probieren wir es mal mit einer anderen. Sie hat zumindest den Vorteil, alle zufriedenzustellen: Ob man nun damit einverstanden ist, wie unser Kontinent sich zu vereinen versucht, oder nicht, man kann sich doch wenigstens bemühen, sich ein paar Grundkenntnisse über seine lange Geschichte anzueignen. Also vergessen Sie Ihre Streitigkeiten und schnallen Sie sich an: Wir nehmen Sie mit auf eine lange Reise durch die Jahrhunderte. Wenn schon, denn schon – wir fangen noch mal ganz von vorne an.

------- 1. Die Anfänge (vor 800) -------

Wenn Sie einen Europäer nach den fernen Wurzeln seiner Geschichte fragen, stehen die Chancen gut, dass er spontan drei aufzählt: das antike Griechenland, von dem wir die Philosophen und die Demokratie geerbt haben; das Römische Reich, das uns das Recht gelehrt hat; und das Christentum. Das liegt auf der Hand. Alle großen europäischen Nationen betrachten sich als Töchter Athens, Roms und Jerusalems. Aber sind sie die einzigen, die sich dessen rühmen können?

Griechenland hatte eine glorreiche, aber wenig expansionistische Zivilisation und war jahrhundertelang auf kleine Handelsstützpunkte rund um das Mittelmeer und das Schwarze Meer beschränkt. Erst mit dem Mazedonier Alexander dem Großen (356–323 v. Chr.) wird es eroberungslustig: Durch seine Siege verbreitet er die griechische Sprache und Kultur, die man, wenn es um jenen Zeitraum geht, **hellenistisch** nennt. Seine Armeen führen ihn in Richtung

Orient, bis vor die Tore Indiens. Durch Alexander wird das riesige Gebiet vom Mittelmeer bis nach Afghanistan, das bis dahin von den Persern beherrscht war, auch von der Zivilisation Homers und Aristoteles' beeinflusst. Und zwar lange vor den Völkern im Norden. Die Menschen jener Region sind genau wie sie Erben der griechischen Kultur.

Die Römer haben einen Teil von Europa erobert, aber ihr Traum ist mediterran. Sich rund um das *mare nostrum* niederzulassen, »unser Meer«, wie sie es nennen, ist ihr einziges Ziel. Sie erreichen es ab dem 1. Jahrhundert v. Chr. und verbreiten daraufhin von dort aus ihr Reich und ihre Lebensweise. Wenn Gallien oder Dalmatien römisch sind, so sind es Syrien oder der Norden Marokkos, wie die großartigen antiken Stätten dort noch heute beweisen, nicht weniger.

Das Christentum schließlich ist aus dem Judentum hervorgegangen, es ist also im Grunde eine orientalische Religion. Paulus ist der Ansicht, dass Jesus' Botschaft sich an alle Menschen richtet, nicht nur an die Juden: Er macht Jesus' Lehren zu einer universellen Religion. Die kleine verfolgte Sekte wird durch Kaiser Konstantin I., der ihren Kult toleriert (Anfang des 4. Jhds.), und später Theodosius I., der ihn obligatorisch macht (380), zur offiziellen Religion des Römischen Reichs. Sie verbreitet sich daraufhin im gesamten Mittelmeerraum. Lyon ist eine bedeutende christliche Stadt, ebenso wie Karthago oder das ägyptische Alexandria. Die ersten Konzile, bei denen die Bischöfe die Grundlagen des Glaubens erörtern, finden unter anderem in Nicäa und Chalcedon in der heutigen Türkei statt.

Um die Anfänge einer rein europäischen Geschichte zu finden, müssen wir also noch weiter voranschreiten. Im Jahr 395 n. Chr. ist das Römische Reich so riesig, dass ein Kaiser beschließt, es in zwei Teile zu teilen. Das Oströmische Reich wählt Konstantinopel als Hauptstadt, dessen alter Name Byzanz ist; deshalb wird es später als **Byzantini-**

Karl der Große
Charlemagne – Carlo Magno – Carolus Magnus

sches Reich bezeichnet. Es besteht tausend Jahre. Das
Weströmische Reich ist weniger widerstandsfähig. Germa-
nische Völker besetzen es Stück für Stück. Im Jahr 476 ent-
thront einer ihrer Anführer den letzten Kaiser. Diese Bar-
baren, wie die Römer sie nannten, bilden neue Reiche: das
der Westgoten in Spanien, das der Ostgoten in Italien.
Chlodwig, der König der Franken, baut sich ein großes
Reich auf, das sich vom Rhein bis zu den Pyrenäen er-
streckt. Dreihundert Jahre später vergrößert ein anderer
Franke dieses immense Gebiet abermals: Karl der Große.
Zu dem Zeitpunkt ist er der mächtigste Herrscher
Europas, jeder braucht seine Unterstützung. Im Jahr 800
setzt ihm der Papst in Rom eine Krone auf, die seit fast vier
Jahrhunderten niemand mehr getragen hatte, und erklärt

ihn zum »König der Römer, Kaiser des Westens«. Unter der Schirmherrschaft des Christentums wird der Zusammenschluss der germanischen und der römischen Welt besiegelt. Für viele Historiker ist Karl der Große der Vater Europas.

2. Das Lehnswesen
(vom 9. bis zum 15. Jahrhundert)

Das gigantische Karolingerreich (benannt nach Karl dem Großen) besteht nur eine Generation. Seine Enkel zerstückeln es. Im Jahr 843 teilen sie das Erbe in Verdun in drei Teile: das Westfrankenreich, das Ostfrankenreich und das Mittelreich, auch Lotharii Regnum genannt, da es Lothar I. zufällt. Diese Aufteilung wird mitunter als Voraussetzung für unsere moderne Geschichte betrachtet: Aus dem Westfrankenreich wird Frankreich, aus dem Ostfrankenreich Deutschland und aus dem mittleren Teil – einem langen Streifen von den Niederlanden bis nach Norditalien – das Herzstück, das die beiden anderen einander immer wieder streitig machen. Dabei darf man jedoch eine wichtige Etappe nicht vergessen: Im Jahr 962 greift der sächsische Herzog Otto der Große den verlorenen Titel wieder auf und lässt sich seinerseits zum Kaiser krönen. Er regiert über ein Gebiet, das von der Nordsee bis in die Mitte Italiens reicht. Es erhält den Namen »Heiliges Römisches Reich« und viel später, als es sich nur noch über den deutschen Sprachraum erstreckt, »Heiliges Römisches Reich Deutscher Nation«. Es hat jedoch nichts mit einem Zentralstaat gemeinsam, sondern besteht aus Dutzenden von Fürsten- und Herzogtümern sowie »Freien Städten« mit eigenen Gesetzen, Sprachen und Bräuchen. Der Herrscher wird von den Großen des Reichs gewählt, was endlose Mauscheleien mit sich bringt. Dennoch ist der Kaiser im Mittelalter eine bedeutende Persönlichkeit als ewiger Gegenspieler seines großen Rivalen: dem Papst. Wer hat das Recht, Bischöfe einzusetzen? Wer verfügt über das Vermögen der reichen Abteien? Wer, der geistliche oder der weltliche Herrscher, hat die Macht über den anderen? Der Streit dauert Jahrhunderte. Die berühmteste Episode ereignet sich 1077. Um den Kirchenbann aufzuheben, mit dem der unerbittliche Papst Gregor VII. ihn belegt hat, muss der zukünftige Kaiser Heinrich IV. barfuß im Schnee vor dem Tor der Burg Canossa in der Emilia-Romagna Buße tun, wo der Pontifex Zuflucht gesucht hatte. Alle europäischen Sprachen haben den Ausdruck »nach Canossa gehen« für einen erniedrigenden Bittgang bewahrt. Doch der Triumph des Papsts ist von kurzer Dauer, denn der Kaiser übt Rache, indem er ihn absetzen lässt. Der Machtkampf verschärft sich und setzt sich noch mehr als zwei Jahrhunderte fort. Daraus entsteht eines der Grundprinzipien der europäischen Geschichte: Die Gewaltenteilung zwischen Kirche und Staat.

Auf dem restlichen Kontinent bilden sich Königreiche. Man darf sie sich nicht als moderne Länder vorstellen. Im Feudalwesen hat ein König nicht viel Macht. Ihm steht keine Verwaltung zur Verfügung, keine Polizei, keine Armee, er hat nur »Vasallen« – andere Herren, die sich unter seinen Schutz begeben sollen, ihm aber meist Widerstand leisten und mit ihren eigenen Vasallen (jenen, die unter ihnen stehen) umgehen, wie es ihnen passt. Alles ist pyramidal geordnet. Es gibt kein Gemeinschaftsgefühl, das die Einwohner eines Königreichs verbindet. Man gehört nicht einem Land an, sondern einem Stand, der unabänderlich von Gott gegeben ist. Unten stehen die **laboratores** – auf Latein »die Arbeitenden«: der Bauer, der Mann aus dem Volk, der gehorchen muss. Oben die **bellatores** – »die Kriegführenden«: die Adligen, die über die Erde herrschen, wie es ihnen beliebt, da sie behaupten, von den Eroberern abzustammen, und überhaupt kein Problem damit haben, sich durch Hochzeiten oder Kriege quer durch Europa gegenseitig die Herrschaftsgebiete, Lehen und Kronen zuzuschieben oder zu entreißen. Daneben stehen die **oratores**, die Mönche und Priester, die für das Heil aller »Betenden«.

Die Kirche ist das, was diese Welt zusammenhält. Seit Benedikt von Nursia, einem der ersten westlichen Mönche, der in Italien den Benediktinerorden gründete, hat sie überall große Abteien aufgebaut, die ein Netzwerk des Friedens und des Wissens bilden. Mit dem Aufblühen der Städte im 12. und 13. Jahrhundert verlassen Bildung und Wissen die Klöster, um in neuen Institutionen verbreitet zu werden, die zwar noch vom Klerus geführt sind, aber allen Studenten offen stehen: die Universitäten – Bologna, Paris, Oxford, Montpellier, Salamanca. Dort spricht man Latein und trifft sich von überall, um zu lernen und sich auszutauschen.

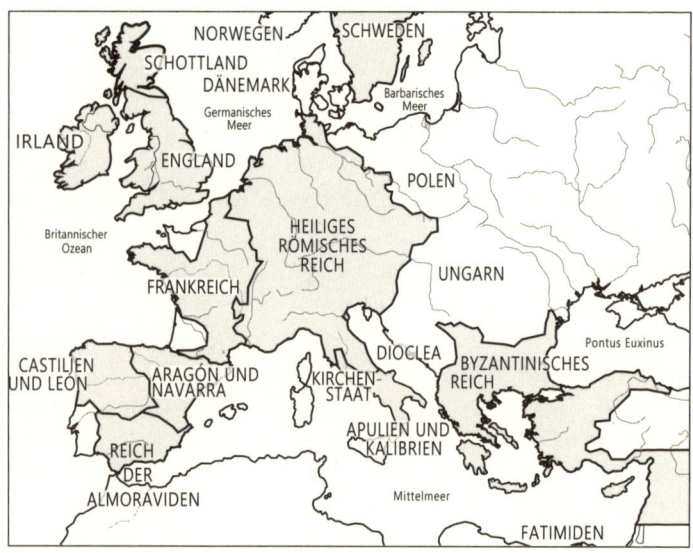

Europa um 1200

3. Städte, Könige, Kaiser
(15. und 16. Jahrhundert)

Das kaiserliche System hat einen Vorteil. Es rückt die zentrale Macht in so weite Entfernung, dass sich auf lokaler Ebene andere Herrschaftsstrukturen entwickeln können. Davon profitieren die norditalienischen Städte. Florenz, Genua, Pisa und Mailand nutzen die Rivalität zwischen Kaiser und Papst und schaffen es so, jeweils fast unabhängig zu werden: Sie bilden schließlich richtige »Stadtstaaten«. Im Quattrocento – dem 15. Jahrhundert – werden die dort regierenden Fürsten zu Mäzenen und fördern die großen Künstler, die begeistert die Schätze der Antike wiederentdecken: Schon befinden wir uns in der **Renaissance**.

An anderen Orten geht die Bewegung von den Thronen aus: In Frankreich, England, Polen und Skandinavien haben die kleinen mittelalterlichen Könige ihre Macht gefestigt, nach und nach die Landesfürsten unterworfen, ihre Autorität an allen Grenzen ihres Königreichs durchgesetzt und so die Weichen für ein neues System gestellt: den modernen Staat. Der Engländer Heinrich VIII. und der Franzose Franz I., die zu Beginn des 16. Jahrhunderts regieren, sind berühmte Beispiele für diese Monarchen mit bedingungslosem Herrschaftsanspruch.

Zwei ihrer Zeitgenossen heben sich von diesem Modell ab. Der erste ist Karl V., von den Franzosen Charles Quint genannt. Er wird 1500 in Gent geboren und ist der erstaunlichste Erbe der Weltgeschichte: Von seiner Mutter erhält er Spanien, Neapel, Sardinien, Sizilien und die Eroberungen in der Neuen Welt, die Christoph Kolumbus und die Konquistadoren Spanien eingebracht haben. Von seinem Vater die Niederlande, die Franche-Comté, die österreichischen Gebiete ... und so weiter und so fort. Er lässt sich zum Kaiser des Heiligen Römischen Reichs krönen. Man sagt, in

Karl V.

seinem Reich »geht die Sonne niemals unter«. Er schläft auch nicht viel, weil er so sehr damit beschäftigt ist, zwischen seinen immensen Besitztümern umherzuziehen. Warum über ein einziges Land regieren? Er hat doch so viele davon. Er träumt von einem Weltreich, das das Christentum schützen und auf der Erde verbreiten soll.

Sein großer Feind kommt von der anderen Seite Europas – unser zweiter Mann. Süleyman I. (auch »der Prächtige« genannt), der Sultan, der in Konstantinopel regiert, hat das gleiche Vorhaben im Namen des Islam. Die Türken, sein Volk, sind aus Zentralasien gekommen, haben sich nach und nach in Anatolien, im früheren Herzen des Oströmischen Reichs, niedergelassen und 1453 dessen Hauptstadt eingenommen. Sie stecken seine Grenzen neu ab, indem sie Syrien, Ägypten, Tunesien und die algerische Küste erobern. Bereits im 14. Jahrhundert begannen die **Osmanen**, aus deren Dynastie Süleyman stammt, außerdem einen beeindruckenden Vormarsch nach Europa. 1529 erreichen sie Wien, schaffen es nicht, die Stadt einzunehmen, kampieren aber in ihren Eroberungsgebieten. Sie siedeln jahrhundertelang im Osten unseres Kontinents. Dort, wie auch sonst überall, setzen sie ein politisches Modell durch, das durch seine Verwaltung und die Macht der Armee an das Römische Reich erinnert. Der Sultan ist auch Kalif, also zugleich Regierungschef und religiöses Oberhaupt des Islams, aber er zwingt ihn seinen Untertanen nicht auf. Sein Reich ist ein komplexes Gefüge, in dem die unterschiedlichsten Völker und Religionen zusammenleben. Es besteht bis zum Anfang des 20. Jahrhunderts.

Heute wollen uns die »Souveränisten« weismachen, es hätte immer nur den nationalen Rahmen gegeben. Doch wie wir gerade gesehen haben, beweisen das lange Bestehen großer Reiche und der Wohlstand kleiner, mächtiger, sozusagen unabhängiger Städte (in Norditalien, aber auch Nordeuropa – Hamburg, Lübeck) das Gegenteil.

Süleyman I.

4. Der Triumph der Staaten
(17. und 18. Jahrhundert)

Der Sturm, der den Plänen Karls V. ein Ende bereitet, kommt nicht von der »Hohen Pforte«, wie der Sitz der osmanischen Macht genannt wird, sondern aus dem Inneren des Christentums selbst. Im Jahr 1517 erklärt Luther, ein unbedeutender deutscher Mönch, dass der Papst und die Priester Betrüger seien, die ein wahrer Christ überhaupt nicht brauche: Um Gott zu lieben, würden die Bibel und das eigene Gewissen ausreichen. Zu anderen Zeiten wäre er als Ketzer verbrannt worden. Doch die Machtspiele seiner Epoche kommen ihm zugute: Einige deutsche Fürsten sind sehr froh über eine Doktrin, die es ihnen erlaubt, sich über die römische Bevormundung hinwegzusetzen, daher unterstützen und beschützen sie ihn. Seine Ideen verbreiten sich. Im Nu ist Europa gespalten zwischen seinen Anhängern, den Protestanten, und den Katholiken, die dem päpstlichen System treu bleiben. Manche Länder schließen sich, ihren Königen folgend, dem einen Lager an, andere dem anderen. Frankreich wird von beiden verwüstet, die »Religionskriege« brechen aus. Das Heilige Römische Reich glaubt zu entkommen: Nachdem es Karl V. nicht gelungen ist, die Lutheraner niederzuschlagen, unterzeichnet er 1555 den »Augsburger Reichs- und Religionsfrieden«, der jedem noch so kleinen Fürsten das Recht gibt, über die Religion in seinem Fürstentum zu entscheiden. Im Norden seiner weiteren Besitztümer bekennen sich einige Provinzen zu Calvin und spalten sich ab: Ende des 16. Jahrhunderts schließen sie sich zur Republik der Sieben Vereinigten Provinzen (auch bekannt als Vereinigte Niederlande) zusammen und entwickeln sich in ihrem »Goldenen Zeitalter« zu einem der reichsten Länder der Welt.

Im Jahr 1618 endet der labile Augsburger Frieden: Der **Drei-ßigjährige Krieg** bricht aus, einer der grausamsten aller Zeiten. Massaker und Verheerungen scheinen kein Ende zu nehmen. Alle Länder Europas – Spanien, Frankreich, Dänemark, Schweden, die Niederlande – tragen nacheinander auf deutschem Boden ihre Konflikte aus. Sie beenden den Krieg gemeinsam, indem sie 1648 in verschiedenen westfälischen Städten Verträge unterzeichnen. Diese markieren einen wichtigen Wendepunkt in der Geschichte der internationalen Beziehungen. In politikwissenschaftlichen Abhandlungen spricht man bisweilen vom »westfälischen System«: Seither werden Streitigkeiten zwischen Ländern nicht mehr durch den Papst, den Kaiser oder andere übergeordnete Instanzen geregelt, sondern die einzigen Akteure sind die Staaten.

In vielen von ihnen reißen die Könige so viel Macht an sich, bis sie alles kontrollieren, ohne dass sich irgendjemand ihrem Willen widersetzen kann. Das nennt man **absolute Monarchie**. Am weitesten treibt sie der französische König Ludwig XIV.

Auf den Trümmern des römisch-germanischen Reichs bilden bald zwei alte deutsche Familien zwei neue rivalisierende Kräfte.

Von Wien, dem Zentrum ihrer historischen Ländereien, aus erweitern die Habsburger ihren Besitz durch die Königreiche Ungarn und später Kroatien: Das ist die Basis Österreichs. Maria Theresia (1717–1780), die Mutter von Königin Marie Antoinette, ist ihre berühmteste Herrscherin.

Die Hohenzollern regieren in Königsberg (das heute zu Russland gehört), der Hauptstadt des Herzogtums Preußen, und besitzen auch Brandenburg. Zu Beginn des 18. Jahrhunderts führen sie beide Landesteile zusammen und gründen das »Königreich Preußen«, dessen Hauptstadt Berlin wird. Friedrich II. (auch Friedrich der Große, 1712–1786), ein Freund von Voltaire, ist sein bekanntester König.

Voltaire

------ **5. Die Zeit der Revolutionen** ------

Nicht alle Völker akzeptieren den Absolutismus. In England weigert sich das Parlament, eine Versammlung von Adligen und Großgrundbesitzern, sich der willkürlichen Autorität eines Monarchen zu unterwerfen. 1688 gelingt es ihm, den König zu verjagen, der umso mehr gehasst wird, da er ein Land, das sich seit mehr als einem Jahrhundert, unter Heinrich VIII., vom Papst losgesagt hat, zum Katholizismus zurückführen will. Das Parlament ersetzt ihn durch den holländischen Protestanten Wilhelm III. von Oranien-Nassau, der akzeptiert, dass seine Macht begrenzt wird. Die **Glorreiche Revolution** endet ein Jahr später mit der *Bill of Rights* (dt. »Gesetzesvorlage der Rechte«), die einige Bürgerrechte enthält und die königliche Macht zugunsten des Parlaments beschränkt. Eine neue Regierungsform entsteht: die **parlamentarische Monarchie**.

Wir schreiben das 18. Jahrhundert, das Zeitalter der Aufklärung und der Philosophen, die die Idee der Freiheit verbreiten. Die ersten, die sie in die Tat umsetzen, wohnen auf der anderen Seite des Atlantiks. Am 4. Juli 1776 erklären die Einwohner der dreizehn britischen Kolonien in Amerika ihre Unabhängigkeit von der englischen Krone. Bei der Gelegenheit veröffentlichen sie einen Text, der klarer denn je einen Grundsatz bekräftigt: Alle Menschen haben von ihrem Schöpfer »unveräußerliche Rechte« erhalten, zu denen »das Leben, die Freiheit und das Streben nach Glück gehören«.

Die Französische Revolution

Im Jahr 1789 sind die Reichskassen leer. Alle Minister, die Reformen vorgeschlagen haben, um sie wieder zu füllen, indem sie jeden zwingen, Steuern zu zahlen, sind gescheitert: Die, die bisher keine gezahlt haben, nämlich die Aristokraten und der hohe Klerus, die sogenannten »Privilegierten«, verbünden sich gegen sie. König Ludwig XVI. spielt seine letzte Karte aus: Er beruft die **Generalstände** ein, eine große Versammlung, die alle seine Untertanen repräsentiert und ihm helfen soll, eine Lösung zu finden. Nach dem alten Modell der feudalen Weltordnung ist sie in drei Stände unterteilt, also den Klerus, den Adel und alle anderen, die den dritten Stand bilden. Schon bei den ersten Zusammenkünften im Mai kommt es zum Streit darüber, wie die Abstimmung organisiert werden soll: Nach Ständen, sagen die Großen des Adels und des Klerus, denn bei diesem System stünde es zwei zu eins. Nach Köpfen, entgegnet der dritte Stand, der viel mehr Mitglieder hat und hofft, durch seine Überzahl zu siegen. Am 17. Juni wagen seine Repräsentanten und einige Überläufer aus den anderen Klas-

sen den Gewaltstreich und erklären sich zur **Nationalver-**
sammlung. Am 20. ziehen sie sich ins Ballhaus in Versailles zurück, in dem damals »Jeu de Paume«, ein Vorläufer des Tennis, gespielt wurde, und schwören, sich
nicht mehr zu trennen, bevor sie dem Königreich eine
Verfassung gegeben haben. Einige Tage später gibt der
König nach und befiehlt allen, sich dieser Versammlung
anzuschließen. So stürzen in einer Woche tausend Jahre
Feudalherrschaft zusammen. Es gibt keine Untertanen
mehr, die einem König und einer Weltordnung unterworfen sind. Es gibt nur noch gleiche Bürger, die ein
Volk bilden: Und das hat nun die Macht übernommen.
Die Französische Revolution beginnt. Sie ist turbulent,
unvorhersehbar, widersprüchlich. Sie beschreitet den
Weg der konstitutionellen Monarchie und ruft die Republik aus, bevor der König geköpft wird. Sie verteidigt
die Freiheit und die Menschenrechte und übt Terror aus.
Sie träumt von Frieden auf Erden und erklärt dem mo-
narchischen Europa den Krieg, das zugegebenermaßen
nicht auf ihrer Seite stand. Sie ist aufgeklärt und unbe-
rechenbar, universalistisch und patriotisch, vernünftig
und überschwänglich. Und sie gibt den neuen Prinzipien der Demokratie und der Volkssouveränität einen
Rahmen, der sich langsam über die Jahrhunderte gebildet hat. Sie hat den Nationalstaat erfunden.

6. Die Zeit der Nationen
(19. Jahrhundert)

»Friede den Hütten, Krieg den Schlössern«, riefen die französischen Revolutionäre, als sie auszogen, um die Völker
von ihren Ketten zu befreien. Nach einem Jahrzehnt der
Kriege, der Eroberungen und der Diktatur erreicht Kaiser

Napoleon I., der zum Oberhaupt ihres Landes wurde, das Gegenteil: Durch ihn wird Frankreich von allen gehasst, die es mit Waffengewalt bezwingen wollte. Seine endgültige Niederlage bewirkt einen großen Rückschritt für ganz Europa, besonders auf politischer Ebene. Beim Wiener Kongress (1814–1815) zwingen die Sieger – Preußen, Österreich, Russland, England – dem Kontinent unter dem Einfluss des sehr reaktionären österreichischen Ministers und Kanzlers Metternich die Rückkehr zur alten Ordnung auf. Einige Länder bilden die **Heilige Allianz**, ein Bündnis, dessen Absicht schon an seinem Namen erkennbar ist: Die Völker sollen sich wieder nur noch dem Thron und dem Altar, den Königen und den Priestern unterwerfen, wie Gott es vor Urzeiten entschieden hat. Doch die Idee der Freiheit keimt weiter. Überall träumen die Menschen davon, ihr Schicksal selbst in die Hand zu nehmen. »Das Selbstbestimmungsrecht der Völker« wird zum Grundsatz des beginnenden Jahrhunderts. Während seines gesamten Verlaufs wird er mehr oder weniger erfolgreich umgesetzt. In den 1820er-Jahren erheben sich die Griechen gegen die osmanischen Türken: Mit Unterstützung der europäischen Mächte, die sich freuen, ihren alten Rivalen aus Istanbul schwächen zu können, erhalten sie die Unabhängigkeit. 1830 lehnen sich die Belgier gegen die Niederländer auf und bilden, verteidigt von Frankreich und England, ihr Königreich. Im selben Jahr erheben sich die Polen, deren Land ausradiert und unter ihren mächtigen Nachbarn aufgeteilt worden war, gegen die Russen. Sie erhalten keine Unterstützung und werden 1831 vernichtend geschlagen. Die Bewegung erreicht 1848 ihren Höhepunkt: Überall, in Paris, Wien, Berlin, Budapest, Prag und Rom, beginnen die Menschen Revolutionen, um die Könige zu stürzen, die sie unterdrücken. Man spricht vom **Völkerfrühling**. Er wird gewaltsam niedergeschlagen und dauert nicht an. Doch in den Köpfen bleibt die Idee, den Völkern ein Vaterland zu geben, die keins haben. Zwei von ihnen spüren diese Notwendigkeit besonders deutlich: Deutschland und Italien.

Die italische Halbinsel ist in kleine Gebiete unterteilt. Die Österreicher besitzen den Norden, der Papst regiert in der Mitte und eine alte Dynastie über Neapel und Sizilien. Die Vereinigung durch einen Volksaufstand ist fehlgeschlagen. Der König von Sardinien-Piemont, Viktor Emmanuel II. aus dem Hause Savoyen, will sie, zusammen mit seinem Minister Cavour, zu seinen eigenen Gunsten mit Waffengewalt durchsetzen. Mit Unterstützung Frankreichs zettelt er einen Krieg gegen Österreich an. Dann erobert sein Verbündeter Garibaldi den Süden – Sizilien und Neapel. 1861 ruft er in Turin das Königreich Italien aus. 1870 lässt er sich in seiner neuen Hauptstadt Rom nieder.

Und wer kümmert sich um die deutsche Vereinigung? Die österreichischen Habsburger glauben, diese Aufgabe falle ihnen zu. Der preußische König, angetrieben von seinem Minister Bismarck, fühlt sich ebenfalls berufen. 1864 bekriegen sich die beiden Länder. Österreich verliert 1866, wendet sich seinen anderen Besitztümern zu und wird zur österreichisch-ungarischen Monarchie unter Franz Joseph I. und seiner Frau Elisabeth, genannt Sissi. Preußen kann sein Vorhaben ausführen. Es fordert Frankreich zum Krieg heraus und bringt dadurch alle kleinen deutschen Staaten dazu, sich ihm anzuschließen. Das Manöver ist erfolgreich, Frankreich verliert den Krieg. 1871 erkennen alle Fürsten und kleinen Könige von Deutschland im Spiegelsaal von Versailles den König von Preußen, Wilhelm I., als neuen Kaiser an.

Auf dem Balkan befreien sich die Nationalisten nach dem Vorbild der Griechen reihum vom »osmanischen Joch«, wie sie es nennen. Unterstützt von den europäischen Mächten erhalten Rumänien, Bulgarien und Serbien die Unabhängigkeit. Von jener Zeit an dominiert ein Modell: Das 19. Jahrhundert ist das Jahrhundert der Nationen.

7. Die Zeit der Kriege

Wir stehen ganz am Anfang des 20. Jahrhunderts. Die industrielle Revolution hat Europa in eine technologische Vormachtstellung gebracht, sodass es die ganze Welt beherrscht: Die größten Länder haben sich in Afrika und Asien Kolonien gesichert, durch die sie ihren Reichtum noch vergrößern. Wenn wir uns den Kontinent auf der Karte ansehen, wird deutlich: Fast alle Staaten, die wir kennen, sind bereits eingezeichnet. Nur das arme Polen ist noch von seinen Nachbarn verschluckt, doch seine Stunde kommt, es wird 1918 wiedergeboren. Alle großen Nationen sind etabliert und können somit in die nächste Phase eintreten – den Krieg. Das ist das Problem. Das Prinzip der Nationalstaaten hat eine helle Seite: den **Patriotismus**, die Einigkeit eines

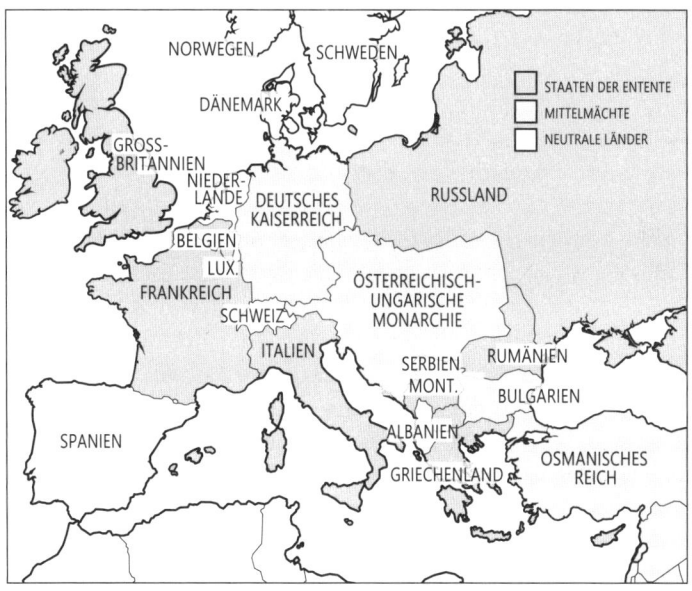

Europa im Ersten Weltkrieg

Volks in der Liebe zu seinem Land. Und es hat eine dunkle Seite: den **Nationalismus**, den beinahe religiösen Glauben, das eigene Volk sei allen anderen überlegen, und ihm stehe der ganze Erdball zu. In den 1910er-Jahren knüpfen alle Staaten zum Schutz vor jenen, die sie am meisten hassen, Bündnisse mit jenen, die sie am wenigsten verabscheuen. Dieses System führt zu einer fatalen Verkettung. Am 28. Juni 1914 wird der österreichische Erzherzog Franz Ferdinand bei einem Besuch in Sarajevo im kleinen Bosnien von einem pro-serbischen Fanatiker erschossen. Das ist der Auslöser. Österreich verlangt Rache an Serbien und wird dabei von Deutschland unterstützt. Sein Feind erhält Hilfe von Russland, das mit Frankreich verbündet ist, das wiederum mit England verbündet ist (dieses Bündnis nennt man die Triple Entente). Eins nach dem anderen erklären alle europäischen Länder, einschließlich ihrer Kolonien, einander den Krieg. Es kommt zu einem der furchtbarsten Konflikte aller Zeiten, der die Welt für immer verändert.

Die großen Verträge nach dem Ersten Weltkrieg

Direkt nach ihrem Sieg 1918 zwingen die Alliierten den Besiegten 1919 und 1920 verschiedene Verträge auf. Diese sollen eigentlich den Frieden festigen, legen jedoch den Grundstein für zahlreiche weitere Konflikte. Deshalb ist es wichtig, sie stets im Hinterkopf zu behalten. Der bekannteste ist der **Friedensvertrag von Versailles** mit Deutschland. Die Demütigungen und Geldstrafen (»Reparationen«), die dem Land aufgebürdet werden, schüren bei den Deutschen einen Wunsch nach Rache, den Hitler sehr wohl auszunutzen weiß.

Der **Vertrag von Saint-Germain** mit Österreich und der **von Trianon** mit Ungarn führen zur Auflösung der alten österreichisch-ungarischen Monarchie. Auf ihren Ruinen entstehen neue Länder, wie die Tschechoslowakei – der Zusammenschluss der tschechischen und slowakischen Völker – und das »Königreich der Serben, Kroaten und Slowenen«, das zukünftige Königreich Jugoslawien. Österreich und Ungarn werden zwei kleine Länder. Der **Vertrag von Sèvres** 1920 will das alte Osmanische Reich in die Knie zwingen. Es wird von den Engländern, Franzosen und Griechen, die es aufteilen wollen, militärisch besetzt. Für die Türken sieht es schlecht aus, doch der junge General Mustafa Kemal schafft es, das Blatt noch einmal zu wenden. Dafür erhält er seinen Nachnamen Atatürk – Vater der Türken. In wenigen Monaten gelingt es ihm, die Griechen zu besiegen und bei den Alliierten einen neuen, günstigeren Vertrag durchzusetzen. Er wird 1923 in **Lausanne** geschlossen und legt mehr oder weniger die Grenzen der heutigen Türkei fest, billigt aber eine historische Neuordnung: Die Ausweisung der Minderheiten aus den beiden Krieg führenden Ländern.

500 000 Muslime werden gezwungen, Griechenland zu verlassen, wo sie seit Jahrhunderten lebten. 1 500 000 Griechen müssen aus Kleinasien fliehen, ihrer Heimat seit Jahrtausenden. In Griechenland wird diese Episode als Teil der **Kleinasiatischen Katastrophe** betrachtet.

Frankreich, England und Italien gewinnen den Krieg 1918 nur mithilfe der Amerikaner. Aber was haben sie tatsächlich gewonnen? Der Konflikt hat fast 20 Millionen Zivilisten und Soldaten das Leben gekostet. Die Friedensverträge zerstückeln die besiegten Länder und zerschlagen die alten Reiche. Sie führen lediglich dazu, die Völker zu demütigen und ihren Rachedurst zu schüren. Hitler nutzt ihn in seinem Wahn zu seinem Vorteil. Einundzwanzig Jahre nach dem Ersten provoziert der deutsche Diktator den Zweiten Weltkrieg. Zunächst gelingt es ihm, fast ganz Europa zu unterwerfen und dort die »neue Ordnung« durchzusetzen, von der er träumt: Die absolute Herrschaft Deutschlands, die Abschaffung aller Freiheit, die Unterwerfung der Slawen, die Vernichtung der Juden und Zigeuner. Nur Großbritannien schafft es, ihm heldenhaft Widerstand zu leisten. Erst durch den Kriegseintritt der Vereinigten Staaten und der UdSSR wird das Monster 1945 endlich bezwungen. Der Krieg hat die ganze Welt erfasst und 50 Millionen Opfer gefordert. 1914 beherrschte Europa die Welt. 1945 ist der Kontinent ein zweigeteiltes Trümmerfeld.

Das sowjetische System

Im Februar 1917 erheben sich die Russen gegen den unfähigen Zar, der sie in die Niederlage führte, doch im Oktober/November beendet eine Handvoll Extremisten, die Bolschewiki, diesen Volksaufstand, um in ihrem Land eine unerbittliche Diktatur zu erschaffen. Sie orientiert sich am revolutionären Kommunismus und will die Arbeiter- und Soldatenräte, auf Russisch **Sowjets**, wieder an die Macht bringen. Deshalb nennt sich der föderative Staat, der das Russische Reich ersetzt, Union der Sozialistischen Sowjetrepubliken (UdSSR). Ihr erstes Oberhaupt ist Lenin.

8. Die Zeit Europas?

Was kann man tun, um sicher nie wieder den Wahnsinn zu erleben, der die Welt schon zweimal ins Verderben gestürzt hat? Was kann man gegen den sowjetischen Totalitarismus tun, diese neue Gefahr, die die östliche Hälfte des Kontinents unterdrückt und den Westen bedroht? Sich wieder wie früher hinter Grenzen und egoistischen Interessen verschanzen? Schon kurz nach dem Zweiten Weltkrieg sprechen große Persönlichkeiten wie der ehemalige englische Premierminister Churchill die Idee einer Union der westlichen Länder in Form der Vereinigten Staaten von Europa an. Wie soll das gelingen? Wie soll man Völker vereinigen, die die Geschichte eben noch so grausam entzweit hat? Etwa dem Kontinent eine zentrale Regierung aufdrücken? Das ist unrealistisch. Hoffen, dass sie sich von allein bildet? Das kann dauern. Einige Europäer, wie die Franzosen Schuman und Monnet, der Italiener De Gasperi, der Deutsche Adenauer und der Belgier Spaak, glauben, der einzig vernünftige Weg führe über die schrittweise Zusammenführung der Wirtschaft. 1951 beginnen sechs Länder (Frankreich, Deutschland, Italien, Benelux) damit, ihre Montanindustrie zusammenzulegen: Sie bilden die EGKS (Europäische Gemeinschaft für Kohle und Stahl). Während jener Jahre entsteht im allgemeinen Kontext des Kalten Kriegs noch ein weiteres, viel gewagteres Projekt: Warum nicht eine gemeinsame europäische Armee schaffen, in der die Feinde von gestern, Deutsche und Franzosen, unter derselben Flagge dienen? Keine zehn Jahre nach Kriegsende schockiert diese Idee. 1954 lehnt das französische Parlament die EVG (Europäische Verteidigungsgemeinschaft) ab. Und Europa kehrt zurück auf die weniger glanzvollen, aber leichter umsetzbaren Pfade der wirtschaftlichen Integration: 1957 beschließen die Unterzeichner der **Römischen Verträge**, untereinander einen »gemeinsamen Markt« ohne Zölle zu schaffen. 1986 bringt die EEA (Einheitliche Europäische Akte) die Maschine wieder in Gang, erweitert die Kompetenzen der Gemeinschaft (auf Bereiche wie Umwelt, Sozialpolitik oder Außenpolitik) und bereitet den Weg für den Vertrag von Maastricht. Dieser stärkt die Bindungen noch weiter, indem er die Europäische Union etabliert und für einige Mitglieder bereits die gemeinsame Währung vorsieht: den Euro. In den 1970er- bis 1980er-Jahren schließen sich weitere westliche Länder der Bewegung an (Irland, Großbritannien, Dänemark, Griechenland, Spanien, Portugal). Und ab den 1990er-Jahren kommen nach dem Zusammenbruch der Sowjetunion auch alle von der russischen Vormundschaft befreiten Staaten hinzu.

2010 ist die Europäische Union 27 Mitglieder stark und hat mit zahlreichen Widersprüchen zu kämpfen. Sie ist die erste Handelsmacht der Welt und doch ein »politischer Zwerg«, da sie Mühe hat, auf dem internationalen Parkett zu bestehen, wo einige ihrer großen Mitgliedsstaaten wie Frankreich, Deutschland und Großbritannien gern solo auftreten. Und obwohl sie eine außergewöhnliche Geschichte hat – sie ist die erste Macht, die sich friedlich und allein auf Wunsch der Völker zusammengeschlossen hat –, schafft sie es doch nicht, Begeisterung hervorzurufen. Was tun? Zu den Nationen zurückkehren, sagen die Europaskeptiker, und Schluss machen mit diesem unregierbaren Hirngespinst. Die Integration vorantreiben, sagen die Europabefürworter, um unsere Werte und Ideale zu bewahren. Ohne die Vereinigten Staaten von Europa sind alle unsere Länder zu klein und werden von den neuen Mächten von morgen hinweggefegt werden. Die Zeit ist gekommen.

II. Kurzer Abriss
der Weltgeschichte

Lange Zeit haben alle Europäer Geschichte nach demselben Rezept gelernt: ein Hauch von den großen Zivilisationen der sogenannten orientalischen Antike (Mesopotamien und Ägypten); viel Griechenland und Rom; dann die Geschichte ihres eigenen Landes, dezent gewürzt mit einer Prise der Geschichte ihrer direkten Nachbarn. Von der Vergangenheit der anderen großen Nationen der Welt, ihren Königen, ihren Helden, ihren Kriegen, ihrer Kultur, haben die meisten von uns in der Schule nie etwas gehört. Warum hätte man sich damit auch aufhalten sollen? Europa beherrschte die Welt, nur seine Geschichte zählte.

Diese Arroganz gründet auf einem reellen Kräfteverhältnis. Vom Ende des 15. Jahrhunderts an erkunden die Europäer die Ozeane und beginnen mit der Eroberung des Globus. Ab dem 16. Jahrhundert stürzen die Spanier die großen Reiche der Azteken und Inka und teilen sich schließlich mit den Portugiesen (in Brasilien) und später den Engländern und Franzosen (in Nordamerika) den riesigen amerikanischen Kontinent auf. Am Anfang des 20. Jahrhunderts sind der Großteil von Asien und Afrika sowie ganz Ozeanien unterworfen. Europa herrscht, bzw. herrschte, über fast den gesamten Planeten. Die Historiker rätseln noch immer, wie dieses unglaubliche Phänomen möglich war: Liegt es an der technologischen Überlegenheit, an der Waffenstärke, an der finanziellen Macht?

Die Tatsachen lassen sich nicht leugnen. Im Lauf der Jahrhunderte sind nur sieben Länder vom europäischen Imperialismus verschont geblieben: die Türkei (die man bis 1922 Osmanisches Reich nennt), Thailand (das Königreich Siam), der Iran (Persien), Japan, Korea, China und Afghanistan. Die meisten haben ihre unsichere Freiheit nur der

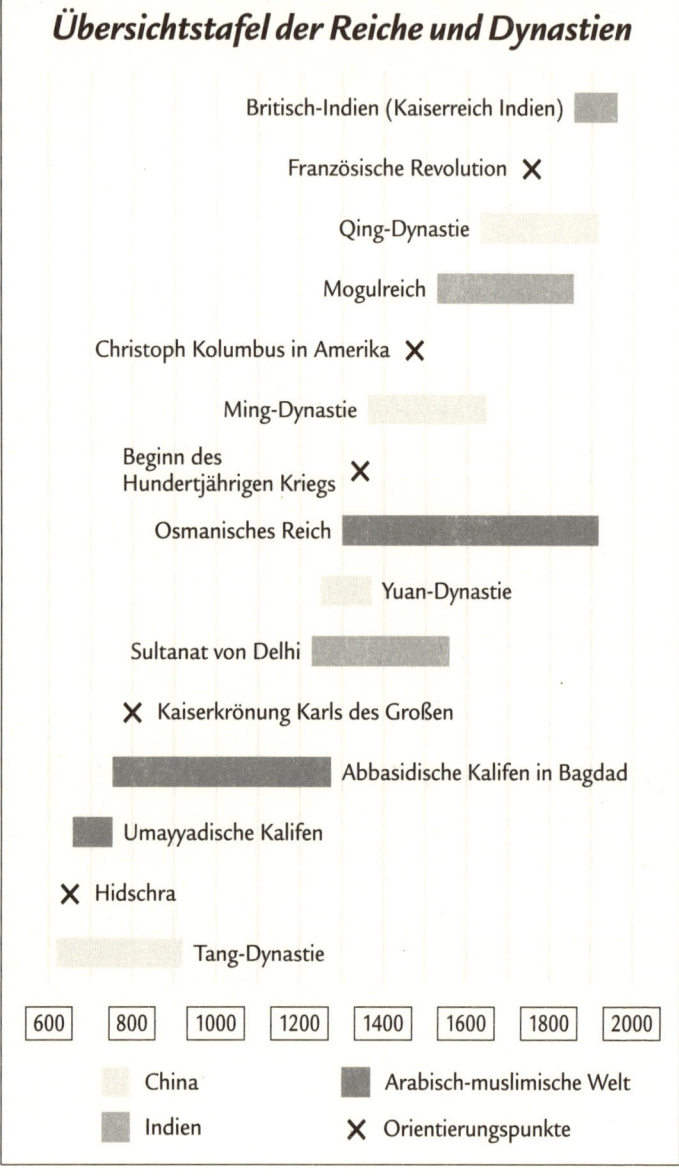

Übersichtstafel der Reiche und Dynastien

Britisch-Indien (Kaiserreich Indien)

Französische Revolution **X**

Qing-Dynastie

Mogulreich

Christoph Kolumbus in Amerika **X**

Ming-Dynastie

Beginn des
Hundertjährigen Kriegs **X**

Osmanisches Reich

Yuan-Dynastie

Sultanat von Delhi

X Kaiserkrönung Karls des Großen

Abbasidische Kalifen in Bagdad

Umayyadische Kalifen

X Hidschra

Tang-Dynastie

| 600 | 800 | 1000 | 1200 | 1400 | 1600 | 1800 | 2000 |

China   Arabisch-muslimische Welt

Indien   **X** Orientierungspunkte

Rivalität zwischen anderen Mächten zu verdanken, die sich gegenseitig daran hindern, sich ihr begehrtes Gebiet unter den Nagel zu reißen. Oft sind sie nur scheinbar unabhängig. Im 19. Jahrhundert bleibt China offiziell frei, aber seine Wirtschaft wird zerschlagen, und die europäischen Mächte teilen sich das Land in Einflussbereiche auf.

Nach den beiden Weltkriegen löst ein anderes Land den Alten Kontinent ab und übernimmt die Weltherrschaft, doch es ist aus ihm hervorgegangen und betrachtet sich als Erbe seiner Geschichte: die Vereinigten Staaten. Ihr Rivale, die UdSSR, vertritt ein Gesellschaftsmodell, das ebenfalls europäischem Gedankengut entsprungen ist. Denn die Theorie des Kommunismus stammt von Karl Marx. Die anderen Länder, die sich nach und nach von ihren Kolonialherren befreit haben, werden einem dieser »beiden Großen« unterworfen und können nur danach streben, dem einen oder dem anderen ähnlich zu werden.

Der Zusammenbruch der UdSSR 1991 deutet auf einen endgültigen Sieg des amerikanischen Modells hin. Diese Illusion ist nur von kurzer Dauer. Das mühevolle Vorankommen der Vereinigten Staaten in Afghanistan und im Irak und die schwere Wirtschaftskrise zeigen, dass der Westen kein unverwundbarer Riese ist. Gleichzeitig schöpfen andere Regionen Kraft durch ein spektakuläres Wachstum.

In unserem Jahrhundert hat sich die Weltordnung verändert. Nun spricht man von einem **multipolaren** Modell. Zahlreiche Länder - wie Indien, China (oder auch Brasilien, von dem später noch die Rede ist, S. 242) - sind reich und mächtig genug geworden, um ebenfalls den Status eines Zentrums zu beanspruchen. Andere große Zivilisationsgebiete - wie die sogenannte arabisch-muslimische Welt - sind der Ansicht, jetzt sei der Moment gekommen, in dem sie ihre frühere maßgebende Rolle wieder einnehmen können. Höchste Zeit, ihre Geschichte kennenzulernen.

Peking, die Verbotene Stadt

Die chinesische Zivilisation ist fünftausend Jahre alt und damit eine der ältesten der Welt. Bereits im 3. Jahrhundert v. Chr. bildete sich auf einer großen Teilfläche des heutigen Chinas ein vereinigtes Reich. Auch wenn es zu gewissen Zeiten geteilt wurde, schloss es sich immer wieder zusammen. Die Geschichte Europas seit Karl dem Großen ist die des Zerfalls eines Reichs in viele kleine Länder. Die Geschichte Chinas ist die einer Einheit, die zeitweilig zerschlagen wird, aber immer wieder zusammenfindet. Das Land erfährt lange Phasen der Teilung, der erbitterten Kämpfe zwischen Königreichen, der Anarchie. Aber letztlich kehrt alles immer wieder zurück zu einer Ordnung der Welt, wie sie sein soll: nämlich einem einzigen China als dem **Reich der Mitte**, dem Zentrum der Erde, dessen Dreh- und Angelpunkt der Kaiser ist, der Sohn des Himmels, der als einziger mit ihm kommunizieren kann. Aus dieser Perspektive sind alle anderen Länder barbarische Nationen, die ihm, wenn auch fern und unbekannt, zwangsläufig »Tribut« schulden: Sie müssen sich ihm unterwerfen.

Nur zwei Kaiser bilden die kurze Qin-Dynastie (221–207 v. Chr.), doch sie legt den Grundstein für einen Zentralstaat und schenkt China seinen Namen. In den folgenden über zweitausend Jahren lösen zahlreiche weitere Dynastien einander ab.

Nennen wir hier einige der berühmtesten:

Die **Han**-Dynastie (206 v. Chr.–220 n. Chr.)
Die **Tang**-Dynastie (618–907)
Die **Song**-Dynastie (960–1279)
Die **Ming**-Dynastie (1368–1644)

Unter allen Dynastien gibt es nur zwei fremde (die also nicht der historischen chinesischen Ethnie der Han angehören). Von 1279 bis 1368 regieren die **Yuan**: Mongolen, die das Land erobert haben. Kublai Khan, der Gründer dieser Dynastie und Enkel des mongolischen Eroberers Dschingis Khan, ist im Westen bekannt, da Marco Polo an seinem Hof residierte.

Ab 1644 regiert die **Qing**-Dynastie, die von den Mandschu begründet wurde. Sie ist die letzte Herrscherdynastie. 1912 verjagt eine Revolution den letzten Kaiser. China wird zur »Republik China«. 1949 verdrängt der Sieg der Kommunisten ihre Befürworter, die Nationalisten, auf die Insel Taiwan, wo sie noch heute leben. Der Rest des Landes wird von Mao in Peking zur **Volksrepublik China** erklärt.

Bis zum 18. Jahrhundert war China die erste Wirtschaftsmacht der Welt. Im 19. Jahrhundert gelingt es den westlichen Ländern, sie zu zerschlagen. In den 1830er-Jahren wollen die Engländer das riesige Reich dazu bringen, dem Import des Opiums zuzustimmen, das sie in Indien produzieren. Der Kaiser weigert sich. England, bald gefolgt von den anderen europäischen Ländern (und den Vereinigten Staaten), wendet Gewalt an. Diese **Opiumkriege** zwingen das alte chinesische Reich, sich ohne Gegenleistung dem europäischen Handel zu öffnen. Die »Ungleichen Verträge«, die die Chinesen daraufhin unterzeichnen müssen, bleiben für sie das Symbol der Demütigung ihrer altehrwürdigen Nation durch den Westen.

China hat in seiner langen Geschichte bedeutende technologische Innovationen hervorgebracht. Man spricht von »vier großen Erfindungen«, die die Welt verändert haben.

- Der **Kompass** (die Idee, den Erdmagnetismus zu nutzen, um die gewünschte Richtung zu finden, kommt im 1. Jahrhundert vor unserer Zeitrechnung auf).
- Der **Buchdruck**, entdeckt im 9. Jahrhundert (Gutenberg im Westen im 15. ist also nicht der Erste).
- Das **Papier** (dessen geringe Herstellungskosten eine große Verbreitung von Büchern ermöglichen).
- Das **Schießpulver** (seit der Tang-Dynastie).

Dieser Liste könnte man noch das Papiergeld hinzufügen, das es in China seit dem 8. Jahrhundert gibt. Die ersten Scheine sind dort ab dem 13. Jahrhundert im Umlauf. Das Papiergeld kommt in Europa erst im 17. Jahrhundert auf.

---------------- **2. Indien** ----------------

Die Wurzeln der indischen Geschichte reichen weit zurück. Die glanzvolle »Industal-Zivilisation«, deren reiche und mächtige Städte hauptsächlich entlang des Flusses Indus angesiedelt waren, wird auf 2500 bis 1500 v. Chr. datiert. Der Ursprung des Hinduismus soll auf jene Epoche zurückgehen, was ihn zu einer der ältesten Religionen der Welt macht. Er gründet sich auf den Glauben an die Wiedergeburt, das Kastensystem (das in der aktuellen Verfassung offiziell verboten ist) und die Verehrung unzähliger Götter – die wichtigsten sind Brahma, Vishnu und Shiva. Der Hinduismus wird noch immer von 80 % der Inder praktiziert.

Im 6. Jahrhundert v. Chr. wird der Prinz Siddhartha Gautama ein Asket und zeigt am Beispiel seines eigenen Lebens, dass der Mensch sich von den Wünschen und Leiden, die auf ihm lasten, befreien und Frieden finden kann. Sein Ehrenname ist **Buddha**, der Erwachte. Er gründet eine weitere der großen alten Weltreligionen: den Buddhismus.

Die politische Geschichte Indiens ist geprägt von aufeinanderfolgenden Dynastien, die unter ihrem Zepter jeweils einen mehr oder weniger großen Teil des Subkontinents vereinen, und Phasen der Zersplitterung in kleine Königreiche.

Agra, Taj Mahal

Verschaffen wir uns einen kurzen Überblick über die wichtigsten Etappen:

- Gegen 320 v. Chr., direkt nachdem Alexander der Große kurzzeitig den Norden erobert und sich wieder zurückgezogen hat, gründet der Hindu-Fürst Chandragupta Maurya das erste vereinigte Reich. Die **Maurya-Dynastie** (~322 bis ~184 v. Chr.) stammt von ihm ab. Ihr berühmtester Herrscher ist **Ashoka** (regiert 268–232 v. Chr.): Nachdem er zum Buddhismus konvertiert ist und sich der Gewaltlosigkeit verschrieben hat, ordnet er die Verwaltung des Reichs, lässt entlang den Straßen Bäume pflanzen und seine Edikte, in denen er zu religiöser Toleranz aufruft, in Säulen und Felsen meißeln. Seine Herrschaft gilt als ein Goldenes Zeitalter.

- Anfang des 13. Jahrhunderts unserer Zeitrechnung lassen sich Muslime aus Zentralasien in Nordindien nieder: Sie gründen das **Sultanat von Delhi**, das bis zu seinem Zerfall auf den ganzen Subkontinent Einfluss nimmt.

- Zu Beginn des 16. Jahrhunderts besiegt der aus dem heutigen Afghanistan stammende Krieger Babur den letzten Sultan von Delhi und gründet seinerseits ein Reich im Norden Indiens. Einer seiner Vorfahren ist der große turkomongolische Eroberer Tamerlan. Von dessen Volk leitet sich auch der Name seiner Dynastie ab: Man spricht vom **Mogulreich** oder auch dem Indien der Großmoguln. Der berühmteste von ihnen ist Akbar (1542–1605), der das Reich deutlich vergrößert und eine Zentralregierung etabliert. Wie alle Moguln ist er Moslem. Er ist tolerant und veranstaltet gern theologische Debatten mit Vertretern der verschiedenen Religionen. Schließlich bemüht er sich, den Islam, das Christentum und den Jainismus (eine indische Religion) zu einer neuen Glaubensrichtung zusammenzuführen. Shah Jahan, einem weiteren Großmogul, ist das berühmteste indische Bauwerk zu verdanken: der **Taj Mahal**, ein Mausoleum, das er zwischen 1631 und 1654 zum Gedenken an seine geliebte Frau errichten ließ, die im Wochenbett verstarb.

■ Im 17. und 18. Jahrhundert fassen die Franzosen und Engländer über ihre Handelsgesellschaften (wie die berühmte **Britische Ostindien-Kompanie**) in Indien Fuß und verleiben sich mithilfe militärischer Druckmittel nach und nach alles ein, was von der Mogulherrschaft noch übrig ist. Die Franzosen werden bald zurückgedrängt und müssen sich mit ein paar Handelshäfen – *comptoirs* (dt. Kontoren) – begnügen, während die Engländer ihre Macht ausweiten.

■ 1876 wird die Kolonie Britisch-Indien zum **Kaiserreich Indien** erklärt und von Königin Victoria regiert. Die einheimische Ökonomie und die traditionelle Landwirtschaft werden systematisch zerstört, um die Interessen des Mutterlands durchzusetzen. Das daraus resultierende Elend erzeugt starke nationalistische Gefühle: 1885 tagt der erste »Indische Nationalkongress«. Aus ihm geht die Kongresspartei hervor, die später die Unabhängigkeitsbewegung anführt.
Der Anwalt **Gandhi** (1869-1948), genannt Mahatma (große Seele), wird zu ihrer Triebkraft. Er legt die Kampfstrategien fest, die letztendlich zum Erfolg führen, wie den Boykott englischer Produkte und die Steuerverweigerung (gegen die Salzsteuer organisiert er 1930 den spektakulären »Salzmarsch«). Alle gründen sich auf die Grundhaltung Satyagraha, den passiven, gewaltlosen Widerstand. Die 1947 errungene Unabhängigkeit wird vom Krieg zwischen Muslimen und Hindus überschattet. Gandhi, der alles getan hat, um ihn zu vermeiden,

kann die »Teilung Indiens« nicht verhindern. Sie fordert eine Million Opfer und hinterlässt offene Wunden. Im Norden gründen die Muslime unter ihrem Anführer Jinnah Pakistan, das in zwei separate Gebiete aufgeteilt ist – der östliche Teil wird 1971 zu Bangladesch. Im Süden entsteht die von Premierminister Nehru regierte Indische Union. Sie nimmt die erste demokratische Verfassung außerhalb der westlichen Welt an und wird 1950 zur Republik Indien.

--- 3. Die arabisch-muslimische Welt ---

Am Anfang des 7. Jahrhunderts weht der Wind der Geschichte von einem Ort, dem man bis dahin wenig Beachtung geschenkt hatte: den Wüsten der Arabischen Halbinsel. Um 610 spürt Mohammed, ein Kaufmann aus Mekka, dass sein Schicksal sich wendet. In einer Höhle, in die er sich manchmal zurückzieht, erscheint ihm der Erzengel Gabriel, um ihm zu verkünden, Gott habe ihn auserwählt, sein Prophet zu werden und seine Botschaft zu überbringen. Diese gründet sich strikt auf den Glauben an einen einzigen Gott und stößt daher auf Widerstand bei den polytheistischen Einwohnern Mekkas.

Im Jahr 622 muss Mohammed also in der Oase Yathrib Zuflucht suchen, die ihm zu Ehren später Medina genannt wird (*mad nat an-nab*, dt. die Stadt des Propheten). Mit seiner Auswanderung aus Mekka bricht er aus den alten, bis dahin geltenden Stammesstrukturen aus, um sich an die gesamte Gemeinschaft jener zu wenden, die an seine Botschaft glauben. Deshalb ist dieses Exil – das man auf Arabisch »Hidschra« nennt – für die Muslime der Anfang einer neuen Zeitrechnung: der des Islams (wörtlich »Unterwerfung«, also die Unterwerfung unter Gott).

Unmittelbar nach Mohammeds Tod 632 beginnen die arabischen Reiter, beflügelt von der neu gestifteten Religion, mit der Eroberung der Erde, einer der erfolgreichsten Missionen der Weltgeschichte. Innerhalb von zehn Jahren besiegen sie die beiden mächtigsten Reiche jener Zeit, das byzantinische (wird in Ägypten und Syrien geschlagen und nach Anatolien verdrängt) und das persische (wird vernichtet). Im Jahr 711 erobern sie Spanien. Zur selben Zeit lassen sie sich im Osten in Sindh, dem heutigen Pakistan, nieder.

Schiiten gegen Sunniten

Nach dem Tod des Propheten kommt es zu einem Streit: Wer soll sein Nachfolger werden, also auf Arabisch der Kalif? Soll die Gemeinde mehrheitlich einen seiner Gefährten wählen? Oder soll man einen seiner Angehörigen bestimmen, zum Beispiel Ali, den Mann seiner Tochter Fatima und Vater seiner Enkel Hasan und Husain?

Der Konflikt spitzt sich rasch zu und spaltet die neue Religion in zwei feindliche Lager. Sie sind sich heute noch nicht einig. Auf der einen Seite stehen die Nachkommen der Befürworter Alis und seines Sohnes Husain. Sie werden später die **Schiiten** genannt. Sie sind der Meinung, dass nur ein Mann vom Blut des Propheten der Imam, der Führer der Gläubigen, sein kann, denn nur er vermag den verborgenen Sinn des Korans zu deuten.

Einige Jahrhunderte später soll sich der letzte Imam, der von Ali abstammte, aus der Welt entfernt haben: Er wurde von Verborgenheit* überschattet, lebt in einer un-

---

* Für die Mehrheit der Schiiten gibt es zwölf Imame nach dem Propheten; der letzte lebt in Verborgenheit. Diese Gruppierung nennt man Zwölferschia.

sichtbaren Welt und wird unter dem Namen Mahdi zurückkehren, um das Ende der Zeit zu verkünden.

Auf der anderen Seite stehen die Verfechter der Ansicht, die Religion solle sich nur auf zwei Dinge gründen: Die Worte Gottes, die dem Propheten übermittelt und im Koran festgehalten wurden, und das Beispiel seines Lebens. Danach richtet sich das Gesetz, beziehungsweise die Tradition, auf Arabisch *sunna:* Diese Muslime nennt man daher **Sunniten.**

Im Jahr 661 gewinnt der einflussreiche Mekkaner Muawiya den Bruderkrieg gegen Alis Anhänger. Er gründet eine Dynastie und benennt sie nach seinem Urahn Umayya: die der Umayyaden. Er lässt sich in Damaskus nieder.

Im Jahr 750 erhebt sich eine andere Dynastie gegen die Umayyaden und übernimmt die Macht. Sie stammt von Abbas ab, einem Onkel des Propheten, und nennt sich daher die Dynastie der Abbasiden. Sie errichten bald eine neue Hauptstadt in Mesopotamien: **Bagdad.** Schon um das Jahr 800 ist sie mit fast einer Million Einwohnern die zweitbevölkerungsreichste Stadt der Welt (direkt nach der chinesischen Hauptstadt). Die Kalifen regieren von ihrem prächtigen Palast aus über ein Reich, das sich vom Atlantik bis an die Grenzen Indiens erstreckt. Landwirtschaft, Handwerk und Handel florieren. Kaufleute durchqueren das riesige Gebiet und bringen aus Indien oder China Kenntnisse und Produkte mit, die bis dahin unbekannt waren. Die Zahlen (die wir arabisch nennen, die aber ursprünglich aus Indien stammen) oder das Zuckerrohr sind Beispiele dafür. Diese Epoche ist ein wahres Goldenes Zeitalter der arabisch-muslimischen Welt. Der bekannteste abbasidische Kalif war **Harun ar-Raschid**, da er der Held vieler berühmter Geschichten aus *Tausendundeine Nacht* ist. Der bemerkenswerteste war sicherlich sein Sohn **al-Ma-**

mun. Er begeistert sich für die Wissenschaften und lässt ein »Haus der Weisheit« eröffnen, wo Christen, Juden und Muslime gemeinsam Werke aus dem antiken Griechenland, China und Indien studieren und übersetzen. Mathematik, Astronomie, Medizin und Optik machen bedeutende Fortschritte.

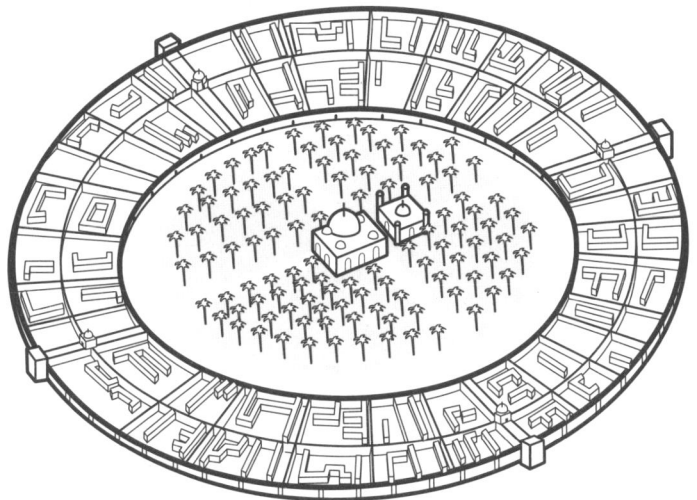

Bagdad im Jahr 800

Doch das Reich ist zu groß und zerfällt bald in weitere Kalifate, die mit dem abbasidischen konkurrieren, wie das Kalifat von Córdoba in Spanien oder das von Kairo in Ägypten.

Im Jahr 1258 nehmen die Mongolen, furchtlose Krieger aus den Steppen Zentralasiens, unter der Führung von Dschingis Khans Enkel Hülegü Khan Bagdad ein, zerstören die Stadt, metzeln den Großteil der Einwohner nieder und las-

sen den Kalifen angeblich unter den Hufen ihrer Pferde zu
Tode trampeln.

Der Islam breitet sich weiter aus und gelangt durch Händler nach Afrika, Indien und Indonesien. Diese Religion hat
früh bewiesen, dass sie eine der brillantesten Zivilisationen
der Welt hervorbringen konnte. Behalten wir die Namen
vier herausragender Persönlichkeiten im Kopf:

Abu Nuwas (um 756 in Ahwaz–814 in Bagdad) ist einer der
größten klassischen arabischen Dichter. Er wird von Harun ar-Raschid und dessen Sohn al-Amin begünstigt und
ist für seine unmoralischen Spottverse berühmt: Der Großteil seiner Gedichte handelt von der Liebe zum Wein, zu
Frauen und hübschen Jünglingen. Seine Gedichte sind so
schön, dass sie von allen geliebt werden.

Ibn Sina, im Westen **Avicenna** genannt (980 in Buchara–
1037 in Hamadan, Iran), ist ein Universalgenie: Philosoph
(er kommentiert den Griechen Aristoteles), Mathematiker,
Mystiker und nicht zuletzt Arzt. Seine im »Kanon der Medizin« zusammengefassten Abhandlungen dienen im Orient und in Europa noch jahrhundertelang als Standard-
werk der Medizin.

Ibn Ruschd, der im Westen **Averroës** heißt (1126 in Córdoba–1198 in Marrakesch), ist Jurist, Arzt, Vertrauter des
Kalifen von Córdoba und einer der größten arabischen
Philosophen. Er vertritt die These, man könne den Glauben von der Vernunft trennen. Seine gewagten Ideen werden bald verboten und seine Bücher in Andalusien verbrannt, doch ihre Übersetzungen erreichen das christliche
Europa. Durch seine Kommentare zu Aristoteles entdeckt
der Westen im Mittelalter den griechischen Philosophen
wieder.

Ibn Chaldun (1332 in Tunis–1406 in Kairo) beteiligt sich als Philosoph und Berater zahlreicher Herrscher aktiv am politischen Leben seiner Zeit. Außerdem ist er Historiker und erklärt, man könne diese Wissenschaft nur begreifen, indem man alle Kräfte studiere, die in einer bestimmten Epoche in einer Gesellschaft wirken würden. Deshalb gilt er als Vater der Soziologie.

Lektion 7

Geografie

Die Geografie, oder auch Erdkunde, ist die Beschreibung der Erde. Also sehen wir uns den Planeten einmal genauer an: Wir beobachten den Treibhauseffekt, entdecken einen siebten Kontinent, lassen uns die Globalisierung erklären und machen uns mit den Großmächten von morgen bekannt.

I. Bedrohungen des Planeten

Die Erkenntnis, dass unsere kleine Welt vergänglich ist, ihre Ressourcen begrenzt sind und wir die Erde nicht mehr mit unseren Abfällen verschmutzen dürfen, ist noch recht neu. Das Bewusstsein kam im Westen in den 1960er-/1970er-Jahren auf, nachdem einige Vorreiter Alarm schlugen, wurde durch die großen Umweltbewegungen verbreitet und schnell von den höchsten internationalen Organisationen aufgegriffen.

1972 ist ein wichtiges Datum: In jenem Jahr fand in Stockholm der erste sogenannte Weltgipfel statt, eine Konferenz der Vereinten Nationen zum Thema Umwelt des Menschen (auch Weltumweltkonferenz). Diese Versammlungen tragen viel dazu bei, die Menschheit vor drohenden Gefahren zu warnen, tun sich aber schwer, Wege der Abwehr zu präsentieren. Dafür müssten sich alle Länder der Erde erst einmal einig werden. Bei 193 Nationen ist das nicht einfach. Die großen Meinungsverschiedenheiten kann man wie folgt zusammenfassen:

1. Wie ist es so weit gekommen?

Die erste Streitfrage besteht darin, wer die Verantwortung für die aktuelle Situation trägt. Dabei stehen die großen industrialisierten Länder dem Rest der Welt gegenüber, der ihnen die Schuld zuschiebt:

»Das ökologische Desaster«, sagen sie, »hat durch die Art der wirtschaftlichen Entwicklung begonnen, die ihr im 19. Jahrhundert gewählt habt. Und es wird heute durch die Lebensweise eurer Bevölkerung fortgesetzt, die weit mehr konsumiert, verschwendet und verschmutzt als der

Rest der Welt. Es liegt also an euch, die Schäden zu reparieren.«

Die Kritik ist nachvollziehbar, doch die Vereinigten Staaten wollten lange nichts davon hören. 1992 erwiderte Präsident Bush (senior): »Der amerikanische Lebensstil ist nicht verhandelbar.« Die Europäer akzeptieren den Vorwurf im Allgemeinen und finden es normal, sich stärker als andere für die Behebung der Umweltschäden und den Naturschutz zu engagieren. Aber was nützen ihre Bemühungen, wenn sich die neu aufsteigenden Mächte weigern, die

Jared Diamond

Art ihrer Entwicklung zu ändern, und stur die Fehler wiederholen, die uns ins Verderben führen?

China zum Beispiel hält bei jedem Gipfel an seiner Ausgangsposition fest: Der Westen muss alle Anstrengungen unternehmen. Es weigert sich daher, sich infrage zu stellen. Mit seinen Fabriken, die auf Hochtouren laufen (um Dinge zu produzieren, die der Westen nicht mehr herstellt), und seinem schwindelerregenden Wirtschaftswachstum ist dieses riesige Land heute der Umweltverschmutzer Nummer eins. Und die eine Milliarde Chinesen, die davon träumen, ebenfalls jenen materiellen Wohlstand zu genießen, der ihnen bisher verwehrt blieb, könnten sehr bald ein globales

Problem darstellen. Sehen wir uns einmal die Rechnung des großen amerikanischen Geografen Jared Diamond an, um zu verstehen, worum es geht:

> »China konsumiert heute elfmal weniger als der Westen. Wenn China unseren Lebensstandard erreicht, wird sich der weltweite Konsum verdoppeln. Wenn Indien nachzieht, wird er sich verdreifachen. Und wenn dann der Rest der Welt folgt, wird der Konsum elfmal höher sein als heute. Das würde einer aktuellen Bevölkerung von 72 Milliarden Menschen entsprechen.«*

2. Wie kommen wir aus ---- diesem Schlamassel wieder raus? ----

Die einzige Möglichkeit, wieder rauszukommen, sagen die Ökologen, ist, die ganze Welt dahin zu bringen, ihr Wirtschaftswachstumsmodell radikal so zu verändern, dass die Natur und ihre Rohstoffe bewahrt werden. Es muss ein **ökologischer Wandel** hin zu einer neuen Art der Entwicklung stattfinden.

Ihre »ökoskeptischen« Gegner zweifeln an dieser Sichtweise, die sie für unbegründete Schwarzmalerei halten. Sie finden es klüger, dem alten Freund des Menschen zu vertrauen: seinem Erfindungsgeist. Was auch immer auf unserem Planeten passiert, der Mensch wird durch Wissenschaft und Technik Wege finden, alles zum Guten zu wenden.

Damit sich jeder eine Meinung bilden kann, begnügen wir uns also damit, eine Übersicht über die aktuellen Bedrohungen zu erstellen. Natürlich ist es kein vergnügliches Thema, auch weil wir dabei möglicherweise herausfinden,

---

* Zitiert aus dem *Atlas des civilisations*, Le Monde / La Vie, 2009.

dass wir alle früher sterben als geplant. Versuchen wir also, wenigstens nicht dumm zu sterben.

Abfall und Entsorgung

Im allgemeinen Bewusstsein bedeutet Umweltverschmutzung zunächst einmal die Tatsache, dass der Mensch den Planeten für einen Mülleimer hält und ihn durch Abgase, Vergiftung der Böden und Zerstörung der Landschaften verunreinigt. Außerdem verbindet man damit die Unfähigkeit des Menschen, bei seinen Unternehmungen verheerende Unfälle zu vermeiden. Das Sevesounglück (1976), die Ölpest der *Amoco Cadiz* (1978) und die Atomkatastrophe von Tschernobyl (1986) sind vielen noch schmerzlich in Erinnerung. Im 21. Jahrhundert nehmen die Probleme zu, weil die Umweltbelastung permanent und universell wird. Die Rückstände der menschlichen Bewirtschaftung in der Luft, im Boden, im Grundwasser und im Meer haben die Erde verseucht, vom Nordpol bis zum Südpol. Fast alle Wasserläufe sind betroffen. Nur zwei der großen Flüsse der Welt können als gesund bezeichnet werden: der Amazonas und der Kongo*.

Der siebte Kontinent

Eine der zuletzt entdeckten Umweltkatastrophen heißt auf Englisch **great pacific garbage patch** (großer Pazifikmüllfleck). Auf Deutsch spricht man auch vom siebten Kontinent aus Plastik. In dieser Meeresregion, die so groß ist wie ein Drittel der Vereinigten Staaten, sammeln sich durch Strömungen winzige mehr oder weniger verklebte Kunststoffteile. Es hat gedauert, bis der

---

* Laut den Experten vom Weltwasserrat, zitiert vom *Centre national de la recherche scientifique*, cnrs.fr.

Strudel entdeckt wurde, da er nicht direkt sichtbar ist: Die Teilchen schwimmen unter der Wasseroberfläche. Deshalb sind sie jedoch nicht weniger gefährlich; sie verseuchen den Ozean und werden von den Fischen mit Plankton verwechselt und gefressen. Bis jetzt hat die Wissenschaft noch kein Gegenmittel gefunden: Wie soll man einen Mülleimer solcher Größe säubern? Und ein Unglück kommt selten allein: Kaum wurde das *garbage patch* im Pazifik entdeckt, hat man auch eins im Atlantik gefunden.

Die Erschöpfung der Ressourcen

Im Kapitel »Neue Hauswirtschaft« (S. 351) werden wir uns genauer mit der Bedeutung von nachhaltiger Entwicklung beschäftigen, dem Wirtschaftsmodell, das nur erneuerbare Ressourcen verwendet. Um uns bewusst zu machen, wie knapp und kostbar einige Rohstoffe sind, die wir früher für unerschöpflich hielten, wollen wir sie in Gold verwandeln – eine hervorragende Veranschauungsmethode, um unser gemeinsames Vermögen zu schätzen:

Das schwarze Gold (Erdöl)

Hierzu kann man auch Gas und Kohle zählen. Alle drei sind fossile Energien, da sie vor Millionen Jahren aus der langsamen Verwesung von in der Erde eingeschlossenen Tieren und Pflanzen hervorgegangen sind. Sie sind keine »erneuerbaren Energien«, weil man weitere Millionen Jahre warten müsste, bis sich die Bedingungen wiederholen, unter denen sie entstanden sind. Atomenergie ist nicht fossil und geht aus einem Verfahren hervor, das der Mensch steuert, doch die Ökologen betrachten sie ebenfalls als »nicht erneuerbar«, da sie Abfälle erzeugt, die erst nach Jahrtausenden ihre radioaktive Strahlung verlieren, und da der Rohstoff Uran nicht unbegrenzt vorhanden ist.

Alle Wissenschaftler sind sich darin einig, dass die Reserven an schwarzem Gold bald aufgebraucht sind. Sie sind nur nicht einer Meinung, wann das der Fall sein wird. Es scheint ratsam, nicht auf das globale Ölfördermaximum* zu warten, bevor man sich den erneuerbaren Energien zuwendet, die ja, per definitionem, unerschöpflich sind: **Sonnenenergie**, **Erdwärme** (die Wärme in der Erdkruste) und **Windenergie** (aus der Kraft des Winds).

Große Hoffnung wird auf **Biomasse** (siehe S. 350) oder auch die Energie aus **Meeresströmungen** gesetzt, die von Turbinen im Meer erzeugt wird. Im Gegensatz zum Wind haben die Strömungen den Vorteil, konstant zu sein, aber Probleme mit Rost, Algen und Weichtieren machen die Wartung der Maschinen aufwändig.

Das blaue Gold (Wasser)

Durch die Verschmutzung von Flüssen und Wasserflächen und die Klimaerwärmung (die für die Ausdehnung wüstenartiger Gebiete sorgt) wird das nutzbare Wasser knapper: Der Weltgipfel von Johannesburg (2002) hat geschätzt, dass 40 % der Weltbevölkerung im Jahr 2050 unter Wassermangel (in Fachkreisen »Trockenstress«) leiden könnten. Auf die Landwirtschaft kommen 2/3 des Verbrauchs.

---

* Die Ölgewinnung läuft immer nach dem gleichen Schema ab: Man fördert und fördert, die Produktion erreicht einen Höhepunkt, geht dann zurück und sinkt unaufhaltsam weiter, bis die Vorräte aufgebraucht sind. Den Umkehrpunkt nennt man das »Ölfördermaximum«. Es zeigt den Anfang vom Ende an. Kein Experte kann sagen, ob er bereits überschritten wurde oder nicht.

Lösungen sind die Einführung drastischer Sparmaßnahmen bei der Bewässerung (zum Beispiel durch Tröpfchenbewässerung direkt an der Pflanze, um jegliche Verschwendung zu vermeiden), Meerwasserentsalzung (wird bereits praktiziert, ist aber aktuell noch sehr kostspielig) und die Wiederaufbereitung von Abwasser.

Das grüne Gold (Wald)

Der Wald wird von der Ausweitung der Anbauflächen, Verstädterung, dem Bergbau und Bränden bedroht. Die beiden am stärksten von Entwaldung betroffenen Länder sind Brasilien und Indonesien: Der Wald der Insel Borneo wird immer weiter von Palmölplantagen verdrängt, und mit ihm tausende Arten von Pflanzen und Tieren, die wir noch nicht kennen und die für unsere Gesundheit wichtig sein könnten.

Der Wald dient:

- als Feuchtigkeitsspeicher und trägt zur Entstehung von Regen bei;
- zur Aufnahme von Kohlenstoff, um ihn mithilfe von Licht in Sauerstoff zu verwandeln (das ist der chemische Prozess der Fotosynthese) – dadurch ist der Wald am Kampf gegen die Gase beteiligt, die den Treibhauseffekt erzeugen;
- zum Schutz der Artenvielfalt, also der Gesamtheit der dort lebenden Pflanzen und Tiere.

Die Klimaerwärmung

Ende des 20. Jahrhunderts war sie noch eine Hypothese, die von vielen Wissenschaftlern verteidigt und von anderen infrage gestellt wurde. Im 21. Jahrhundert sind die Experten des IPCC – des Intergovernmental Panel on Climate Change (im Deutschen oft Weltklimarat genannt), das

1988 von den Vereinten Nationen ins Leben gerufen wurde, um derartige Phänomene objektiv zu untersuchen – so gut wie sicher. Dafür sprechen zwei Dinge:

1. Die auf der Erde gemessene Durchschnittstemperatur steigt weiter. Das Einzige, was man nicht genau weiß, ist, wie weit: Berechnungen zufolge könnte die Zunahme von jetzt bis 2100 zwischen 1,1 und 6,4 °C betragen.

2. Es ist »zu 90 %« wahrscheinlich, dass der Mensch die Erwärmung verursacht hat, und zwar durch das Übermaß an »Treibhausgasen«, die wir in die Atmosphäre abgeben.

Die Wissenschaftler können die Folgen des laufenden Prozesses noch nicht exakt bestimmen, aber sie sind sich einig, dass sie dramatisch sein werden: Dürreperioden, häufigere heftige Klimaschwankungen, schnelles Aussterben von Ökosystemen, Migration exotischer Arten und Krankheiten, Anstieg des Meeresspiegels – durch das Schmelzen von Gletschern und Packeis – und damit die Bedrohung vieler Küstengebiete. Selbst die scheinbar positiven Folgen bergen Gefahren. Vielleicht wird man im Norden Kanadas und Russlands neue Seewege erschließen können, die jetzt vom Eis versperrt sind. Aber wenn die arktischen Zonen tauen, könnten auch bisher eingeschlossene Gase freigesetzt werden, die, wenn sie in die Atmosphäre entweichen, den Treibhauseffekt zusätzlich verstärken und schließlich in unkalkulierbare Extreme treiben: Das nennt man in der Wissenschaft einen »Schneeballeffekt« – ein recht passender Ausdruck im Zusammenhang mit dem Gletscherschwund.

Was sind Treibhausgase?

Die Sonne wärmt die Erde mit ihren Strahlen, und ein Teil der wieder aufsteigenden Wärme wird von Gasen aufgehalten, die von Natur aus in der Atmosphäre vorhanden sind. Sie wirken in gewisser Weise wie ein Treibhausdach: daher der Name des Phänomens. Es gibt es schon immer und ist nützlich, weil es auf unserem Planeten für lebensfreundliche Temperaturen sorgt. Die Tatsache, dass immer mehr Gase ausgestoßen werden, ist problematisch, da sie zu den bereits in der Atmosphäre vorhandenen hinzukommen und so den Effekt verstärken. Die wichtigsten Treibhausgase sind Methan, Ozon und vor allem Kohlenstoffdioxid (CO_2), das den größten Anteil ausmacht und folglich am dringendsten reduziert werden muss – deshalb erstellen wir unsere »CO_2-Bilanz« oder berechnen unseren »ökologischen Fußabdruck«.

Um diesen Prozess einzudämmen, organisiert die UNO große Versammlungen. Sie sollen den weltweiten Ausstoß von Treibhausgasen eingrenzen. Die erste erfolgreich abgeschlossene Konferenz führte zum »Kyoto-Protokoll« (also dem Abkommen von Kyoto). Die vertragschließenden Staaten haben versprochen, ihre Abgase zwischen 2008 und 2012 zu verringern. Von den großen Ländern haben nur die USA das Protokoll nicht ratifiziert.

Wird diese Politik ausreichen? Viele Wissenschaftler glauben nicht daran und suchen radikalere Mittel, um das Phänomen zu bekämpfen. Die diskutierten Techniken fallen in das neue Fachgebiet des »Geoengineering«. Schwer zu sagen, ob es eher der Formalwissenschaft oder der Science-

Fiction angehört. Es erforscht unter anderem folgende Ansätze:

- Man könnte eine große Menge Schwefel in die Atmosphäre befördern, um sie abzukühlen, wie es auch bei großen Vulkanausbrüchen geschehen ist.
- Man könnte die Algen in den Ozeanen mit Eisen düngen, damit sie wachsen und noch mehr Kohlenstoff aufnehmen als jetzt schon.
- Man könnte auf einer Umlaufbahn um die Erde Spiegel platzieren, um die Sonnenstrahlen zu reflektieren und abzulenken.

Die Gaia-Hypothese

Und wenn die Erde keine tote Mineralmasse wäre, sondern ein lebendiges Wesen? Diese Vorstellung nennt man die »Gaia-Hypothese« (nach dem Namen der Erdgöttin der griechischen Mythologie). Sie entstammt nicht, wie man zunächst meinen könnte, dem hanfvernebelten Hirn eines New-Age-Gurus, sondern wurde in den 1960er-Jahren von dem herausragenden britischen Chemiker James Lovelock entwickelt. Er gründete sie auf folgende Feststellung: Um lebensfreundliche Atmosphäre- und Klimabedingungen herzustellen, musste der Planet, oder genauer gesagt die »Biosphäre«, sich verteidigen, sich entwickeln und die eine oder andere Spezies (zum Beispiel das Kohlenstoff absorbierende Plankton) begünstigen, genau wie der menschliche Körper Angriffe abwehrt, indem er seine Antikörper aktiviert oder das Fieber steigen oder sinken lässt. Die Theorie findet großen Anklang bei einigen radikalen Ökologen. Und sie ist sehr umstritten. Man wirft ihr Menschenfeindlichkeit vor: In diesem Modell ist die menschliche Spezies nur eine Erscheinung von vielen, die Gaia sich vom Hals schaffen wird wie einen lästigen Parasiten, wenn sie sie weiter in Gefahr bringt. Dennoch hat diese Hypothese, wenn man sie wörtlich nimmt, den Vorzug, unserer Fantasie neue poetische Räume zu eröffnen. Wer wäre vorher schon auf die Idee gekommen, unseren kleinen Planeten als ein schönes, fieberkrankes Mädchen zu betrachten?

II. Die Welt zur Zeit der Globalisierung

Gab es in den letzten fünfzehn Jahren einen Tag, an dem wir es nicht gehört hätten? **Globalisierung** ist das Wort des Jahrhunderts. Und es ist besonders praktisch, weil man damit fast alles und nichts sagen kann. Versuchen wir also endlich herauszufinden, was es genau bedeutet.

1. Der Weltmarkt

Seit den 1980er-/1990er-Jahren wird mit Globalisierung (eine Übersetzung des englischen *globalization*) zunächst die immer engere Verflechtung der verschiedenen Wirtschaftsakteure der Welt beschrieben.

Das wird deutlich, wenn wir an einen beliebigen Alltagsgegenstand denken, zum Beispiel ein Paar Sportschuhe, ein Handy oder ein Spielzeug: Wir wissen alle, dass er vielleicht an einem Ort entworfen und an einem anderen hergestellt wurde, zugunsten von Unternehmen, deren Kapital auf der ganzen Welt verteilt ist.

Die Macht der Konzerne

Was den Umsatz betrifft, war das erfolgreichste Unternehmen 2010 der amerikanische Einzelhandelskonzern Walmart mit 421 Milliarden Dollar, dicht gefolgt vom niederländischen Mineralölunternehmen Shell mit 378 Milliarden. Wenn man diese Summen mit dem BIP (Bruttoinlandsprodukt) einzelner Länder vergleicht (also dem Gesamtwert aller Güter, die innerhalb eines Jahres in jenen Ländern hergestellt werden), landen sie auf dem 25. bzw. 26. Platz der Weltrangliste. Mit anderen Worten, mehr als 150 Länder auf der Welt sind weniger reich als diese beiden Firmen.

Die meisten Historiker sind der Ansicht, dass im Zeitalter der Entdeckungen, als es den Europäern infolge ihrer Seefahrten gelang, den Welthandel zu kontrollieren, eine »erste Globalisierung« stattfand.

Das aktuelle Phänomen ist von ebenso bedeutendem Ausmaß. Es hängt mit dem Ende der UdSSR zusammen. Nach dem Zusammensturz des einzigen rivalisierenden Modells triumphiert der Kapitalismus und breitet sich überall aus: Plötzlich erscheint die Welt wie ein einziger riesiger Markt, der von gewaltigen multinationalen Unternehmen beherrscht wird, die mächtig genug sind, zu machen, was sie wollen, wo immer es ihnen passt, ohne sich um Kleinigkeiten wie Staatsgrenzen zu scheren. Indem die Konzerne hier ihren Hauptsitz einrichten und dort Zulieferer arbeiten lassen, gelingt es vielen von ihnen sehr oft, die Steuern zu umgehen, die eine Firma normalerweise in ihrem Land zahlen müsste. Und sie schaffen es, Waren zu immer niedrigeren Preisen herzustellen.

Ihre Verteidiger meinen, nur die wirtschaftliche Globalisierung kann auf der Welt eine Art positiven Entwicklungskreislauf erzeugen und allen zu Wohlstand verhelfen. Durch den Handel der Nationen untereinander soll sie auch zu ewigem Frieden führen. Ihre Gegner glauben, sie wird nur die Reichen noch reicher und alle anderen noch ärmer und schwächer machen: Indem sie die Standortverlagerung der Unternehmen vorantreibt, also Arbeitsplätze dorthin verschiebt, wo die Löhne niedriger sind und die Arbeiter schlechter behandelt werden, trägt sie dazu bei, bestehende Sozialsysteme zu zerstören, und bringt allen Unsicherheit und Elend.

2. Das globale Dorf

Der Begriff »globales Dorf« wurde von dem kanadischen Soziologen Marshall McLuhan (1911–1980) geprägt. Er wird noch immer verwendet, um zu beschreiben, wie klein unser Planet in einer Zeit geworden ist, in der Telekommunikationsmittel – Fernsehen, Telefon, Internet – und die Mobilität der Menschen – Reisen, Tourismus, Migration – die Distanzen aufzuheben scheinen. Natürlich wohnen alle weder im selben Stadtteil noch unter gleichen Bedingungen. 2010 lebte noch immer ein Viertel der Weltbevölkerung unterhalb der Grenze der »absoluten Armut« (festgelegt bei 1,25 $ pro Tag). Doch dieser Anteil geht zurück, und das Niveau der technischen Ausstattung steigt. Laut UNO sollen wir (Anfang 2011) die schwindelerregenden Zahlen von 5 Milliarden Handynutzern und 2 Milliarden Internetusern erreicht haben! Das sind noch nicht alle, aber ein beachtlicher Teil.

Globalisierung ist somit auch die Idee, dass die Annäherung der Menschen letztendlich eine umfassende, allen **gemeinsame Kultur** erschaffen wird.

Die Verteidiger regionaler oder nationaler Identitäten fürchten sich davor: Sie sehen sie als eine riesige Dampfwalze, die nur dazu dienen wird, die kulturellen Unterschiede zugunsten einer verdummenden Standardisierung auszulöschen.

Die großen Organisationen zum Schutz der Menschenrechte oder der Umwelt (Amnesty International, Greenpeace) profitieren davon: Die Welt wird zu einem riesigen Resonanzkasten für ihre Ziele.

Die **Globalisierungskritiker** sind gegen ihre Form, aber nicht ihr Prinzip: Sie finden, man soll sich den globalen Charakter der Probleme durch die aktuelle Globalisierung, die ihnen zufolge allein auf Gewinnstreben beruht, zunutze machen bei dem Versuch, sie durch eine andere Globalisierung zu ersetzen, die sich auf den Austausch und das Teilen gründet.

Die Visionäre glauben, das alles führt eines Tages zwangsläufig zu einer Weltregierung.

So weit sind wir noch nicht. Die Staaten haben ihr letztes Wort noch nicht gesprochen: Ständig gewinnen neue Nationen an Macht. Und doch sind bereits diverse Instanzen damit beauftragt, sich mit den großen Problemen unserer kleinen Welt zu beschäftigen. Statten wir ihnen einen Besuch ab.

3. Die Clubtour

G6, G7, G8, G20

Jedes Jahr findet unter großem Medienrummel und hohem Sicherheitsaufgebot der **G8**-Gipfel statt – als Abkürzung für die Gruppe der 8, also das Treffen der Führungsspitze der acht Länder, die als die mächtigsten der Welt gelten (aktuell seit 2014 G7 – ohne Russland).

Präsident Giscard d'Estaing berief das erste Treffen 1975 in Rambouillet anlässlich der ersten großen Ölkrise ein: Die Idee war einfach, dass die Großen sich ungestört über den Zustand unserer (beziehungsweise ihrer) kleinen Welt unterhalten können. Sie waren zunächst 5 (USA, Japan, Deutschland, Frankreich, Großbritannien), dann 6 (Italien), dann 7 (Kanada) und schließlich 8 (Russland wurde erst 1998 aufgenommen), aber das Prinzip hat sich nicht geändert: Die Versammlung findet an einem Ort statt, den der jährlich wechselnde Vorsitzende auswählt, und soll absolut »informell« sein. Übersetzt aus der Sprache der Großen dieser Welt heißt das, sie wird immer an den exklusivsten Orten abgehalten, unter dem Schutz der halben Armee des Landes, aber man diniert dabei ohne Krawatte und kann reden, worüber man will.

Am Rand des G8-Gipfels von 1999 trafen sich zahlreiche Finanzminister (die der 8 und noch ein Dutzend weitere), um eine Lösung für die damalige Asienkrise zu suchen. 2008 wurde dieser Ministergipfel auf Initiative des Franzosen Nicolas Sarkozy und des Briten Gordon Brown angesichts einer neuen Wirtschaftskrise auf die Ebene der Staats- und Regierungschefs erweitert: Die G20 war geboren. Sie hat die G8 nicht ersetzt, sondern existiert parallel.

Im Gegensatz zu letzterer, wo über alles gesprochen wird, geht es bei der G20 vor allem um Wirtschaft. Ihre Mitglieder sind auf alle Kontinente verteilt (siehe nebenstehende Karte). Die Europäische Union wird vom Präsidenten der Europäischen Kommission und dem Präsidenten der Europäischen Zentralbank vertreten. Die 20 sind also 21.

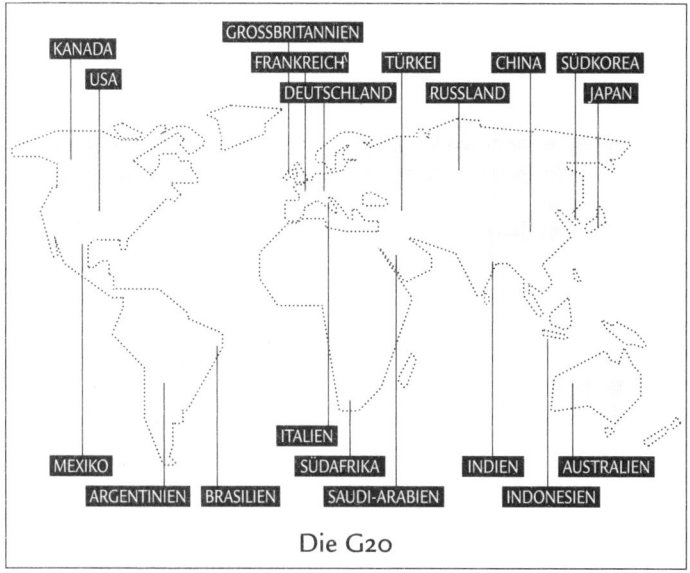

	GROSSBRITANNIEN			
KANADA	FRANKREICH	TÜRKEI	CHINA	SÜDKOREA
USA	DEUTSCHLAND	RUSSLAND		JAPAN

	ITALIEN			
MEXIKO	SÜDAFRIKA		INDIEN	AUSTRALIEN
ARGENTINIEN	BRASILIEN	SAUDI-ARABIEN	INDONESIEN	

Die G20

In den Augen ihrer Gegner sind die G8 und die G20 das Symbol der Arroganz der Mächtigen der Welt und der liberalen Wirtschaftsordnung. Die Zusammenkünfte rufen immer heftige Protestaktionen von Seiten der Globalisierungskritiker hervor, die mitunter hart zurückgedrängt werden. **Carlo Giuliani**, der 2001 bei Demonstrationen gegen die G8 in Genua starb, gilt seither in jenem Lager als Märtyrer. Aus Sicht der Organisatoren sind diese großen Gipfel unverzichtbar für die Stabilität der Welt. Sie führen manchmal zur Feststellung von Meinungsverschiedenheiten und oft zu großen Absichtserklärungen: Vorgehen gegen Steueroasen (1999), gemeinsame Aktion gegen den Terrorismus (2002), Bekämpfung der Klimaerwärmung und der Armut in Afrika (2005). Selbst die objektivsten Beobachter kommen nicht umhin festzustellen, dass diesen Versprechen selten Taten folgen.

1945 stellen die Sieger des Zweiten Weltkriegs – USA, UdSSR, China, Großbritannien, Frankreich – eine große Institution auf die Beine, die alle Länder der Welt vereint und deren oberstes Ziel es ist, für immer den Frieden zu sichern: die Vereinten Nationen (UNO).

Ein Jahr zuvor, im Juli 1944, waren die Alliierten zusammengekommen, um eine Lösung für die Wirtschafts- und Währungsfragen zu suchen. Da ihnen die Krise von 1929, einer der Gründe für die Katastrophe, noch deutlich in Erinnerung war, brachten sie ein neues internationales Währungs- und Finanzsystem auf den Weg, das die Stabilität des Handels sichern sollte. Jede Währung wurde mit einem festen Wechselkurs an die stärkste unter ihnen gebunden: den Dollar, der wiederum dadurch garantiert wurde, dass er in Gold umtauschbar war. Die Stadt, in der die Konferenz abgehalten wurde, heißt **Bretton Woods** (New Hampshire, USA). Das Abkommen über dieses System wurde nach ihr benannt. Das »Bretton-Woods-System« brach Anfang der 1970er-Jahre zusammen, als der Dollar seine Umtauschbarkeit in Gold aufgab und seinen Status als Ankerwährung verlor (siehe Lektion »Wirtschaft«, S. 120). Aber die drei Institutionen, die wir nun vorstellen wollen, der IWF, die Weltbank und die WTO, sind daraus hervorgegangen und verfolgen weiter ihre ursprüngliche Mission.

IWF

Der Internationale Währungsfonds, der durch Anteile aller seiner Mitglieder finanziert wird, hatte den Zweck, das neue System zu kontrollieren und die Stabilität aller dazugehörenden Währungen zu sichern: Deshalb musste er fähig sein, den Ländern zu helfen, die Schwierigkeiten hatten, den Wert ihrer Währung in Bezug zu den anderen aufrechtzuerhalten, die also, im Wirtschaftsjargon, Mühe hatten, ihre **Zahlungsbilanz** auszugleichen. Das tut er auch heute noch. Als eine Art Rettungsmann auf dem großen Geldmarkt kann er einem zu stark verschuldeten Staat Geld leihen, um ihn vor dem finanziellen Ruin zu bewahren, was eine mögliche Katastrophe für alle wäre.

Genau wie alle Finanziers der Welt leiht der IWF selbstverständlich nicht ohne Gegenleistung. Das ist das Problem und der Grund, weshalb er so umstritten ist. Wenn der Fonds seine Dollars herausrückt, verlangt er, dass der Kreditnehmer Reformen in Form von sogenannten **Strukturanpassungsprogrammen** durchführt. Sie gehen immer in die gleiche Richtung: Kürzung der Staatsausgaben; Privatisierung von öffentlichen Einrichtungen; Öffnung aller Sektoren, die bisher möglicherweise auf dem Markt geschützt waren, gegenüber der Konkurrenz, was das Ende von staatlich festgelegten Preisen für bestimmte Produkte bedeuten kann. Für die Experten aus Washington ist dies der einzig mögliche Weg, um eine Wirtschaft wieder in Gang zu bringen. Für die Einwohner des Landes bedeutet das Eingreifen des IWF folglich oft eine Senkung der staatlichen Hilfen, die Entlassung von Beamten, die Ankunft der großen Bankenkonzerne oder ganz einfach einen schwindelerregenden Preisanstieg der Grundnahrungsmittel, da sie nicht mehr subventioniert werden. Deshalb ist die Hilfe des IWF gefürchtet. Seine oft linksorientierten Gegner finden, dieser falsche Rettungsmann ist vielmehr ein brutaler Soldat, der die Schwäche der Staaten ausnutzt, um ihnen die liberale Weltordnung aufzudrücken, die nur dazu dient, die Ärmsten noch ärmer zu machen.

Weltbank

Die Weltbank ist aus einer anderen Notwendigkeit der Nachkriegszeit entstanden: zum Wiederaufbau der zerstörten Städte, besonders in Europa und Japan. Daher die Idee, eine Kreditanstalt (die »Internationale Bank für Wiederaufbau und Entwicklung«) zu gründen, die Geld vorstrecken kann, um dieses Riesenprojekt zu finanzieren. Heute hat die Weltbank eine ähnliche Funktion: Sie leiht armen Ländern Geld, damit sie Infrastrukturen, Straßen, Brücken und Krankenhäuser bauen können, die sie auf den Weg der Entwicklung bringen.

WTO

Außerdem sollte der Welthandel wieder angekurbelt werden durch den Abbau möglichst vieler Zollschranken zwischen möglichst vielen Staaten auf einmal, und nicht mehr nur zwischen jeweils zweien, wie es vorher üblich war. Die ersten Verhandlungsrunden finden im Rahmen des sogenannten GATT (*General Agreement on Tariffs and Trade*, dt. Allgemeines Zoll- und Handelsabkommen) statt. 1995 wird es von einer festen Institution ersetzt: der WTO (*World Trade Organization*), dt. **Welthandelsorganisation**, deren Ziel es ist, den Freihandel zwischen allen Staaten der Welt zu fördern. Sie hat auch die Macht, jene Staaten zu sanktionieren, die die unterzeichneten Abkommen nicht einhalten. Die Organisation startet regelmäßig mit allen Mitgliedern neue, endlose Verhandlungen zu diesem oder jenem Sektor: die **Welthandelsrunden**. Bei der letzten, 2001 eröffneten »Doha-Runde« geht es speziell um den Agrarhandel. Die Verteidiger der WTO sind der Ansicht, die Organisation ermögliche es allen Staaten, einander auf der großen Bühne des internationalen Handels gleichberechtigt zu begegnen, und trage so langfristig zum Wohl der ärmsten bei. Ihre Gegner sagen das Gegenteil: Wie der IWF und die Weltbank ist die

WTO für sie nur ein Club der reichen Länder mit dem Ziel, die schwächsten noch ein bisschen mehr zu unterdrücken.

Der Container

Man sieht ihn in Shanghai, findet ihn in Rotterdam wieder und vermutet ihn in Rio, während er schon nach Singapur segelt. Dieser unermüdliche Reisende über Meere und Straßen ist vielleicht nicht besonders elegant, aber er ist unbestreitbar das Symbol der Globalisierung. Der Container, diese große Metallkiste, die man an den Anlegeplätzen aller Häfen der Welt sieht, wurde in den 1950er-Jahren von dem amerikanischen Transportunternehmer Malcom McLean erfunden, der es satt hatte, die Ware aus seinen Lastwagen aus- und daraufhin in andere Lastwagen, Züge oder Schiffe einladen zu müssen. So entstand die geniale Idee, die gesamte Ladung in eine Kiste zu packen, die als Ganzes verladen wird. Sein dickes Baby hat noch immer die Maße von damals, mit denen es heute überall eingesetzt werden kann: Die Standardcontainer sind 8 Fuß (2,44 m) breit und 20 Fuß (6,06 m) oder 40 Fuß (12,19 m) lang. Sie transportieren alles bis auf Flüssigkeiten (Erdöl) oder Schüttgut (Kohle). Zu Beginn unseres Jahrhunderts zirkulierten mehr als 11 Millionen auf dem Planeten. Inzwischen erfüllen sie sogar noch andere Funktionen: In Amsterdam und später Le Havre wurden daraus Studentenwohnungen gebaut. In London entstand ein ökologisches und günstiges Mikrostadtviertel namens Container City.

Die kleinen Neuzugänge

Bei ihrer Gründung 1945 hatte die UNO 51 Mitglieder. 2012 waren es 193. Begrüßen wir die kleinen Neuzugänge des 21. Jahrhunderts:

Tuvalu (2000 aufgenommen, Hauptstadt Funafuti) ist ein kleines polynesisches Archipel von 26 km². Dieser Mikrostaat braucht eine große Instanz, um sich Gehör zu verschaffen. Er gehört zu den Ländern, die am stärksten vom steigenden Meeresspiegel infolge der Klimaerwärmung bedroht sind. Nun ist er der Gemeinschaft der Nationen beigetreten in der Hoffnung, nicht als einer der ersten wieder daraus zu verschwinden.

Serbien (2000 aufgenommen, Hauptstadt Belgrad) und **Montenegro** (2006 aufgenommen, Hauptstadt Podgorica) sind als letzte exjugoslawische Länder der UNO beigetreten. Slowenien, Kroatien, Mazedonien und Bosnien-Herzegowina wurden bereits in den 1990er-Jahren aufgenommen.

Die ehemalige serbische Provinz Kosovo hat sich 2008 unabhängig erklärt, wird aber von vielen Ländern nicht anerkannt.

Osttimor (2002 aufgenommen, Hauptstadt Dili): Diese Hälfte der Insel Timor (Südostasien) war früher eine portugiesische Kolonie und wurde später vom mächtigen Indonesien annektiert. Sie schaffte es erst am Ende des letzten Jahrhunderts, sich zu befreien.

Die **Schweiz** (2002 aufgenommen, Hauptstadt Bern) könnte man in dieser Liste für einen Scherz halten. Das ist sie nicht. Genf ist seit Gründung der UNO ihr zweiter offizieller Sitz (nach New York), aber die Eidgenossenschaft war bis dahin zu sehr um ihre Neutralität besorgt, um beizutreten.

Der **Südsudan** (2011 aufgenommen, Hauptstadt Juba) entstand nach Abspaltung vom Sudan.

Wie kann man die Länder der Welt in eine Rangfolge bringen?

Um den Wohlstand eines Landes zu bestimmen, geht man normalerweise so vor, dass man alles zusammenzählt, was an Waren und Dienstleistungen in einem bestimmten Zeitraum hergestellt bzw. erbracht wurde: Diese Summe ergibt das Bruttoinlandsprodukt (BIP). Seine Veränderung von einem Jahr zum anderen in Prozent dient als Messgröße für das **Wirtschaftswachstum** (oder, im Fall eines Rückgangs, für die Rezession).

Das BIP wird auch verwendet, um die Länder in eine Rangfolge zu bringen: Wenn man sagt, die Vereinigten Staaten seien die »erste Wirtschaftsmacht der Welt«, China die zweite, Japan die dritte, Deutschland die vierte und Frankreich die fünfte (Zahlen 2013), spricht man von ihrem jeweiligen BIP.

Dieser Indikator ist sehr ungenau. Er wird von manchen Ökonomen kritisiert, weil er nur die Finanzen berücksichtigt. Das kann in der Tat verrückt sein: Ein Autounfall erzeugt viel Umsatz (Kosten für die Reparatur, den

Krankenhausaufenthalt, möglicherweise die Beerdigung), trägt also nach dieser Berechnungsweise zum Wohlstand des Landes bei. Diese sakrosankte Zahl stört übrigens auch die Geografen, weil sie nichts über die Unterschiede innerhalb eines Landes und die Lebensweise der Menschen dort aussagt. Deshalb hat die UNO beschlossen, einen anderen Indikator einzuführen, der von dem indischen Wirtschaftswissenschaftler Amartya Sen erarbeitet wurde: den **Human Development Index** (HDI, dt. Index für menschliche Entwicklung). Er berücksichtigt den Lebensstandard, die Lebenserwartung sowie den Alphabetisierungs- und Bildungsgrad der Bevölkerung. Sein Wertebereich liegt zwischen 0 und 1. Länder mit einem Wert von über 0,8 gelten als entwickelt.

Die Spitzenreiter des HDI 2012 waren:

1	Norwegen	0,965
2	Australien	0,938
3	Vereinigte Staaten	0,937

Und diese Ränge belegen die anderen oben genannten Länder:

5	Deutschland	0,920
10	Japan	0,912
20	Frankreich	0,893
101	China	0,699

III. Besuch bei den
──── Großen von morgen ────

In der zweiten Hälfte des 20. Jahrhunderts war die Welt so einfach wie selten in ihrer Geschichte, zumindest oberflächlich betrachtet. Ein einziges Duell bewegte die Gemüter: Das Match zwischen den »beiden Supermächten«, den zwei überrüsteten Rivalen USA und UdSSR, die sich den Globus streitig machten und alle beide in der Lage waren, ihn innerhalb von Sekunden in die Luft zu jagen.

Der Kampf endet 1991 mit einem K. o. Der Zusammenbruch des sowjetischen Kommunismus lässt ein noch einfacher zu erfassendes Zeitalter erwarten. Einen Planeten mit einem einzigen strategischen Herrscher, den Vereinigten Staaten, wirtschaftlich gesichert von den drei traditionellen Polen des Wohlstands und der Entwicklung der Welt, der »Triade«, wie die Geografen sie nennen: Nordamerika (Kanada, USA), Europa und Japan.

Zwanzig Jahre später wirkt der Riese, wie wir bereits erklärt haben, geschwächt, niedergedrückt von seinen Defiziten und seiner Finanzkrise, erschöpft von seinen gescheiterten Militäreinsätzen (Irak, Afghanistan). Seinen alten europäischen und japanischen Verbündeten geht es auch nicht besser. Während andere bereits darauf lauern, ihren Platz an den Schalthebeln des Planeten zu übernehmen.

Zugegeben, bis zum Ende des letzten Jahrhunderts sahen nur wenige von uns sie kommen. Eine andere große Trennung zwischen den Nationen machte uns kurzsichtig. Auf der einen Seite gab es die reichen, entwickelten Länder. Auf der anderen Seite alle anderen: die »Dritte Welt«, die »Entwicklungsländer«. Seit den 1970er-/1980er-Jahren haben wir unser Urteil feiner abgestuft: Einige

Die großen Seewege

Von China aus gesehen

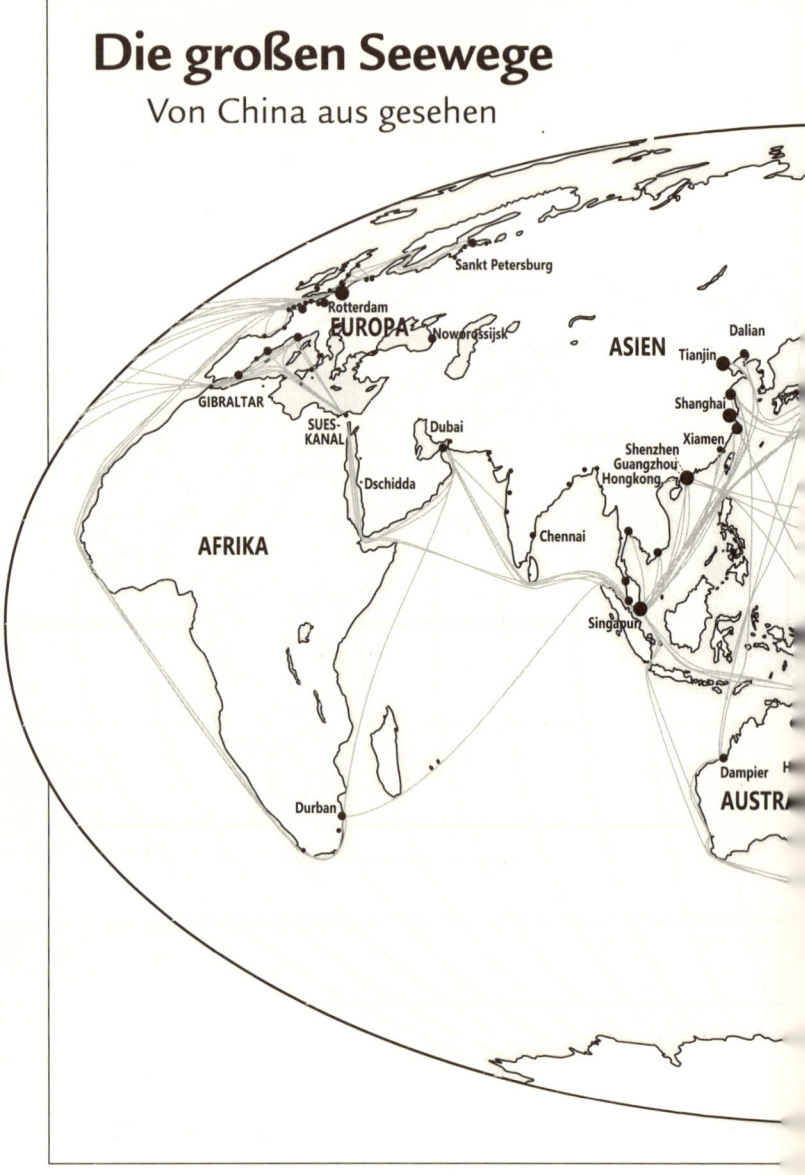

Entwicklungsländer sind in die »Zweite Welt« aufgestiegen. Manche erhielten in den 1980er- und 1990er-Jahren sogar Einlass in den Club der reichen Länder, wie die vier **Tigerstaaten** Singapur, Südkorea, Taiwan und Hongkong (siehe S. 244). Andere waren kurz davor. Diese Länder mit boomender Wirtschaft, hohen Wachstumsraten, steigendem Lebensstandard und liberalem Handel nannte man **Schwellenländer**.

Die größten dieser »Schwellenländer« sind nun auf dem besten Weg, die Welt von morgen zu regieren.

Diese umfassende Wende im großen weltweiten geopolitischen Spiel nennt man die **Neuordnung der Welt**. Sie ist die gravierendste Veränderung im jungen 21. Jahrhundert.

Noch ist nichts gewonnen oder verloren. Ist der Westen eine »untergehende Sonne«, wie der Geograf Jean-Christophe Victor* schreibt, ein Stern, der immer mehr an Leuchtkraft verliert, bis er von anderen überstrahlt wird, so wie er selbst vier Jahrhunderte lang (vom 16. bis ins 20. Jdh.) die Welt beherrscht hat? Oder hat er noch Kraftreserven, um seinen Rang zu verteidigen?

Die Vereinigten Staaten sind noch immer die erste Militärmacht des Planeten. Mithilfe ihrer überragenden Truppenstärke, ihrer hochentwickelten Rüstungsgüter und ihrer Flugzeugträger sind sie vor allem in der Lage, diese Macht überall demonstrieren, wo sie wollen, ein Vorteil, den in diesem Maß keine Nation teilt. Durch die Qualität ihrer Universitäten, die Arbeit ihrer Forscher und ihre Kultur der Freiheit sind sie noch immer führend im Bereich der wissenschaftlichen Recherche und technologischen Innovation. Aber das heißt noch lange nicht, dass sie es für immer bleiben werden.

* *Le Dessous des cartes*, Éditions Tallandier / Arte Éditions, 2011.

Europa könnte alles haben; was ihm fehlt, ist die Einheit. Wenn es ein einziges Land wäre, mit einer einzigen Wirtschaftspolitik, einem einzigen diplomatischen Kurs und einer einzigen Armee, wäre es die größte Macht der Welt. Geteilt hat es diese Stärke nicht.

Diesen beiden stehen einige heranwachsende Riesen gegenüber. Sie werden oft mit einem Akronym zusammengefasst, das 2001 von einem Finanzanalysten geprägt wurde: BRIC für Brasilien, Russland, Indien, China. Bald ist noch ein S hinzugekommen (BRICS), der Anfangsbuchstabe von Südafrika. Dieses Land ist in der Tat die neue große stabile Säule des schwarzen Kontinents.

Seit 2009 trifft sich die Führungsspitze dieses Fünferclubs nach dem Vorbild der G8 einmal im Jahr.

Andere Experten halten die Gruppe der BRIC-Staaten für schlecht zusammengesetzt, weil Russland nicht zu den anderen passt. Die ehemalige Supermacht hat noch immer einen enormen Trumpf in der Hand: Ihren Reichtum an Rohstoffen aller Art (Erdöl, Gas, Metall und nicht zu vergessen Holz). Aber sie leidet unter zwei gewaltigen Problemen: einer schlechten Demografie (die Russen bekommen wenig Kinder, und durch Alkohol- und Gesundheitsprobleme allgemein sinkt ihre Lebenserwartung) und einem von Korruption durchwachsenen Staat.

Statten wir den drei übrigen Ländern einen Besuch ab:

Offizieller Name: Volksrepublik China
Hauptstadt: Peking
Einwohnerzahl 2011: 1,34 Milliarden

Drei Zahlen:

Chinesisches BIP		
1981	*2001*	*2011*
194	**300**	**6 988**
Milliarden $	**Milliarden $**	**Milliarden $!**

Man muss kein Statistik-Ass sein, um zu erkennen: Die chinesische Wirtschaft wächst so schnell, dass einem schwindelig werden kann. 2010 ist das Land zur zweiten Wirtschaftsmacht des Planeten und zum ersten Exporteur weltweit aufgestiegen. Und es hat gewiss nicht vor,

sich damit zu zufriedenzugeben. Die Frage ist nicht, ob es eines Tages die oberste Stufe des Treppchens erklimmen und die USA verdrängen wird, sondern wann. Das amerikanische Magazin *The Economist* hat seine Leser im Dezember 2011 sogar zu einem Spiel eingeladen: Man kann auf das Datum tippen, zu dem das große Überholmanöver stattfinden wird*.

Das Land begann sich Ende der 1970er-Jahre von den kontroversen, brutalen Kampagnen des Diktators Mao zu erholen, als sein Nachfolger Deng Xiaoping beschloss, die Wirtschaft zu öffnen, ohne jedoch offiziell mit dem Kommunismus zu brechen, und so dieses absurd erscheinende System erschuf, das dennoch seit über dreißig Jahren funktioniert: die Verbindung von zügellosestem Kapitalismus mit einem ausnehmend rigorosen Einheitsparteiensystem.

Das Land wurde zur **Werkbank der Welt**, einer riesigen Fabrik, die alles – Spielzeug und Schuhe, Computer und Weihnachtsdeko – in ungeheuren Mengen herstellen und zu niedrigen Preisen verkaufen kann. Dazu trägt freilich auch ein Sozialsystem bei, das nicht teuer ist: Viele Arbeitskräfte sind unterbezahlt und arbeiten unter Bedingungen wie im 19. Jahrhundert.

Heute zielt China höher und weiter. Das Land behauptet, nicht das geringste Interesse an Eroberungen zu haben: Peking fährt offiziell die Schiene der **friedlichen Entwicklung**. Das Ziel ist, wieder zur ersten Weltmacht zu werden, die es bis ins 18. Jahrhundert war, und zwar in allen Bereichen – Technologie, Kultur, Medizin. Um das zu erreichen, schreitet es allmählich in alle Richtungen voran: Der erste »Taikonaut« (die chinesische Bezeichnung für Raumfahrer) wurde 2003 ins All geschickt. Bei allen großen Krisen auf der Welt sind die chinesischen Diplomaten nunmehr

* *The dating game*, www.economist.com.

bestrebt, ihre Stimme vernehmen zu lassen. Das Land verfügt über ein gewichtiges Argument gegen seinen großen amerikanischen Rivalen: 2010 besaß es ein Viertel von dessen Auslandsverschuldung (das heißt, China kauft mit seinen kolossalen Handelsgewinnen große Mengen der »Bonds« oder Schuldverschreibungen, die die amerikanische Finanzverwaltung ausstellt, wenn sie sich Geld leiht, um ihre Haushaltslöcher zu stopfen). Mit dem Rest seines gigantischen Devisenpolsters investiert Peking weltweit im Ausland, um sich mit dem zu versorgen, was ihm fehlt: Lebensmittel und Rohstoffe. Überall in Afrika und Südamerika kaufen die Chinesen riesige landwirtschaftliche Nutzflächen, beteiligen sich an Bergbau- und Erdölfördergesellschaften oder pachten ganze Infrastrukturen als zukünftige Handelssitze, so einen Teil des Hafens von Piräus in Griechenland oder auch das ehemalige NATO-Hauptquartier in Châteauroux in Frankreich.

Der Riese hat auch seine Schwächen. Wir haben hier eine Liste davon erstellt – ohne Anspruch auf Vollständigkeit:

- Mangel an Rohstoffen, vor allem zur Energieerzeugung. Erdöl ist, wie gesagt, vorhanden, aber nicht genug, um die enorme Wirtschaft in Gang zu halten. Daher die Notwendigkeit, mit Produktionsländern Bündnisse zu schließen und die Lieferwege zu sichern (zum Beispiel durch die Errichtung von Militärbasen, um die Schiffe zu schützen).
- Die Abhängigkeit der Wirtschaft vom Ausland: Ein großer Exporteur zu sein, ist ein Vorteil, solange der Rest der Welt genug Geld hat, um zu kaufen, was man exportiert.
- Das schwache Sozialsystem: Wie lange werden sich die chinesischen Arbeiter noch so behandeln lassen?
- Korruption und Bürokratie, was Geschäfte kompliziert und Investitionen unsicher macht.

■ Die Frage der ethnischen Minderheiten wie der Tibeter und Uiguren (Moslems im Osten des Landes), deren Bestrebungen nach mehr Freiheit mit harten Repressionen unterdrückt werden, was hohe Rüstungsausgaben verursacht und viele Menschenleben kostet.

Hard und Soft

Um an Einfluss zu gewinnen, kann ein großes Land auf die traditionellen Machtinstrumente zurückgreifen: die Armee, die Wirtschaft, die Diplomatie. Diese nennt der amerikanische Politologe Joseph Nye **Hard Power** – die harte Macht. Er bezeichnet sie so, um sie anderen, nicht weniger ausschlaggebenden Faktoren gegenüberzustellen: der **Soft Power**, der weichen Macht, die durch die Kultur, das Kino, die Attraktivität des Lebensstils ausgeübt wird. Darin sind die Vereinigten Staaten bis heute unschlagbar. Wer würde bestreiten, dass Hollywood, das iPhone, die Jeans oder der *American way of life* mehr zur Festigung der amerikanischen Macht über die Welt beigetragen haben als die Landung von Marinetruppen? China träumt deshalb ebenfalls von Soft Power. Die Ausrichtung der Olympischen Spiele in Peking (2008) war eine Bemühung in diese Richtung, ebenso wie die Ausbreitung der **Konfuzius-Institute** (Kulturzentren, in denen unter anderem Mandarin unterrichtet wird) weltweit, besonders in Asien, oder die Produktion internationaler Versionen des Fernsehens CCTV. In diesem Bereich steht Peking jedoch noch ein langer Weg bevor. Seine Kultur lässt sich schlecht exportieren. Der Lebensstil eines Landes, in dem noch immer eine erstickende Diktatur herrscht, bringt nicht viele zum Träumen.

2. Indien

Offizieller Name: Republik Indien
Hauptstadt: Neu-Delhi
Einwohnerzahl 2011: 1,24 Milliarden

Lange Zeit wurde Indien aus westlicher Sicht auf den ewig gleichen Kontrast reduziert: Jahrtausende alte Kultur und bitterste Armut, Maharadscha-Paläste und Bettler an jeder Straßenecke. Wer sich auf den neuesten Stand bringen will, dem sei geraten, diesem Bild ein paar Details hinzuzufügen: zum Beispiel die ultramodernen Bauten von Bengaluro (früher Bangalore), dem Zentrum des »indischen Silicon Valley«, wo sich viele große Call-Center und Computerfirmen angesiedelt und dem Land seinen neuen Spitznamen **Denkfabrik der Welt** eingebracht haben.

Auf der Weltrangliste der Wirtschaft (2011) ist die indische Republik erst auf dem 10. Platz, aber sie hat es weit gebracht. Bis in die 1960er-Jahre hatte sie immer wieder

mit der ältesten Plage der Menschheitsgeschichte zu kämpfen: der Hungersnot. Sie besiegte sie dank der **Grünen Revolution**, dem Übergang zu einer intensiven, industriellen Landwirtschaft, die verwirklichen konnte, was für viele Länder bisher nur ein Traum ist: die Selbstversorgung mit Lebensmitteln – also die Tatsache, dass genug produziert wird, um die eigene Bevölkerung zu ernähren. Ende des 20. Jahrhunderts folgte dann die wirtschaftliche Revolution: massive Investitionen in Bildung auf hohem Niveau, aus der heute die Millionen gut ausgebildeten und, wie man in der Wirtschaft sagt, »wettbewerbsstarken« Informatiker und Ingenieure hervorgehen, die also nicht teuer sind im Vergleich zu ihren westlichen Konkurrenten. Dadurch konnte das Land auch neue führende Fachgebiete voranbringen: die zivile Nutzung der Atomenergie, Generika und Informatik.

Bleiben noch seine Schwächen:
- Die krassen ungelösten sozialen Unterschiede. Die Mittelklasse wächst, doch ein Viertel der Bevölkerung lebt noch immer unterhalb der Armutsgrenze.
- Das ewige Problem mit Pakistan (siehe Lektion »Geschichte«, S. 200), da das Gebiet Kaschmir von beiden Staaten beansprucht wird und schon zu zwei Kriegen zwischen ihnen geführt hat (1947 und 1965). Die Tatsache, dass die alten Feinde nun beide über Atomwaffen verfügen, ist ein gutes Argument, um momentan einen weiteren zu vermeiden, doch die Situation ist für niemanden auf dem Planeten beruhigend.

China ist der andere große Rivale Indiens. Die beiden Länder haben in den 1960er-Jahren sogar einen kurzen Krieg um die Grenzen im Himalaya geführt. Paradoxerweise ist diese Feindschaft auch ein Vorteil für Neu-Delhi. Nach dem alten diplomatischen Grundsatz sind die Feinde meiner Feinde meine Freunde: Je mehr die Vereinigten Staaten sich vor Chinas zunehmender Macht fürchten, desto mehr nähern sie sich Indien an, wie sie es Anfang dieses Jahrhunderts begonnen haben.

--------------- **3. Brasilien** ---------------

Offizieller Name: Föderative Republik Brasilien
Hauptstadt: Brasília
Einwohnerzahl 2011: 196 Millionen

Seit fast einem Jahrhundert kommt kaum ein Text über Brasilien in der Einleitung ohne den berühmten Spottspruch aus, der dem französischen Politiker Clemenceau zugeschrieben wird: »Brasilien ist das Land der Zukunft – und wird es immer sein.« Die gute Nachricht für alle: Das Verfallsdatum des Witzes rückt näher. Brasiliens Zukunft ist im Begriff, sich in Gegenwart zu verwandeln.

Gestern noch auf Fußball und Favelas reduziert, diese immensen Elendsviertel, die das Land verunstalten, stehen ihm heute auch differenziertere und aufwertendere Bilder zu: Wachstum, Macht, internationale Gipfeltreffen, die Olympischen Spiele (Rio 2016) und die weltweit verehrte Ikone Lula, der Ex-Gewerkschaftler, der Präsident wurde (Mandat 2003–2010) und es mit einem Sozialprogramm schaffte, die Armut zu verringern. Der alte Revolutionär wurde ein leidenschaftlicher Demokrat und verhalf dem Land, das bis 1985 unter einer Militärdiktatur litt, zu politischer Stabilität.

Nach der »Werkbank« und der »Denkfabrik« wird auch Brasilien bei der großen internationalen Aufgabenverteilung eine Nische zugewiesen: Seinen hohen Exporten von landwirtschaftlichen Erzeugnissen verdankt es den Spitznamen **Rohstofflager der Welt**. Sein Boden ist reich an verschiedenen Erzen, außerdem verfügt es über das große Naturerbe des immensen amazonischen Regenwalds, dessen Rodung alle Umweltschützer aufzuhalten hoffen.

Es hat, ebenso wie die anderen, auch seine Schwächen:
- Das soziale Gefälle geht zurück, ist aber immer noch gewaltig. Die reichsten 10 % der Bevölkerung verfügen über 48 % des Grundbesitzes, die ärmsten 10 % über 0,7 %.
- Unsicherheit und Gewalt sind noch immer weit verbreitet.
- Die Infrastrukturen sind schlecht.
- Das Bildungssystem ebenfalls, auch wenn der Analphabetismus dank der **Bolsa Família** zurückgegangen ist. Dieses Sozialprogramm wurde von Lula durchgesetzt und unterstützt mittellose Familien unter der Voraussetzung, dass sie ihre Kinder in die Schule schicken.

Tiger und Löwen

In den 1970er- und 1980er-Jahren nannte man die vier entwicklungsstarken asiatischen Länder Südkorea, Taiwan, Singapur und Hongkong die vier **Drachen**, oder öfter die vier Tiger. In den 1990er-Jahren bekommen sie Gesellschaft von den vier **Pantherstaaten** Indonesien, Malaysia, den Philippinen und Thailand.

Im 21. Jahrhundert schließt sich Afrika dieser Bewegung an. Dort entwickeln sich große Länder wie das erdölreiche Nigeria oder auch Südafrika. Zwei dieser aufstrebenden Mächte haben ebenfalls einen animalischen Spitznamen verdient: Ghana und Äthiopien sind die afrikanischen **Löwen**.

Die Milliarden von Katar

Sie brauchen eine Finanzierung, träumen davon, was für ein Unternehmen auch immer zu gründen, besitzen aber keinen roten Heller? Versuchen Sie es mit Katar. Warum nicht? Das Golfemirat wurde in den ersten zehn Jahren dieses Jahrhunderts zum größten Investor der Welt und lässt sich offensichtlich durch nichts abschrecken. Es besitzt reichlich Erdöl und vor allem das größte Erdgasfeld weltweit. Damit hätte das kleine Land auch weiterhin so verfahren können wie der Großteil seinesgleichen: Auf seinem Dollarpolster schlummern und sich friedlich an der Rente erfreuen, die seine Bodenschätze ihm einbringen. Als der ehrgeizige Scheich **Hamad al Thani** 1995 den Thron bestieg (seit 2013 regiert inzwischen sein Sohn), beschloss er, mit seinem ganzen Geld etwas Besseres anzufangen: ein an Fläche und Bevölkerung winziges Land

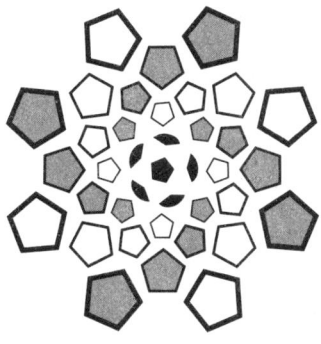

(1,8 Millionen Einwohner, aber nur 200 000 Katarer) in einen wirtschaftlichen und politischen Riesen zu verwandeln. Seither lässt er mit seinem Vermögen Türme bauen (wie in London, wo er den höchsten Wolkenkratzer Europas errichtete), finanziert alle möglichen Vereinigungen (und vor allem islamistische Bewegungen) und kauft alles und überall: Goldminen, griechische Banken, Unternehmen, fantastische Kunstsammlungen und Sportclubs. Um die Stimme seines Landes vernehmen zu lassen, steht ihm ein erstklassiges Mittel zur Verfügung: der Nachrichtensender **Al Jazeera**, den man auch das arabische CNN nennt. Um seinen Einfluss dauerhaft zu sichern, hat das Emirat noch mehr vor: die Ausrichtung der Fußballweltmeisterschaft 2022.

Ist Ihr Land in der Lage, in der Liga der Größten mitzuspielen? Bei den Spitzenreitern, den Champions, den Herrschern über die Welt? Im Jargon der internationalen Beziehungen nennt man das einen Global Player – einen planetaren Akteur, wenn man so will, aber das klingt weniger aufregend. Um sich mit ihnen an einen Tisch setzen zu können, muss man drei Trümpfe in der Hand haben: eine gute Demografie – also genug Nachwuchs für die Zukunft und viele Konsumenten, um die Wirtschaft in Schwung zu halten –, einen guten technologischen Standard sowie leichten Zugang zu Rohstoffen, besonders zu energetischen. Die Vereinigten Staaten verfügen bereits über alle drei. China tut alles, um sie zu bekommen (technologische Aufholjagd und Sicherung der Erdölversorgung). Die Europäische Union hat die Technologie, aber ihre anderen beiden Karten sind schwach. Ihre Bevölkerung altert und ihre energetischen Ressourcen sind unzureichend. Daher die Idee, die schon lange in gewissen diplomatischen Kreisen diskutiert wird und vom »Arabischen Frühling« neuen Aufwind bekam, auf eine enge Partnerschaft mit den Maghreb- und Nahoststaaten zu setzen. Sie haben, was Europa fehlt: Jugend, Gas und Öl. Die Union hat die Technologie. Zusammen haben sie alles, was nötig ist, um auf der ganzen Welt den Ton anzugeben.

Lektion 8

Gemein-
schaftskunde

Zunächst versuchen wir zu verstehen,
wie Europa funktioniert, und machen
dann einen Ausflug ins Land der
neuen politischen Ideen.

I. Wie funktioniert
—— die Europäische Union? ——

Seien Sie ehrlich. Kaum haben Sie diese Überschrift gelesen, möchten Sie auch schon Reißaus nehmen. Was gibt es Langweiligeres als die europäischen Institutionen und diesen ganzen Brüssel-Kram mit seinen »Haushaltsmarathons«, seinen Gipfeltreffen, seinen Kommissionen und Richtlinien, von denen man seit Jahrzehnten in den Nachrichten hört, ohne je irgendwas zu verstehen.

Wollen Sie ein gutes Argument hören, um Ihre Einstellung zu ändern? Machen Sie sich den Vorteil bewusst, den Ihre Trägheit zu vielen Leuten verschafft. Die Europagegner profitieren davon: Sie können dadurch in aller Ruhe den größten Blödsinn erzählen. Und das kann man ihnen nicht mal vorwerfen.

Sie ist auch für den Großteil derer, die uns regieren, ein reiner Gewinn, und das ist viel schlimmer. Durch die fortdauernde Ignoranz können sie Europa weiter die Rolle spielen lassen, die sie ihm so gern zuschreiben: die des idealen Vorbilds oder wahlweise des perfekten Sündenbocks. Wenn von der Union, also den 28, eine Maßnahme verabschiedet wird, die die Wählerschaft dieser Politiker begünstigt, kehren sie mit stolzgeschwellter Brust in ihr Land zurück: Vergessen ist die gemeinsame Arbeit, vergessen die Kraft durch das Bündnis aller; der großartige Sieg ist ausschließlich ihrem alleinigen Heldentum zu verdanken. Erfolgt eine unbeliebte Maßnahme, die einer ebenso gemeinsamen Politik entstammt, ist eine genauso großmäulig kommentierte Kehrtwende zu beobachten: Alles Unheil hat einen einzigen Ursprung, »Brüssel«! Aber was ist dieses »Brüssel«, wenn nicht ein Teil von ihnen, also von uns? Genau das wollen wir nun verstehen.

Das Europa der 28

Eine seltsame Mischung

Man muss schon sagen, das System der europäischen Institutionen erschließt sich nicht gerade auf den ersten Blick. Das liegt an seiner komplizierten Geschichte. Seit sechzig Jahren arbeiten Leute an dem Projekt, die nicht die gleiche Vorstellung davon haben, was sie aufbauen wollen. Die einen träumen von einem richtigen Föderalstaat, den Vereinigten Staaten von Europa, mit einer wahren zentralen Macht, gestützt durch eine Hauptstadt, eine Polizei, eine Armee und einen Präsidenten, der mit einer einzigen Stimme zur Welt sprechen kann. Die anderen tun alles, um das zu verhindern: Jede noch so geringe Abgabe der Macht einer Nation an eine höhere Instanz (die sogenannte Überstaatlichkeit) bereitet ihnen Bauchschmerzen. So entstand diese merkwürdige Mischform, die selbst Spezialisten so schwer beschreiben können, dass sie dafür auf eine alte lateinische Formulierung zurückgreifen. Die Europäische Union, liest man in Fachbüchern, ist weder ein Bundesstaat noch ein einfacher Bund souveräner Staaten, sondern ein »Gebilde *sui generis*« – auf Deutsch ein »Gebilde eigener Art«. Mit anderen Worten, unsere Union ist ein seltsames Ding, das es nirgendwo sonst auf der Welt gibt. Das hatten wir schon vermutet. Komischerweise schafft sie es doch, trotz der wiederholten Krisen und des Spotts, mit dem sie seit sechzig Jahren überschüttet wird, zu funktionieren, und zwar gar nicht mal so schlecht. Grund genug, uns einmal näher anzusehen, wie.

RIP, europäische Verfassung

Um den Bürgern die Funktionsweise der EU nahezubringen, beschlossen die Mitgliedsstaaten Anfang der 2000er-Jahre, einen endgültigen, einfachen, lesbaren und klaren Vertrag vorzulegen, der alle anderen zusammenfasst. Er sollte Europa eine Art »Verfassung« geben. Die wenigen Furchtlosen, die damals versucht haben, ihn ganz durchzulesen, erinnern sich bestimmt, dass es bei dieser Strafarbeit in Sachen Klarheit noch Luft nach oben gab. Er hatte dennoch den Vorteil, den Stapel von Texten zu ersetzen, der bis dahin als die gemeinsame Spielregel galt. Dieser »Vertrag über eine Verfassung für Europa« (VVE) wurde 2004 von den 25 damaligen Mitgliedern feierlich in Rom unterzeichnet. Es fehlte nur noch ein Schritt: die Genehmigung seiner **Ratifizierung** durch die betroffenen Völker oder ihre Parlamente. 18 sagten Ja. Nur zwei – Frankreich und die Niederlande – sagten nach Referenden Nein. Was tun? Alle noch einmal abstimmen lassen aufgrund des Protests zweier Völker? Oder voranpreschen und diese beiden Stimmen missachten? Diese Streitfrage blockierte den gesamten Prozess und führte dazu, dass der schöne Verfassungsvertrag begraben wurde. Also kehrte man zu den alten Gepflogenheiten zurück: zu Texten, die unter der Schirmherrschaft der Staats- und Regierungschefs verfasst wurden. Der Text, der aus der Sackgasse hinausführen sollte, wurde beim Gipfel von Lissabon (2007) angenommen. Man nennt ihn der Einfachheit halber den »Vertrag von Lissabon«. Er bestimmt jetzt in den 2010er-Jahren die Regeln, nach denen die EU funktioniert.

Das Dreieck

Wir haben von einem Mischgebilde gesprochen. Man könnte es auch als dreibeinige Ente bezeichnen. Denn die Union ruht auf drei Säulen, die das »institutionelle Dreieck« bilden: die Kommission, der Rat und das Parlament.

---------- 1. Die Kommission ----------

Wenn die Leute »Brüssel« sagen, ist im Allgemeinen sie gemeint. Die Kommission ist der Dreh- und Angelpunkt der EU, auf jeden Fall das Organ, das die Aufgabe hat, sich über nationale Belange zu stellen, um das »gemeinschaftliche Interesse« zu repräsentieren. Um sie mit unseren nationalen Systemen zu vergleichen, könnte man sie als eine Art »Regierung« der Union bezeichnen.

2014 besteht sie aus 28 Kommissaren, einem aus jedem Mitgliedsstaat. Diese repräsentieren wie gesagt nicht die Interessen ihres Landes, sondern die der 500 Millionen Europäer in jeweils dem Ressort, das ihnen zugeordnet ist: Energie, Landwirtschaft, Handel usw.

Die Kommission hat einen Präsidenten, der für fünf Jahre gewählt wird. Die letzten waren Romano Prodi (1999–2004) und José Manuel Barroso (2004–2009), dessen Amtszeit einmal verlängert wurde (2009–2014). Seit 2014 ist es Jean-Claude Juncker.

Die Kommission passt auf, dass die Union gut funktioniert (deshalb nennt man sie auch die »Hüterin der Verträge«). Sie vertritt die EU in bestimmten Bereichen auf internationaler Ebene (zum Beispiel bei Verhandlungen zum Außenhandel) und verwaltet den gemeinsamen Haushalt. Sie ist es auch, die die europäischen »Rechtsakte« (die sogenannten »Richtlinien« und »Verordnungen«) initiiert. Aber sie hat nicht die Macht, sie zu verabschieden. Sie kann sie nur jenen unterbreiten, die darüber entscheiden, ob sie beschlossen werden oder nicht: dem Rat und dem Parlament.

------------------ **2. Der Rat** ------------------

Oh Wonne der Brüsseler Institutionen! Wenn man ohne nähere Bestimmung vom »Rat« spricht, können damit zwei Organe gemeint sein. Die Verwechslungsgefahr ist relativ: Die beiden »Räte« unterscheiden sich auf juristischer Ebene, aber in Wirklichkeit überschneiden sie sich.

Der erste ist der **Europäische Rat**, der aus den Staats- und Regierungschefs aller Mitglieder besteht und zweimal pro Halbjahr, meist in Brüssel, zusammenkommt. Wie man sieht, befinden wir uns hier ganz an der Spitze der Machtpyramide. Daher ist die Versammlung des Europäischen Rats sozusagen das Hochamt der EU, die Gipfelkonferenz, die Parade aller Mächtigen – ein Medienmagnet, bei dem das traditionelle Familienfoto aller unserer führenden Poli-

tiker, brav nebeneinander in drei oder vier Reihen aufgestellt wie in der Schule, nicht fehlen darf.

Seit dem Vertrag von Lissabon wurde beschlossen, den
Kreis um ein zusätzliches Mitglied zu erweitern: einen unabhängigen »Präsidenten des Europäischen Rats«, der von
allen anderen ernannt wird und dessen Aufgabe es ist,
Europa ein Gesicht zu geben. Die Lästerer werden bemer-
ken, dass der letzte Präsident sein Gesicht vor allem gut zu
verstecken wusste: Von 2009 bis 2014 war es der Belgier
Herman Van Rompuy, ein berühmter Unbekannter, dessen
Name fast allen fast nichts sagen wird. Am 1. Dezember
2014 übernahm der polnische Ministerpräsident Donald
Tusk das Amt.

Dieser »Europäische Rat«, die Versammlung der Machthaber, existiert, um in besonders sensiblen Bereichen (zum
Beispiel Sicherheit) zu entscheiden und vor allem dem EU-
Apparat grobe Orientierungen zu geben. Aber er bestimmt
nicht über die Rechtstexte.

Diese Macht fällt unserem zweiten Rat zu: dem **Rat der Europäischen Union**, den man noch mit seinem alten Namen
den »Ministerrat« nennt. Er versammelt in der Tat in sehr
regelmäßigen Abständen die verschiedenen Minister aller
europäischen Länder entsprechend dem Thema, das gerade
auf der Tagesordnung steht: Die Landwirtschaftsminister
werden einberufen, um über landwirtschaftliche Fragen zu
sprechen; die der Industrie für die industrielle Politik usw.

Der Rat ist das mächtigste Organ der Union. Und diese
Macht kann diejenigen beruhigen, die gegen den Föderalismus sind, sowie diejenigen zur Verzweiflung bringen, die
genau darauf hoffen: Sie beweist, dass der Entscheidungs-
prozess innerhalb Europas immer noch zum Großteil in
den Händen der nationalen Regierungen liegt, die bei jedem Treffen von ihren Ministern vertreten werden.

Dieser Rat der Europäischen Union segnet den Haushalt ab, unterzeichnet die Abkommen mit anderen Ländern, koordiniert die großen Linien der Wirtschaftspolitik zwischen den Nationen und legt die gemeinsame Außenpolitik fest. Vor allem ist er die Instanz, die (bei bestimmten Themen zusammen mit dem Parlament) über das gesamte Recht entscheidet, das daraufhin für die 500 Millionen Europäer gilt.

Die große Frage ist also, wie diese Entscheidungen dort getroffen werden. In der Praxis vertraut der Rat am häufigsten auf die gute alte europäische Tradition, die Entscheidungen per Konsens zu treffen: Alle einverstanden? Nächster Punkt.

Manchmal muss auch abgestimmt werden. Aber wie?

Wird nach dem Prinzip der Einstimmigkeit abgestimmt?

Nur bei sehr wichtigen Fragen, zum Beispiel über den Beitritt neuer Mitglieder. Bei 28 Ländern ist das nicht einfach.

Wird so abgestimmt, dass jedes Mitglied eine Stimme hat?

Wie sollte Malta, der kleinste Mitgliedsstaat mit 400 000 Einwohnern, gleich viel Gewicht haben wie Deutschland, der bevölkerungsreichste, mit 80 Millionen? Das wäre den deutschen Bürgern gegenüber nicht fair.

In den meisten Fällen muss bei einer Abstimmung eine **qualifizierte Mehrheit** erreicht werden. Jedem Staat wurde entsprechend seiner Bevölkerungszahl eine bestimmte Anzahl von Stimmen zugewiesen. So haben Frankreich, Italien, Deutschland und Großbritannien – die »Großen« – je 29 Stimmen, Polen und Spanien 27, und so weiter. Da nie etwas einfach ist im Freudenreich des europäischen Rechts, sieht der Vertrag von Lissabon auch noch einige zusätzliche Abstimmungskriterien vor, die der Gesamtbevölkerung der EU und der Anzahl ihrer Staaten Rechnung tragen, doch wir ersparen Ihnen die Details. Sie haben es schon so weit geschafft, da könnten wird es uns nicht verzeihen, Sie nun so kurz vor dem Ende dieser Lektion noch zu verlieren.

Es gibt den Rat, den Rat und den Rat

Es lässt sich nicht leugnen: Manchmal erscheint die Komplexität der europäischen Institutionen wie ein Witz. Wie wir gerade gesehen haben, gehört schon einiges dazu, um den Europäischen Rat (den Gipfel der Staats- und Regierungschefs der Union) nicht mit dem Rat der Europäischen Union (bei dem sich die Minister treffen) zu verwechseln. Warum die Gemüter nicht noch ein bisschen mehr verwirren, indem man der Liste einen dritten Rat hinzufügt: den Europarat. Glücklicherweise fällt dieser aus unserem Kapitel heraus: Er steht in keinem Zusammenhang mit der Europäischen Union. Es handelt sich dabei um eine internationale Organisation, die 1949 gegründet wurde, schon lange vor den Anfängen der EU. Sie umfasst 47 Staaten und setzt sich hauptsächlich für die Wahrung der Menschenrechte ein. Ihr Sitz ist in Straßburg. Ja, in Straßburg, wie das Europäische Parlament, aber wir haben schon verstanden, dass die beiden überhaupt nichts miteinander zu tun haben.

-------------- **3. Das Parlament** --------------

Alle fünf Jahre sind die 500 Millionen Europäer bei den »Europawahlen« aufgerufen, die Abgeordneten* des Euro-

---

* Im Vertrag von Lissabon wurde festgelegt, dass ihre Zahl ab 2014 auf 751 einschließlich des Präsidenten begrenzt wird.

päischen Parlaments (auch Europaparlament oder EU-Parlament genannt) zu wählen. Dabei ist zu beachten, dass sie dort nach Parteienfamilien und nicht nach Nationalität gruppiert sind.

Da diese Versammlung als einzige unserer drei Institutionen direkt gewählt wird, spielt sie eine wichtige Rolle, um den demokratischen Charakter des Systems zu stärken. Die überzeugten Europäer haben sich daher immer dafür eingesetzt, die Macht des Parlaments zu vergrößern. Diese ist auch tatsächlich immer weiter gewachsen, besonders seit dem Vertrag von Maastricht.

Das Europäische Parlament hat drei verschiedene Rollen:

Es übt die **parlamentarische Kontrolle** über die Institutionen aus, da es die Nominierung einer neuen Kommission genehmigen oder ablehnen und diese sogar während ihres Mandats zum Rücktritt zwingen kann. Durch dieses Vorrecht hat es ein beachtliches politisches Gewicht. Man denke nur an die berühmte Affäre Buttiglione. 2004 schockierte dieser italienische Christdemokrat, der als Justizkommissar nominiert war, zahlreiche Parlamentarier mit als homophob und sexistisch eingestuften Ansichten (er hatte behauptet, Homosexualität sei eine Sünde und die Familie existiere, um »der Frau zu erlauben, Kinder zu bekommen und vom Ehemann beschützt zu werden«). Die Drohung des Parlaments, die ganze Kommission abzulehnen, reichte aus, um ihn zum Rückzug zu bewegen.

Das Parlament kann auch, im Namen derselben Aufsichtspflicht, Untersuchungsausschüsse einrichten, die Öffentlichkeit auf dieses oder jenes Thema aufmerksam machen usw.

Zusammen mit dem Rat übt es **Haushaltsbefugnisse** aus. Das bedeutet, ein Haushaltsplan tritt erst in Kraft, wenn zwischen den beiden Organen eine Einigung gefunden ist.

Anschließend hat das Parlament die Aufgabe, diesen Haushalt zu kontrollieren.

Schließlich arbeitet es heute in immer weiter gefassten Bereichen (Verbraucherschutz, Landwirtschaft, Energie usw.) mit dem Rat der Europäischen Union zusammen, um die **Gesetzestexte zu verhandeln**, die dann für alle gelten. Das nennt man sein »Mitbestimmungsrecht«. Wie beim Haushalt müssen das Parlament und der Rat zu einer Einigung kommen, um ein Gesetz zu verabschieden. Jedoch liegen gewisse Themen wie Gesundheit, Bildung und Kultur noch außerhalb seiner Zuständigkeit.

Wie könnte sich unser Dreieck halten, wenn es keine starke juristische Stütze hätte? Der Europäische **Gerichtshof**, der aus unabhängigen Richtern besteht, garantiert die Befolgung des EU-Rechts, besonders durch die Mitgliedsstaaten. Er hat seinen Sitz in Luxemburg.

Ein paar Beispiele
für die Errungenschaften des Parlaments

Man glaubt, es würde sich in haarspalterischen Debatten über die Zukunft des Kontinents verlieren. Meist ist es jedoch in die alltäglichsten Sorgen seiner Wähler vertieft. Die kostenlose Hilfe, damit Behinderte in Züge und Flugzeuge einsteigen können, die Begrenzung der Handytarife im Ausland oder auch die Entschädigungen, die Passagieren bei Verspätungen oder Ausfällen zustehen, gehören zu den Errungenschaften des Parlaments. Sein beeindruckendstes Werk war die Ausarbeitung von **REACH** (englisches Akronym für die Registrierung, Bewertung, Zulassung und Beschränkung von Chemikalien). Diese monumentale Verordnung von über 800 Seiten soll die Gesundheit und die Um-

---

welt schützen, indem eine strenge Kontrolle für alle in die EU importierten oder in der EU produzierten und genutzten chemischen Substanzen etabliert wird. Sie wurde 2006 verabschiedet und ist 2007 in Kraft getreten. Doch die Baustelle ist so riesig, dass die REACH-Verordnung nicht vor 2018 umgesetzt sein wird.

Die große Herdenwanderung

Europas Charme besteht auch im oft absurden Aufeinandertreffen von Bürokratie und nationalen Empfindlichkeiten. Aus offensichtlichen Gründen der Nähe zur Kommission findet der Großteil der Parlamentssitzungen in Brüssel statt. Aus hauptsächlich geschichtlichen Gründen werden andere Sitzungen an seinem offiziellen Sitz in Straßburg abgehalten, der Stadt, die die komplizierten Beziehungen zwischen Frankreich und Deutschland symbolisiert. Also sind unsere 750 Abgeordneten zusammen mit zahlreichen Beamten, Mitarbeitern etc. seit Jahren zu einer permanenten Herdenwanderung zwischen beiden Städten gezwungen, die viele ärgert und ein kleines Vermögen an Fahrt-, Hotel- und sonstigen Logistikkosten für den gemeinsamen Haushalt bedeutet. Daher wünschen sich viele Mandatsträger, man würde sich für einen einzigen Sitz entscheiden. Aber welchen? Brüssel hält sich für ideal; ist es nicht praktisch schon die europäische Hauptstadt? Nur Frankreich verteidigt hartnäckig seine Stadt Straßburg. Das Dilemma ist umso komplexer, da unsere eindeutig nomadenhafte Institution von einem dritten Basislager abhängt: Der Großteil ihrer Verwaltung befindet sich in Luxemburg.

Schluss mit den bösen Unterstellungen.
Seit es die europäische Integration gibt, ist sie ein Streit-
punkt zwischen jenen, die sie verteidigen, und jenen, die
glauben, sie führe in eine Katastrophe. Ohne die Union,
sagen die Pro-Europäer, würden wir von den großen aufsteigenden Mächten des 21. Jahrhunderts China und Indien verschluckt werden. Einzeln, geteilt, sind unsere
Länder alle zu klein, um diesem Angriff standzuhalten,
und wir werden alles verlieren, was uns wichtig ist: unsere Lebensweise, unser Gesellschaftsmodell.

Falsch, entgegnen die Euroskeptiker mit nationalisti-
scher Tendenz, ihr wollt mit eurem bürokratischen
Monster nur auslöschen, was die Geschichte geschaffen
hat: die Identität unserer Nationen, den Zusammenhalt
unserer Völker. Während die »Befürworter eines alternativen Europas«, wie man die linken Gegner der aktuellen
EU nennen könnte, von einer anderen Ecke aus angrei-
fen: Eure Union ist eine Maschine im Dienst des wirtschaftlichen Liberalismus und des Marktgesetzes. Sie
dient nur dazu, alles zu zerstören, was sich dem entge-
genstellt. Einige von ihnen schlagen deshalb vor, ein anderes Europa aufzubauen, das demokratischer ist und
soziale Fragen besser berücksichtigt, zum Beispiel durch
große gemeinsame öffentliche Einrichtungen.

In dieser Form ist die Diskussion notwendig und
spannend. Sie muss weitergehen, darf nicht abbrechen:
Das Thema ist zu wichtig, weil es unsere Zukunft und
die unseres Kontinents betrifft.

Jedoch unter einer Bedingung: Schluss mit den bösen
Unterstellungen und den falschen Argumenten, die
Europa andauernd entgegengebracht werden. Manche
hört man jetzt schon seit bald fünfzig Jahren immer wie-

der. Es ist an der Zeit, damit einmal aufzuräumen. Hier die drei Hauptpunkte:

1. »Die Leute in Brüssel werden nicht gewählt, also haben sie auch kein Recht, uns ihre Gesetze aufzudrücken.«

Wie wir gerade gesehen haben, werden überhaupt keine Rechtsakte, wie gern behauptet wird, von den Mitgliedern der Kommission verabschiedet, die in der Tat Beamte sind, sondern dafür ist der Rat der Europäischen Union zuständig, also die Minister aller Mitgliedsstaaten. Diese Minister werden zwar nicht gewählt, gehen aber aus dem geltenden demokratischen Prozess unserer jeweiligen Länder hervor. Ihre Legitimität infrage zu stellen, bedeutet also, die Legitimität unserer Demokratien infrage zu stellen. Außerdem haben wir ja gesehen, dass viele Rechtsakte zusammen mit dem Europäischen Parlament beschlossen werden, das sehr wohl gewählt wird. Es gibt also eine einfache Möglichkeit, Europa demokratischer zu machen: Man kann bei den Europawahlen wählen gehen.

2. »Schon, aber wenn diese Entscheidungen von der Mehrheit getroffen werden, heißt das, ein Franzose, ein Bulgare oder ein Spanier kann einem Deutschen etwas vorschreiben.«

Richtig. Vergessen wir aber nicht, dass bei Grundsatzfragen immer noch Einstimmigkeit verlangt wird. Und denken wir außerdem daran, dass Europa prinzipiell immer viel eher nach einem Kompromiss strebt, als seinen Mitgliedern etwas aufzuzwingen. Dennoch kann es vorkommen, dass ein Land Entscheidungen umsetzen muss, die es nicht gewählt hat. Na und? Wenn es bei diesem Thema nicht seinen Willen bekommt, dann eben

bei einem der nächsten. Wenn man zu einer Gruppe gehört und will, dass sie funktioniert, muss man akzeptieren, dass man manchmal mit seiner Meinung in der
Minderheit ist und sich dem Gesetz der Mehrheit beu-
gen muss. Auch das ist Demokratie.

3. »Außerdem heißt es, die Texte aus Brüssel würden
   über den Gesetzen unseres Landes stehen.«
   Wie oft haben wir dieses Argument nicht schon gehört! Tatsache ist, es stimmt. Die Vormachtstellung des
europäischen Rechts gegenüber dem nationalen Recht
wurde schon in den 1960er-Jahren vom Europäischen
Gerichtshof festgelegt. Aber warum soll man das als
ein Sakrileg betrachten? Wenn man nur einen Augen-
blick nachdenkt, erkennt man, dass der eigentliche
Skandal vielmehr die Tatsache ist, dass dieses Prinzip
nicht angewandt wird. Ja, das europäische Recht, wie
übrigens alle Prinzipien aus internationalen Verträgen,
steht über dem nationalen Recht. Wie könnte es auch
anders sein? Stellen wir uns vor, ein deutsches Gesetz
würde zum Beispiel von einem Bürger das Gegenteil
dessen verlangen, was eine europäische Richtlinie empfiehlt. Was würde das bedeuten? Dass das Wort, das
Deutschland seinen internationalen Partnern gegeben
hat, auf seinem eigenen Boden missachtet wird. Schöne
Moral!

Die Europäische Union ist:

**32 000 Beamte
und ihnen gleichgestellte Personen**
davon 25 000 allein im Dienst der Kommission

24 Amtssprachen
aber nur 3 Arbeitssprachen in der Kommission (uff):
Englisch, Französisch, Deutsch

Eine Flagge
ein Kranz von 12 goldenen Sternen
auf azurblauem Hintergrund

Ein Feiertag
der 9. Mai, das Datum der Schuman-Erklärung (1950)

Eine Hymne
Die *Ode an die Freude*,
die Melodie aus der 9. Sinfonie Beethovens

Ein Wahlspruch
Lateinisch: »*In varietate concordia*«
Deutsch: »In Vielfalt geeint«
Ungarisch: »*Egység a sokféleségben*«

II. Eine Rundreise
durch die Politik

Im Land der Politik wandelt sich, zumindest scheinbar, alles nicht so schnell. Jede Wahl schafft in unseren Demokratien neue Machtverhältnisse, Mehrheiten werden auf- und von anderen abgelöst, neue Spitzenpolitiker kommen empor, während ihre Vorgänger nach und nach in Vergessenheit geraten.

Mit Ausnahme der Grünen, die erst in den 1960er-Jahren gegründet wurden, wie anderweitig erwähnt (Kapitel 7 und 10), wirken die großen politischen Familien sehr unveränderlich. Denken wir nur einmal an die Wörter, mit denen sie beschrieben werden: Liberalismus, Sozialismus, Föderalismus, Nationalismus. Alle diese »-ismen« wurden im 19. Jahrhundert erfunden. Das Prinzip, nach dem sie geordnet werden, ist noch älter. Es geht auf die erste Versammlung der Französischen Revolution von 1789 zurück. Dort gewöhnten sich die Abgeordneten, die am wenigsten für die Veränderung waren, an, sich auf den Bänken rechts (vom Sitzungsleiter ihnen gegenüber aus gesehen) zu gruppieren, und diejenigen mit den fortschrittlichsten, revolutionärsten Ideen setzten sich nach links. Seither teilt man die Politik nach diesem Schema ein, auch wenn die Rechte und die Linke von heute nicht viel mit jenen von damals gemeinsam haben: In unserer Zeit gibt es wenige Politiker, die für eine Rückkehr zur absoluten Monarchie plädieren, oder solche, die von der Guillotine träumen, um mit den Feinden des Volks kurzen Prozess zu machen.

Daran sieht man, dass innerhalb dieser Schubladen doch nicht alles so starr ist: die Ideen, Weltanschauungen und Verbesserungsvorschläge entwickeln sich weiter. Das wollen wir uns genauer anschauen, indem wir vier Gruppierungen einen kurzen Besuch abstatten.

-- 1. Die Familie der äußersten Rechten --

Wenn man von den immer spektakuläreren Wahlergebnissen bei jeder Abstimmung seit dem Ende des 20. Jahrhunderts ausgeht, ist das Comeback der Gruppierungen, die man rechts der Rechten einordnet, eine der grundlegenden Tatsachen des politischen Lebens in Europa.

In den einzelnen Regionen können diese Bewegungen sehr unterschiedlich aussehen.

In einigen ehemals kommunistischen Ländern wie Ungarn brüsten sich manche von ihnen skrupellos mit dem Erbe der faschistischen Diktaturen von vor dem Zweiten Weltkrieg.

In vielen nordeuropäischen Staaten hingegen lehnen sie Bezüge zu dieser belastenden Vergangenheit ab und behaupten, sie hätten mit jenen früheren Dämonen überhaupt nichts zu tun und würden neue Kämpfe führen. Bei ihnen spricht man nicht mehr von rechtsextremen, sondern von **populistischen** Parteien. Populismus bedeutet, dass sie sich angeblich auf das »Volk« und nicht auf »Eliten« grün-

Geert Wilders
Niederländischer Populist

den, diese von Natur aus korrupten Politiker, die die Wähler mit Morallehren verblenden und die Wahrheit verschleiern würden, die früher oder später ans Licht dränge.

Eine der wichtigsten Fragen der heutigen Politik ist, ob diese neuartigen Extremisten nun mit jenen von gestern vergleichbar sind oder nicht. Ihr Diskurs hat sich in vielerlei Hinsicht geändert: Was zum Beispiel die Sitten anbelangt, Frauenrechte, die Akzeptanz von Homosexualität, zeigt sich der Großteil dieser neuen Führungskräfte offener als ihre Vorgänger. Auch die angeblichen Auslöser der Probleme haben sich stark verändert. Anfang des 20. Jahrhunderts waren die großen erklärten Feinde der Rechtsextremen die Juden, die als die ewigen Fremden galten, und die Freimaurer, wegen ihrer Opposition zur Kirche. Anfang des 21. Jahrhunderts hat in den meisten populistischen Reden der Immigrant, insbesondere der Moslem, auf der großen Hassliste den Platz des Juden eingenommen, und die Freimaurer sind aus der Mode gekommen; über sie hört man fast gar nichts mehr. Ein guter Ersatz für sie sind die Befürworter der Globalisierung, ein noch besserer die Verfechter Europas, die als ebensolche Schädlinge dargestellt werden: Auch sie planen mit ihren zerstörerischen Ideen die Vernichtung der alten Werte der Nation.

Die Sündenböcke sind nicht mehr dieselben. Der Grund, ihnen die Schuld zuzuschieben, schon: Es geht darum, die »ewige Identität« des Landes zu schützen, die von diesen Elementen bedroht wird.

Die Analyse ließe sich fortsetzen. Im Großteil der neu aufgerollten Diskurse der Populisten von heute finden sich traditionelle Charakteristika der extremen Rechten.

Wir wollen hier drei davon nennen:

1. Die Ablehnung der Gegenwart und die panische Angst vor der Zukunft. Heute läuft alles schlecht, die Werte

werden missachtet, der Respekt ist verloren, Gauner sind an der Macht ... das große Thema des **Verfalls**. Morgen wird durch »sie« alles noch schlimmer. Es ist zwar nicht ganz klar, wer »sie« eigentlich sind und was genau sie im Schilde führen, aber fest steht, die Katastrophe wird kommen.

2. Dabei war doch gestern alles so schön. Einer der Grundsätze des rechtsextremen Denkens ist der permanente Verweis auf ein **vergangenes goldenes Zeitalter**. Die allgemeine Richtung, die dieser ganzen Denkweise zugrunde liegt, lässt sich mit einem Wort zusammenfassen: früher. »Früher«, als es keine Ausländer gab, »früher«, als es kein Europa gab, »früher«, als »unsere« Identität rein und noch von keinem dieser Gifte verschmutzt war. Wann war dieses Früher?, kann man gelassen fragen und an die Reden erinnern, die schon die Urgroßväter, Großväter und Väter dieser Politiker über den Verfall ihrer eigenen Epoche und jene anderen Ausländer hielten, die schon damals eine Bedrohung waren. Das ist das Problem bei all diesen Warnungen vor dem Untergang: Um die Gegenwart und die Zukunft besser zu verunglimpfen, versuchen die Redner nicht, die Geschichte zu verstehen, sondern frieren die Vergangenheit ein.

3. Ein Nationenkonzept, das auf etwas beruht, was die Medien zuweilen **Ausschlussdiskurs** nennen. Wir sprechen für das Volk, sagen die Populisten, und haben dabei eine sehr selektive Vorstellung von diesem Volk. Indem sie zum Beispiel behaupten, ein Moslem werde ewig ein Fremder bleiben, weil seine Religion ihm verbiete, sich in »unsere« Zivilisation zu integrieren, oder ein Kind von Einwanderern, die Europäer geworden sind, sei einem Sohn von Europäern, die in diesem Land geboren sind, nicht ebenbürtig, treffen sie ständig

Unterscheidungen. Für sie gibt es, wie schon immer in der Tradition der extremen Rechten, gute Bürger und schlechte Bürger, also solche, die nicht die richtige Hautfarbe, die richtige Religion, die richtigen Vorfahren haben. Ein Demokrat hat darauf eine ganz einfache Antwort: Für ihn besteht die Nation aus der Gesamtheit ihrer Mitglieder zu einem bestimmten Zeitpunkt, ohne Ausnahme. Kein Politiker hat die Macht zu entscheiden, wer ein Bürger ist und wer nicht, sondern diese Frage regelt das Gesetz. Und das ist in allen Ländern Europas klar: Kein Bürger darf aufgrund seiner Herkunft, seiner ethnischen Zugehörigkeit oder seiner Religion diskriminiert werden.

Ein schwieriger Begriff

Der Sündenbock der Rechtsextremen war lange Zeit der Einwanderer im Allgemeinen. Seit Anfang des 21. Jahrhunderts, nachdem die Welt von den Attentaten des 11. September 2001 erschüttert wurde, haben sie einen neuen Feind, den Moslem – ob er nun eingewandert ist oder nicht. Um die Ablehnung des Islams zu beschreiben und anzuprangern, was vielen wie eine Form von Rassismus erscheint, spricht man oft von **Islamophobie**. Doch der Begriff ist umstritten, da er zweideutig ist. Rassistisch zu sein, bedeutet, einem anderen vorzuwerfen, was er ist: Niemand hat sich ausgesucht, weiß, schwarz oder gelb geboren zu werden, sondern darüber entscheidet die Natur. Islamophob zu sein, bedeutet genau genommen, nicht gegen ein Individuum, sondern gegen eine Konfession zu sein. Das ist eine andere Ebene. In einer Demokratie hat man selbstverständlich das Recht, welche Religion auch immer zu kritisieren; das fällt unter Gedankenfreiheit. Doch indem die rechtsextremen Parteien andauernd behaupten, Muslime seien ein Problem und könnten sich niemals friedlich in Europa integrieren – obwohl die meisten von ihnen dies schon lange tun –, sprengen sie eindeutig den Rahmen der religiösen Debatte und verletzen ein anderes, ebenso grundlegendes Recht: Die Freiheit eines jeden, seine Religion auszuüben.

2. Die Familie
der gemäßigten Rechten

Was die familiären Werte anbelangt, die Art des Lebens in der Gesellschaft, sind die meisten Anhänger der gemäßigten Rechten **konservativ**, das heißt, sie halten an der Tradition fest, wollen die Dinge so belassen, wie sie sind.

Im Bereich der Wirtschaft hingegen werden die Konservativen teilweise zu leidenschaftlichen Verfechtern der größten Freiheit. Ihrer Meinung nach soll sich der Staat nicht in alles einmischen, sondern ohne zu viele Ausgaben geführt werden und sich darauf beschränken, die Sicherheit zu gewährleisten und den Besitz des Einzelnen zu schützen. Ansonsten sollen private Initiativen freie Bahn haben. Wenn es um die Vorstellungen der Rechten zum Thema Wirtschaft geht, benutzt man im Allgemeinen einen anderen Begriff: **Liberalismus**. Er ist aus den Theorien großer Denker des 18. Jahrhunderts, wie des schottischen Ökonomen Adam Smith, hervorgegangen. Das Comeback des Liberalismus in neuer Form hat die Politik gegen Ende des 20. Jahrhunderts entscheidend geprägt. Seine Infragestellung, nach der Kritik an seinen Exzessen, prägt die Politik zu Beginn der 2010er-Jahre. Rufen wir uns diese Geschichte schnell noch einmal ins Gedächtnis.

In den Jahrzehnten nach dem Zweiten Weltkrieg verlor die alte Doktrin an Einfluss. In den meisten westlichen Gesellschaften war der private Sektor zurückgegangen, und der Staat hatte mit seinen enormen öffentlichen Diensten und seinen während der Krise der 1930er-Jahre oder nach dem Krieg verstaatlichten Unternehmen einen bedeutenden Platz in der Wirtschaft eingenommen. In den 1960er- und 1970er-Jahren gehen große Denker in die Offensive, um mit diesem Modell Schluss zu machen. Die berühmtesten sind der amerikanische Ökonom **Milton Friedman** (1912–2006) und der Österreicher **Friedrich Hayek** (1899–1992), die beide den Nobelpreis erhielten. In ihren Werken erneuern und modernisieren sie die liberale Theorie; deshalb wird die von ihnen begründete Bewegung auch als **Neoliberalismus** bezeichnet. Dieser lässt sich ganz einfach zusammenfassen: Das Problem ist der Staat. Weg mit diesem fetten Monster, das mit seinen pedantischen Vorschriften, zu hohen Steuern, unfähigen öffentlichen Diensten und lästigen Verbündeten – den Arbeitergewerkschaften, die nur den Weg zum Wohlstand blockieren – die unternehmerische Freiheit einschränkt. Die Lösung heißt »Deregulierung« (also der Rückzug des Staats aus den Wirtschaftszweigen, in denen er präsent war) und »Öffnung für den Wettbewerb«. Der amerikanische Präsident Ronald Reagan (an der Macht von 1981 bis 1989) und die britische Premierministerin Margaret Thatcher (an der Macht von 1979 bis 1990) setzen dieses Programm buchstabengetreu um. Immer mehr Länder folgen ihrem Beispiel. Allmählich verbreitet sich auf der Welt die Vorstellung, dies sei die einzig wirksame Herangehensweise, um den Handel und die Wirtschaft anzukurbeln und Wohlstand zu schaffen.

Die große Krise von 2008 hat dieser langen Bewegung ein jähes Ende bereitet und all jenen, die seit dreißig Jahren dagegen sind, ein gewichtiges Argument in die Hand gelegt. Wie kann man nur übersehen, zu welchen Exzessen der »Laissez faire«-Stil geführt hat? Ist der Kapitalismus denn nicht, weil man ihm die Zügel abgenommen hat, so außer Rand und Band geraten, dass er die Welt fast in den Abgrund gerissen hätte (vgl. S. 127)? Und sie ist nur deshalb nicht gestürzt, weil alle den alten Wirtschaftsakteur zu Hilfe gerufen haben, der dreißig Jahre zuvor als so obsolet galt: den Staat. Plötzlich war er nicht mehr ein Problem, sondern ein Retter.

Diese Katastrophe hat im Herzen der gemäßigten Rechten einen wahren Schock ausgelöst und viele Fragen aufgeworfen. Die meisten großen Politiker der westlichen Welt, selbst jene, die erst wenige Monate zuvor aufgrund ihrer Versprechungen des alten Heilmittels der Deregulierung des Markts gewählt worden waren, sprachen sich entschieden für die Rückkehr des Staats auf die Bühne der Wirtschaft aus. Alle, Amerikaner, Deutsche, Franzosen usw., betonten immer wieder, nach den jüngsten Ereignissen sei es dringend notwendig, »den Kapitalismus zu reformieren«.

Conservative Party (UK)

Obwohl dies traditionell ein Thema der Linken war, haben viele Mitglieder der großen Familie der gemäßigten Rechten in Europa darüber gesprochen. Aber noch hat keiner gesagt, wie man vorgehen soll, um das zu erreichen.

Die Neokons

Nach den Neoliberalen der 1980er-Jahre sind in den USA weitere »Neos« aufgekommen, die Neokons, als Abkürzung für **Neokonservative**. Die theoretische Grundidee dieser weit rechts eingeordneten Bewegung ist, mit dem laschen Pazifismus, der ihr zufolge seit den lockeren Hippie- und Flower-Power-Jahren herrschte, und insbesondere dem damit einhergehenden »Kulturrelativismus« Schluss zu machen – der Annahme, dass alle Zivilisationen gleichwertig seien und es überall Gutes gebe. Nein, entgegnen sie, nicht alle Zivilisationen sind gleichwertig. Manche, etwa die amerikanische Zivilisation und ihr politisches Modell, die westliche Demokratie, sind anderen überlegen, einfach weil sie die besten Prinzipien vertreten. Deshalb haben sie die »zivilisatorische Mission«, diese auf der ganzen Welt zu verbreiten, auch mit Waffengewalt. Während der beiden Amtszeiten George W. Bushs (2001–2009) hatten die Theoretiker Zeit, ihre Ideen in die Praxis umzusetzen: Ihrem Einfluss verdanken wir die militärische Invasion des Irak (2003). Einer der Initiatoren dieser Operation, Paul Wolfowitz, der damalige stellvertretende Verteidigungsminister des amerikanischen Präsidenten, gilt als einer der radikalsten Neokonservativen.

Die Ultraliberalen

Niemand will als **ultraliberal** gelten. Man hört dieses Schlagwort oft in den Medien, aber es wird nur von jenen gebraucht, die anprangern wollen, was es in ihren Augen beinhaltet. Ein Befürworter des wirtschaftlichen Liberalismus definiert sich selbst niemals als »ultra«. Wie könnte er auch? Aus seiner Sicht vertritt er keine Doktrin, sondern eine Wirkkraft: Das Gesetz des Markts ist keine Theorie, sondern ein Naturgesetz und seit jeher die beste Lösung, um den Handel und das Geld fließen zu lassen. Und genau das kritisieren die Gegner dieses Systems: Für sie gibt es nichts Natürliches an der Ordnung, die die »Ultraliberalen« verteidigen. Sie ist nur eine Ideologie, die eine kleine Gruppe von Privilegierten erfunden hat, um ihre finanziellen Interessen zu wahren und ihre Herrschaft über die Wirtschaft zu vergrößern.

3. Die Familie
der gemäßigten Linken

Zu Beginn des 20. Jahrhunderts sorgte die russische Revolution von 1917 für ein großes Dilemma innerhalb der »Arbeiterparteien«, wie sie damals genannt wurden. Sollte man die Bewegung unterstützen oder sich von ihr abwenden? Überall in Europa führte die Frage zu tiefen Brüchen in der alten Arbeiterfamilie. In Deutschland Anfang 1919 schlugen die regierenden Sozialdemokraten den revolutionären Spartakusbund zurück, der sie stürzen wollte. In Frankreich Ende 1920 fand die Spaltung auf dem berühmten »Kongress von Tours« statt. Aus den Befürwortern der

Entwicklung in Moskau entstanden die kommunistischen Parteien. Die anderen, die an den Prinzipien der Demokratie und der Freiheit festhielten, gaben sich in den einzelnen Ländern unterschiedliche Namen: **Sozialisten, Sozialdemokraten, Labour Party** oder auch **Reformisten.** Sie verfolgten noch immer dasselbe Ziel: den Kapitalismus abzuschaffen, um eine gerechtere Gesellschaft aufzubauen. Doch das Mittel, um dies zu erreichen, musste die schrittweise Reform sein, niemals Gewalt oder Diktatur. Im Verlauf der zweiten Hälfte des 20. Jahrhunderts haben schließlich alle nach und nach auf die Verwirklichung ihrer ursprünglichen Vision verzichtet und die »Marktwirtschaft«, also das kapitalistische System, akzeptiert, ohne jedoch die Idee aufzugeben, es zu reformieren, um es solidarischer zu gestalten.

Diese Familie muss sich ihres Beitrags zu Europa nicht schämen. Der Großteil der Rechte, die die Europäer genießen – das Arbeitsrecht zum Schutz der Arbeitnehmer oder auch die staatliche Absicherung aller bei Krankheit, Arbeitslosigkeit und im Alter (der sogenannte »Wohlfahrtsstaat«) – wurde dank ihren Kämpfen durchgesetzt.

Welche Kämpfe soll sie heute führen? Das ist das große Problem.

Wie wir gesehen haben, leiteten ihre Rivalen aus der liberalen Familie in den 1960er- und 1970er-Jahren die große theoretische Revolution ein, durch die sie am Ende des 20. Jahrhunderts das Feld der politischen Ideen dominieren konnten. Das Pendant der Linken dazu fehlt. Als der Brite Tony Blair an der Macht war, behauptete er, zeitweise gefolgt vom deutschen Kanzler Gerhard Schröder, der Ideologie des Reformismus mit einem »Dritten Weg« zwischen Liberalismus und Sozialismus eine ganz neue Richtung zu geben. Seine Gegner sahen dies nur als ein Täuschungsmanöver, um eine klare Rechtswende zu kaschieren.

Wenn die demokratische Linke seit den 1990er-Jahren regierte, setzte sie sich für große gesellschaftliche Reformen ein, wie die Stärkung der Frauenrechte und die Möglichkeit Homosexueller, eine Lebenspartnerschaft einzugehen oder zu heiraten. Aber Reformen, um das gesamte System weiterzuentwickeln? Sicherlich ist das unter den gegebenen Umständen auch nicht einfach. Um der verheerenden Wirkung einer allzu brutalen »Marktwirtschaft« entgegenzusteuern, war das traditionelle Werkzeug der Linken der Staat. Doch wie sollen sie es einsetzen, seit er ruiniert ist? Gelähmt von den dramatischen Folgen der Wirtschaftskrise und der anschließenden Schuldenkrise, begnügen sich die Sozialdemokraten in ihren Amtszeiten damit, möglichst viel von all dem zu retten, was sie einst mit aufgebaut haben. Und selbst das ist nicht leicht.

Die Sozialistische Internationale

Sind Sie eher Sozialdemokrat, Sozialist oder Labour-Mitglied? Das hängt davon ab, in welchem Land Sie wohnen. Die meisten Gruppierungen, die von der sogenannten **Arbeiterbewegung** des 19. Jahrhunderts abstammen, sind aus derselben Geschichte hervorgegangen, haben sich aber je nach Landestradition andere Namen gegeben. Sie bilden gemeinsam mit Parteien aus der ganzen Welt einen Zusammenschluss, der nach dem Zweiten Weltkrieg gegründet wurde: »die Sozialistische Internationale«. Sehen wir uns einige ihrer Mitglieder einmal an. Frankreich, Belgien und Portugal haben jeweils eine **sozialistische Partei**. In Spanien kommt noch eine nähere Bestimmung hinzu, dort heißt sie »sozialistische Arbeiterpartei«. Ihre griechische Entsprechung ist die »Panhellenische Sozialistische Bewegung«, kurz PASOK.

Deutschland, Österreich und die skandinavischen Länder haben alle eine **sozialdemokratische Partei**.

In Großbritannien und Irland spricht man von der **Labour Party** (dt. »Arbeitspartei«). Ebenso heißt eine der wichtigsten niederländischen Parteien »Partei der Arbeit« (*Partij van de Arbeid*).

In Osteuropa hingegen unterscheiden sich die Benennungen. Ihre einzige Gemeinsamkeit ist, dass sie alle das Wort »sozialistisch« vermeiden. Es ist zu stark konnotiert: Die Kommunisten haben es für ihre Zwecke missbraucht.

4. Die Familie
der radikalen Linken

Der Zusammenbruch des Kommunismus Anfang der 1990er-Jahre sowie die Feststellung der wirtschaftlichen und menschlichen Katastrophe, zu der er überall, wo er herrschte, geführt hatte, machten seinem alten Widersacher, dem Kapitalismus, große Hoffnungen. Nunmehr ohne Rivalen würde er ungestört herrschen bis ans Ende aller Zeiten.

Das war voreilig. Der Kommunismus ist mit dem 20. Jahrhundert – zumindest so gut wie – gestorben, aber die Idee, den Kapitalismus abzuschaffen, ist noch immer sehr lebendig. Sie wird von jener Familie weiter verfolgt, die wir hier unter dem Stichwort »radikale Linke« zusammenfassen, die aber noch andere Namen trägt: linke Globalisierungsgegner, antikapitalistische Linke oder, immer öfter, **globalisierungskritische Bewegung**.

Als ihre Geburtsstunde gelten die großen Demonstrationen, die 1999 in Seattle (Washington, USA) stattfanden, um eine Ministerkonferenz der Welthandelsorganisation zu verhindern. In den Augen der Oppositionellen ist die WTO (siehe S. 226), diese internationale Organisation mit dem Ziel, den »Freihandel«, also die Freiheit des Markts, auf der Welt zu verbreiten, das Symbol der kapitalistischen Globalisierung, die sie anprangern wollen. Durch die außergewöhnliche mediale Aufmerksamkeit, die die Proteste – und die Maßnahmen, um sie niederzuschlagen – erhalten, wird diese Denkweise auf der ganzen Welt bekannt.

Dieser Gründungsakt ist symbolisch, er hat keine strukturierte, feste Organisation hervorgebracht. Die Globalisierungskritiker finden sich zu keiner eigentlichen Partei mit einem zentralen Organ und einer einzigen, klaren Linie an einem bestimmten Ort zusammen, wie zur Zeit des Kommunismus. Sie bilden eine Galaxie aus kleinen, ganz unterschiedlichen Zusammenschlüssen, die sich auf dem gesamten Globus für verschiedene Dinge einsetzen – Hilfe für die »landlosen Bauern« in Lateinamerika, Aktionen gegen die Konsumgesellschaft, den Kampf für die Besteuerung des Börsenhandels usw. So wie die großen Chefs des Planeten sich alljährlich beim berühmten **Weltwirtschaftsforum in Davos** in der Schweiz treffen, so kommen die Globalisierungskritiker einmal im Jahr zu »Weltsozialforen« zusammen, die anfangs in Porto Alegre in Brasilien stattfanden. Dort versammeln sie sich unter dem Motto, das ihre gemeinsame Hoffnung zusammenfasst: »**Eine andere Welt ist möglich.**« Noch gibt es kein vereinheitlichtes Programm, das besagt, wie dies erreicht werden kann.

Zahlreiche Persönlichkeiten gelten als Unterstützer oder Vordenker der Globalisierungskritik. Ihre Verschiedenartigkeit drückt die Vielfalt dieser Bewegung aus.

Wir wollen hier einige von ihnen nennen:

José Bové (geboren 1953): französischer Landwirt und Gründungsmitglied eines Bauernverbands. Er wurde 1999 bekannt, als er die Zerstörung eines McDonald's-Restaurants in der Stadt Millau (Frankreich) organisierte. Er nahm aktiv an den Demonstrationen von Seattle und den späteren »Sozialforen« teil und wurde zu einer der führenden Figuren der Bewegung. Seit 2009 ist er Abgeordneter des Europäischen Parlaments.

The Yes Men sind zwei Aktivisten, die mit einer originellen und oft sehr wirksamen Waffe anprangern, was sie für die schädlichen Folgen des Kapitalismus halten: mit karikierenden Vorträgen. So gaben sie sich zum Beispiel bei einer internationalen Handelskonferenz als Mitglieder der WTO aus und riefen in ihrer Rede dazu auf, Abstimmungen durch die Versteigerung von Wählerstimmen zu organisieren, anstatt sich auf das alte, viel zu kostspielige demokratische Wahlsystem zu verlassen.

Naomi Klein (geboren 1970): Diese kanadische Journalistin und Essayistin wurde durch ihr Buch *No Logo* (2000) bekannt, das die Wirkung des Markenterrors auf Konsumenten kritisiert. In *Die Schock-Strategie* (2007) beschreibt sie, wie der Kapitalismus Krisen provoziert und benutzt, um die Gegenwehr der Bevölkerung zu schwächen und so allen noch härtere Gesetze aufzuzwingen.

Subcomandante Marcos (geboren 1957): Dieser mexikanische Revolutionär ist das Sprachrohr einer bewaffneten Organisation namens »Zapatistische Armee der Nationalen Befreiung«, die für die Bauern in Chiapas, einem der ärmsten Bundesstaaten Mexikos, kämpft.

Subcomandante
Marcos

Die Bewegungen der Empörten

Die jungen Spanier halten es nicht mehr aus, dass die Krise ihnen jegliche Hoffnung raubt, eines Tages eine Arbeit zu finden oder überhaupt ein Leben in Würde zu führen. Im Mai 2011 besetzen sie den »Puerta del Sol«-Platz in Madrid und sind entschlossen, ihn erst zu räumen, wenn die Politiker eine Lösung für ihr Drama finden. Die große Welle der arabischen Revolutionen, die Ende Dezember 2010 von Tunesien ausging und zum Sturz zweier großer Diktatoren (des tunesischen Ben Ali und des ägyptischen Mubarak) führte, hat ihnen gezeigt, dass gemeinsame Aktionen etwas bewegen können. Ihren Namen *los indignados,* die Empörten, verdanken sie dem Bestseller *Empört euch!,* einem kleinen, energischen Büchlein des alten französischen Diplomaten Stéphane Hessel. Auf der ganzen Welt regen sich ähnliche Proteste.

Im September 2011 zieht eine halbe Million Israelis durch die Straßen von Tel Aviv. In jenen Wochen marschieren auch junge Amerikaner am symbolischen Ort des Finanzkapitalismus auf und errichten ein Zeltdorf vor der New Yorker Börse. Ihre Bewegung nennt sich *Occupy Wall Street* (Besetzt die Wall Street). Sie erhält Unterstützung von zahlreichen Persönlichkeiten und einer breiten Öffentlichkeit, die von den Exzessen der Finanzwelt angewidert ist. Im November werden die Demonstranten von der Polizei vertrieben.

Exkurs: Was ist Gender?

Dass es Unterschiede zwischen Männern und Frauen gibt, dürfte allgemein bekannt sein. Schön und gut. Aber woher kommen sie? Sind sie in den Genen festgeschrieben, den Chromosomen, der Biologie? Oder sind sie das Ergebnis der Erziehung, die das kleine Mädchen und der kleine Junge erhalten haben, um sie an das jeweils vorherrschende Frauen- oder Männerbild einer Epoche anzupassen? Nehmen wir das Beispiel Autofahren. Bis in die 1950er-Jahre war es selbstverständlich, dass der Platz am Steuer Männern vorbehalten war: Die von Natur aus leichtsinnigen Frauen würden dort nur Katastrophen anrichten. Heute fahren alle Frauen Auto, wodurch sich etwas ganz anderes feststellen lässt: Die Statistiken zeigen, dass sie weniger Unfälle verursachen als Männer. Was beweist das? Dass sich die »natürlichen Fähigkeiten« von Frauen gewandelt haben, oder dass sich die Rolle, die die Gesellschaft Frauen und Männern zuschreibt, verändert hat?

Simone de Beauvoir hatte diese Idee schon 1949 in ihrem berühmtesten Buch *Das andere Geschlecht* formuliert:

»Man wird nicht als Frau geboren, man wird dazu gemacht.«

Niemand bestreitet, dass es körperliche Unterschiede zwischen Männern und Frauen gibt: Sie bestimmen das biologische Geschlecht. Aber wie soll man das nennen, was aufgrund dieses Unterschieds von der Gesellschaft konstruiert wurde? Um dies zu erforschen und zu begreifen, haben Intellektuelle, Hochschuldozenten, oft Feministen, wie die Amerikanerin **Judith Butler**, vor gut dreißig Jahren ein neues Konzept entwickelt: »*the gender*«.

Im Deutschen wird dafür ebenfalls der englische Begriff Gender verwendet, um zwischen dem physiologischen und dem sozialen Geschlecht zu unterscheiden. Die Tatsache, dass ein kleiner Junge einen Penis und ein kleines Mädchen eine Scheide hat, ist Biologie. Die Frage, warum eines Tages entschieden wurde, dass Ersterer

Judith Butler

ein blaues und Zweitere ein rosa Zimmer bekommt, ist Gender. In zahlreichen Universitäten gibt es heute daher Fachbereiche, die sich mit »Gender Studies« (dem Gender-Studium) befassen und das Thema aus allen möglichen Blickwinkeln beleuchten: historischen, gesellschaftlichen, wirtschaftlichen usw.

Dies ruft in vielen Ländern auch Kritik hervor, die meist aus den konservativsten und am stärksten mit religiösen Werten verbundenen Lagern kommt. Indem ihr solche Fragen stellt, sagen sie, wollt ihr die Basis der Menschheit untergraben, die von Gott geschaffen wurde und im grundlegenden Unterschied zwischen dem Männlichen und dem Weiblichen besteht.

Kunst

Bild und Ton. Dieses Kapitel soll
Ihnen helfen, das Vokabular der
zeitgenössischen Kunst und die
wichtigsten Werke in Museen und
Galerien zu verstehen, sowie die
Bedeutung von Kunstmessen
und -märkten erklären.

Im Anschluss geht es um
die Musik, die wir fast überall
mit uns herumtragen.

Anders sehen

»Das soll Kunst sein! Das ist doch nur ein Haufen Schrott!«, echauffiert sich Ihr älterer, galliger Onkel, wenn Sie ihm von einem aktuellen Künstler erzählen.

»Ich finde es super, was heute produziert wird!«, entgegnet Ihre Cousine. »Das ist mal was anderes, es ist witzig, es gibt immer noch was zu entdecken, und die Kinder finden es toll. Aber fragt mich bloß nicht, wer was macht, denn da habe ich keine Ahnung!«

An der heutigen Kunst scheiden sich die Geister, wie man so schön sagt. Das ist nichts Neues: Man konnte fast die gleichen Reaktionen beobachten, als die Impressionisten die ersten Skandale auslösten und Picasso seine ersten kubistischen Studien unternahm.

Andererseits hat sich die Bedeutung der Kunst in den letzten hundert Jahren tatsächlich stark verändert. Früher waren die Künstler diejenigen, die Bilder anfertigten. In unserer Gesellschaft, die Unmengen davon produziert (überall sind Bildschirme, Marken zwingen uns ihre Logos auf, Internetnutzer posten Selfies ...), sind sie eher diejenigen, die mit Bildern spielen, um sie zu verarbeiten, zu verfremden, neu zu erschaffen und uns so zu lehren, anders zu sehen.

Auch ihr Tätigkeitsfeld hat sich erheblich erweitert. Künstler sind nicht mehr zwangsläufig Maler oder Bildhauer. Man nennt sie allgemein **Bildende Künstler** (engl. *visual artists*), und in ihrer Arbeitsweise sind sie vollkommen frei. Sie wählen einen kritischen, poetischen, soziologischen oder ethnologischen Ansatz. Sie bilden eher »Kollektive« als Schulen. Sie reisen um die ganze Welt und nicht nur nach Italien wie zu Zeiten der »Grand Tour«, als junge Künstler ihr Handwerk bei den fernen

Schülern der Meister der Renaissance erlernten. Sie nutzen die unterschiedlichsten Techniken.

Die Fotografie ist schon lange als Kunst anerkannt. Der Videofilm ebenfalls. Die **Street-Art** der Spraydosen, Graffiti und Schablonen wird seit Anfang der 1980er-Jahre ausgestellt. Ihre Bedeutung wächst weiter: 2008 nahmen sechs Stars dieser Disziplin die Fassade des Tate Modern in London für die Ausstellung *Street Art* in Beschlag. Im Folgenden werden wir sehen, dass in Zeiten der Entmaterialisierung sogar ein Gedanke als Kunst gelten kann.

All das ergibt eine stets spannende, bisweilen verwirrende Szene, in der man von allem etwas finden kann, wahre Genies und reine Betrüger, Visionäre und Schaumschläger. Das war in früheren Zeiten nicht anders. Wie immer wird die Nachwelt die Auswahl treffen. Wir können heute *per definitionem* unmöglich wissen, welcher Name aus unserer Epoche bestehen bleiben wird. Manche Künstler sind sehr bekannt und beliebt. Na und? Wie viele zu Lebzeiten hochgelobte Berühmtheiten verschwanden nicht am Tag nach ihrer Beerdigung in der Versenkung der Geschichte, während andere, die wir heute als Meister ansehen, unerkannt von ihren Zeitgenossen gestorben sind? Vergessen wir also den Ansatz, die Berühmtheit als Maßstab zu nehmen. Wählen wir lieber einen anderen: Versuchen wir, die heutige Kunst in ihrer Vielfalt zu schätzen. Dafür brauchen wir nur einen offenen Geist, offene Augen und ein paar Schlüssel. Hier sind sie.

I. Folgen Sie
— dem Museumsführer —

Die Kunst von heute lernt man am besten schätzen, wenn man sich an die Orte begibt, wo sie gezeigt wird. Vielleicht haben Sie einige der bedeutenden Ausstellungen am Anfang des 21. Jahrhunderts verpasst. Macht nichts, heute nehmen wir Sie mit auf einen Rundgang, bei dem Sie die aufgeschobenen Museumsbesuche nachholen können.

------- 1. The Weather Project -------
Ólafur Elíasson, 2003

Sie betreten die große Halle des Tate Modern in **London**. Ein riesiger Halbkreis aus hunderten Monofrequenzbirnen hängt unter einer Spiegelfläche. Die Besucher bewegen sich andächtig durch leichten Nebel und Wind, als würden sie einen echten Sonnenuntergang erleben.

Ólafur Elíasson ist ein 1967 geborener Künstler isländischer Herkunft. Er ist dafür bekannt, dass er einfache Elemente wie Licht, Temperatur, Farbe oder Geruch in hochpoetische Installationen verwandelt. In Zusammenarbeit

mit Chemikern, Ingenieuren und Historikern schuf er Regenbögen (*Beauty*, 1993; *Your rainbow panorama*, 2006) und Wasserfälle in der Stadt (*New York City Waterfalls*, 2008).

---------------- 2. Cube ----------------
Gregor Schneider, 2007

Nun müssen Sie durch **Europa** reisen. Das Werk sollte eigentlich zur einundfünfzigsten Biennale mitten auf dem Markusplatz in Venedig aufgebaut werden, doch die Stadtverwaltung stufte das Projekt als zu politisch ein. Dann war es für Berlin vorgesehen, aber aufgrund der damals aktuellen Affäre der Mohammed-Karikaturen machten die Organisatoren einen Rückzieher. Schließlich wurde der Würfel von 13 Metern Höhe in den Dimensionen der Kaaba – dem zentralen Heiligtum Mekkas, an dem sich der Schwarze Stein befindet – in Hamburg errichtet: Ein monumentaler Kubus aus schwarzem Samt, der das Licht der Stadt aufsog. Das Werk wurde von der muslimischen Gemeinde der Hansestadt befürwortet und als Plattform genutzt, um mit der Bevölkerung in einen Dialog zu treten.

Wenn man dem deutschen Künstler Gregor Schneider freie Hand lässt, schließt er Sie gern in klaustrophobisch wirkende Räume ein, die dem Haus seiner Kindheit oder

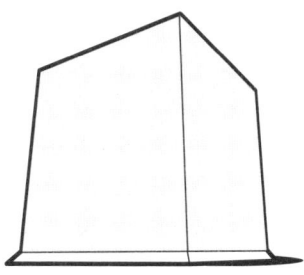

primitiven, klein unterteilten Bauwerken nachempfunden sind. Diese dunklen Konstruktionen mit versteckten Zugängen und schalldichten Zimmern transportiert er von einem Ort zum anderen.

3. Take care of yourself
Sophie Calle, 2007

Mal im sehr schönen Lesesaal der französischen Nationalbibliothek Richelieu (**Paris**), mal in Venedig, São Paulo, Montreal oder Tallinn können Sie die Beiträge von 107 Frauen entdecken – einer Journalistin, einer Anwältin, einer Polizeikommissarin, einer Familienhelferin, einer Buchhalterin ... Sophie Calle hat sie gebeten, einen Trennungsbrief aus der Perspektive ihres jeweiligen Berufs zu interpretieren. Die erste analysiert, die zweite ermittelt, die dritte spielt die Trennung in Form eines improvisierten Tanzsolos nach, die vierte singt ...

Die französische Künstlerin Sophie Calle ist bekannt für ihre Entschlossenheit, die Privatsphäre an die Öffentlichkeit dringen zu lassen: Sie fesselt das Publikum mit pikanten Details aus ihrem eigenen Leben oder dem Leben anderer. Sie beschattet einen Fremden, strippt in Pigalle, lädt Freunde ein, in ihrem Bett zu schlafen. Dann stellt sie diese Erlebnisse in Form von Fotos und Texten aus.

4. All
Maurizio Cattelan, 2008

Kommen Sie nun in die Punta della Dogana in **Venedig**, eine alte Lagerhalle, die der Unternehmer Pinault in ein Kunstzentrum verwandelt hat. Unter einer niedrigen Balkendecke liegen neun Skulpturen aus weißem Carrara-Marmor in einer Reihe direkt auf dem Fußboden. Man könnte sie für Gisants halten, liegende Figuren wie in Kirchen, aber einige der abgedeckten Körper wirken verkrüppelt. Kein Detail liefert irgendwelche Hinweise, die Leichen sind anonym, die Tücher aus poliertem Stein werfen realistische Falten von atemberaubender Schönheit. Die Gruppe bildet eine verblüffende Mischung aus minimalistischer Kunst und mittelalterlicher Grabskulptur.

Der Italiener Maurizio Cattelan ist bekannt dafür, mit realistischen Werken zu provozieren. Seine monumentalen Skulpturen sind ausgestopfte Tiere, hängende Wachsfiguren und Gisants von bekannten Persönlichkeiten wie Johannes Paul II., der von einem Meteoriten getroffen wird, oder J. F. Kennedy barfuß im Sarg.

Was nennt man zeitgenössische Kunst?

Die Kunstgeschichte wird gewöhnlich in Epochen und Strömungen eingeteilt. Es gab die Renaissance (14.-16. Jhd.), den Klassizismus (17./18. Jhd.), die Romantik (Ende 18.-19. Jhd.). Dann kamen der Impressionismus (Ende 19. Jhd.) und die abstrakte Kunst (Anfang 20. Jhd.), die die Moderne einleiteten. Darauf folgt die zeitgenössische Kunst. Sie beginnt nach dem Zweiten Weltkrieg mit der Entstehung der Konsumgesellschaft, der Massenproduktion und der Werbung, und setzt sich bis heute fort. Wir wissen nicht, wie lange diese Epoche dauern wird. Vielleicht gibt es bald einen Bruch, eine ästhetische Revolution, die uns zu einem anderen kreativen Ansatz führt und die Kunsthistoriker veranlasst, der Strömung einen neuen Namen zu geben. Im Moment sind wir aber noch die Zeitgenossen der zeitgenössischen Kunst.

5. The Kiss, The Progress
Tino Sehgal, 2010

Nun sind Sie endlich in der großen Halle des Guggenheim-Museums (**New York**) angekommen, die zu diesem Anlass ganz leergeräumt wurde. Im Zentrum der berühmten spiralförmigen Rampe befindet sich eine menschliche Skulptur: ein sich küssendes Pärchen. Während Sie die Rotunde hinaufgehen, reichen verschiedene Menschen (Männer, Frauen, Kinder) Ihnen die Hand und laden Sie ein, mit ihnen über Fortschritt zu diskutieren.

Der deutsch-britische Künstler Tino Sehgal hat sich diese Performances ausgedacht, die er inszenierte »Situationen« nennt. Er ist dafür bekannt, dass er jegliche visuelle oder textuelle Dokumentation seines Werks ablehnt: keine Fotos, keine Filme, keine Kataloge. Für ihn sichern allein ein mündlicher Vertrag mit der Institution und die Erinnerung der Besucher den Fortbestand seiner Kunst.

Fotografie

In der zeitgenössischen Kunst wurde die Fotografie in den 1960er-Jahren zunächst **dokumentarisch** eingesetzt, um Kunstaktionen und -performances festzuhalten.

Dann war sie das Ausdrucksmittel intimer **Schilderungen**: Nan Goldin erzählte damit von ihren nächtlichen Streifzügen durch New York, Boston, Berlin und London ab 1979.

Gleichzeitig machen Künstler mithilfe der Cibachrome-Technik großen **historischen Gemälden** Konkurrenz: Jeff Wall arbeitet mit Inszenierungen wie die bedeutenden Meister des 19. Jahrhunderts und stellt sie in großen, von innen erhellten Leuchtkästen aus.

Das Aufblühen der »Düsseldorfer Photoschule« in den 1990er-Jahren bringt die **Objektivität** und die Ablehnung der Fiktion wieder in Mode: Andreas Gursky ist bekannt für seine großformatigen Fotos von Landschaften, Gebäuden, Fabriken oder Supermärkten mit höchster Bildauflösung.

Heute wird die Fotografie von immer mehr Künstlern geschätzt, die darin ein Werkzeug ohne Einschränkungen sehen: Die kleinen Apparate mit Autofokus lassen die Grenze zwischen Kunst und Nutzung durch die breite Masse verfließen. Hochauflösende Sensoren und Digitaldrucke ermöglichen spektakuläre Vergrößerungen. Der junge Amerikaner Ryan McGinley ist ein Vertreter dieser Generation »cooler« Künstler, die mit Freunden und einer Leica R8 im Wald spazieren gehen und dann **hedonistische Bilder** mitbringen, um die sich die Museen reißen.

Wer macht was?

Viele Künstler erkennt man mühelos an ihrer Begeisterung für eine Farbe, ein Thema oder eine Technik. Manche von ihnen haben jedoch eine so ähnliche Ausdrucksweise, dass man sich leicht täuschen kann. Wir geben Ihnen eine rasche Übersicht über einige dieser Künstlerzwillinge:

Arman arbeitete mit »Akkumulationen« (von Geigen, Flaggen, Uhren im öffentlichen Raum), während **César** »Kompressionen« erstellte (die bei der Verleihung der französischen Oscars als Trophäe dienen). Beide gehörten zu den Nouveaux Réalistes.

Ende der 1960er-Jahre begann der Japaner **On Kawara** damit, jeden Tag das Datum in Ziffern und Großbuchstaben in der Mitte seiner Leinwand festzuhalten, während der Pole **Roman Opałka** mit dem Pinsel fortlaufende Zahlen aufschrieb. Ob sie sich je getroffen haben, um sich über ihre Obsession mit der verstreichenden Zeit auszutauschen?

Im Museum können sich auch zwei ganz schwarze Leinwände begegnen. Die eine ist ein Bild des amerikanischen Minimalisten **Ad Reinhardt** (1913–1967), die andere stammt von **Pierre Soulages**, dem größten lebenden französischen Maler. Der Erste interessiert sich für die Fläche und die Nuancen einer Farbe (*Color field paintings*), während der Zweite mit dem *outrenoir* experimentiert, dem »Jenseits des Schwarz«, also mit der Tiefe, dem Raum zwischen dem Betrachter und dem Pigment auf der Leinwand.

Etwas weiter sehen Sie mehrfach das Gesicht von Marylin Monroe in grellen Farben und glauben, die Siebdrucke von **Andy Warhol** (1928–1987) zu erkennen. Das Schild neben dem Bild informiert Sie jedoch, dass diese Werke »Appropriationen« der Amerikanerin **Elaine Sturtevant** sind, eine Serie von Bildern *im Stil von*.

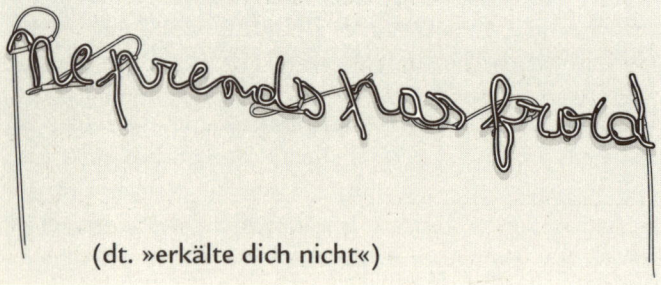

(dt. »erkälte dich nicht«)

Das bläuliche Licht aus dem Nebenraum könnte ebenso gut von einem Werk des Minimalisten **Dan Flavin** (1933–1996) wie des abstrakten geometrischen Künstlers **François Morellet** (geboren 1926) oder des Land-Art-Künstlers **James Turrell** (geboren 1943) kommen: Sie alle arbeiten mit Neon. Aber nein, es handelt sich um den plastischen Künstler **Claude Lévêque** (geboren 1953), der mit Neonröhren die zitternde Handschrift seiner Mutter nachzieht und dieser fahlen Beleuchtung so eine paradoxe Menschlichkeit verleiht (siehe Abbildung links).

⸻ II. In wenigen Worten ⸻

Um die Werke zu verstehen, die wir gerade haben Revue passieren lassen, brauchen wir das richtige Vokabular. Beim Durchblättern eines Katalogs oder wenn uns ein Kurator oder »Mediator« eines Kunstzentrums etwas erklärt, stoßen wir immer wieder auf dieselben Begriffe. Entschlüsseln wir sie.

– – – – – – – – – **1. Readymade** – – – – – – – – –

Wörtlich »gebrauchsfertig Gemachtes«*. Industrielles Produkt, das zweckentfremdet wird. Die Bezeichnung entstand bereits 1914, als Marcel Duchamp (1887–1968) be-

---

* Interessant ist hierbei, dass die Franzosen einen englischen Ausdruck verwenden, während im englischsprachigen Raum ein französischer Begriff gebräuchlich ist; dort heißen Readymades *objet trouvé* (dt. »gefundenes Objekt«). Im Deutschen benutzt man beide Begriffe.

schloss, Gebrauchsgegenstände (eine Schaufel, einen Flaschentrockner, ein Fahrrad-Rad) zu Kunstobjekten zu erheben. Ihm zufolge hat das Konzept »guter oder schlechter Geschmack« keinerlei Bedeutung mehr, entscheidend
ist allein die **Auswahl** eines Objekts durch den Künstler.
Indem er einen Flaschentrockner oder ein Urinal in ein
Museum stellt, verleiht er den ausgewählten Dingen nicht
nur eine Funktion und einen neuen Status, sondern bewirkt auch eine kopernikanische Wende in der Welt der
Kunst.

2. Installation

Das Konzept der Installation wird auf die Arbeit des deutschen Künstlers Kurt Schwitters (1887–1948) und seinen
Merzbau zurückgeführt – ein bewohnbares Gebilde aus zufällig unterwegs gefundenen Materialien wie Holz-, Seil-
und Kartonstücken.

Das Prinzip der Installation hat sich seit Schwitters weiterentwickelt und ist vielfältiger geworden, aber sie bleibt
ein Werk, das für einen bestimmten Ausstellungsort konzipiert ist, *in situ*, anhand verschiedener Medien (Malerei,
Bildhauerei, Zeichnung, Video, Ton) und unterschiedlicher
Hilfsmittel (Gegenstände, Wände, Bildschirme), so ihre
Definition. Der Betrachter ist eingeladen, sich den Ort anzueignen und nicht nur um eine Skulptur herumzugehen
oder sich vor ein Bild zu stellen. Zahlreiche Künstler arbeiten bevorzugt mit Installationen, so zum Beispiel die Japa-
nerin Yayoi Kusama, der Schweizer Thomas Hirschhorn
und der Franzose Daniel Buren.

3. Entmaterialisierung

Heutzutage kann man auch mit nichts Kunst machen und eine Handlung oder sogar einen bloßen Gedanken als Kunstwerk bezeichnen. Der Begriff Entmaterialisierung wurde 1968 im Zuge der aufkommenden **Konzeptkunst** theoretisiert, um die Tatsache zu unterstreichen, dass die Idee mehr Wert bekommen hat als ihre Umsetzung. Dies ist ein Vermächtnis von Marcel Duchamp und Kurt Schwitters, der erklärte: »Das Material ist so unwesentlich wie ich selbst. Wesentlich ist das Formen.«

4. Performativ

Das Wort »performativ« ist heute *der* Joker der Kuratoren und Kunstkritiker, kein Katalog kommt ohne aus. Das Adjektiv wurde aus der Sprachwissenschaft entlehnt. Wenn der Standesbeamte sagt: »Ich erkläre euch zu Mann und Frau«, besiegelt er damit die Verbindung des Brautpaars – das ist eine performative Äußerung. Ebenso bezeichnet man ein Kunstwerk, das in der Gegenwart auf die Gesellschaft wirkt, als performativ.

»Performativ« ist nicht zu verwechseln mit der schon über fünfzig Jahre alten Kunstform der **Performance**. Als eine der ersten bemerkenswerten Performances schrieb der *Sprung in die Leere* des Franzosen Yves Klein Geschichte (Fontenay-aux-Roses, 1960). Die längste wurde von der Serbin Marina Abramovi umgesetzt, die 721 Stunden schweigend vor Besuchern des MoMA (NYC, 2010) saß. Varianten der Performance sind das »Happening« (eine spontane Performance), die »Aktion« (wenn der Körper des Künstlers ins Spiel gebracht wird), das »Event« (wenn das Publikum teilnimmt) und die inszenierte »Situation«. Die aktuellen **Flashmobs** (aus engl. *flash* »Blitz« und *mob* »Volksmenge«) haben sich von diesem fruchtbaren künstlerischen Erbe inspirieren lassen.

New Burlesque

Man kann es nicht ernst meinen, wenn man sich den kalifornischen Performer **Paul McCarthy** (geboren 1945) zum Vorbild nimmt, der fleißig Ausstellungsräume mit Ketchup oder flüssiger Schokolade besprizt. Wie er machen sich die aktuellen jungen Künstler gern über die Kunstszene und ihre zwanghafte Radikalität lustig. Sie treiben die Performance in Richtung der burlesken Show, des wirren Musicals, in dem sich die Welt des Fernsehens, Marionettentheater und Stand-up mischen. Die Engländerin Spartacus Chetwynd, die Amerikaner Trecartin und Fitch, die Franzosen der Compagnie du Zerep, die Österreicher der Künstlergruppe Gelitin und der Belgier Éric Duyckaerts zählen zur extravaganten Nachfolgerschaft des großen McCarthy.

Paul McCarthy

— III. Ausstellen, verkaufen —

Um heute mit einer Ausstellung Erfolg zu haben, braucht man einen Kurator. Der Beruf des Ausstellungsmachers entstand in den 1960er-Jahren, entwickelte sich mit der Verbreitung von Biennalen und anderen Kunstveranstaltungen stark weiter und wird vom Berufsverband IKT (International Association of **Curators** of Contemporary Art) vertreten. Der Kurator wählt aus, welche künstlerischen Arbeiten dem Publikum vorgestellt werden. Angesichts der Globalisierung und der wachsenden Zahl von Künstlern wirkt er wie ein Barometer und hat daher eine strategische Bedeutung in der Kunstszene. Er stellt Ausstellungen zu bestimmten Themen oder Epochen zusammen und streicht dabei einen Gedanken heraus, erprobt und teilt mit, was ihn an der aktuellen Kunst anspricht. Freie Kuratoren unterschieden sich von **Museumskuratoren**, auch wenn beide die Gestaltung einer Ausstellung initiieren und betreuen können. Der Museumskurator hat zudem die Aufgabe, eine Kulturstätte, Institution oder Sammlung zu verwalten. Bezüglich der Kuratoren, die die zeitgenössische Epoche geprägt haben, sind einige große Namen und herausragende Ausstellungen nennen: Harald Szeemann führte in Form eines riesigen Ateliers (»When Attitudes Become Form«, Bern, 1969) in Europa neue konzeptuelle Präsentationsweisen ein, Jean-Hubert Martin und Catherine David eröffneten uns einen neuen Blick auf die nicht-westliche Kunst (»Magiciens de la terre«, 1989, »Documenta X«, Kassel, 1997), Hans Ulrich Obrist sammelt und verbreitet die Ansichten lebender Künstler (*The Interview Project*, laufend).

1947 sah André Malraux in der Fotografie die Möglichkeit, ein imaginäres Museum zu erschaffen. Heute entwickelt Google mit der für das Unternehmen charakteristischen Durchschlagskraft eine ähnliche Idee. Das *Google Art Project* im Internet umfasst über 45 000 Werke aus der ganzen Welt, die man in sehr, sehr hoher Auflösung – bis 7 Milliarden Pixel – sehen kann. Mithilfe des Programms Google Earth können Sie sich, wenn Sie auf Spanien, Madrid und dann das Museo del Prado klicken, in den tausend Details des *Gartens der Lüste* von Hieronymus Bosch verlieren. Vorsicht, Schwindelgefahr!

2. Biennalen und Messen

Weltweit gibt es heute über hundert Biennalen, jede große Stadt, die etwas auf sich hält, hat ihre Kunstveranstaltung, das gehört zum Stadtmarketing (die Städte wollen ihren Namen wie eine Marke anpreisen), die Biennale wurde zu einem Muss für eine medien- und tourismuswirksame Entwicklung. Das bedeutet gleichzeitig für viele Künstler die Möglichkeit, internationale Bekanntheit zu erlangen. Zu den berühmtesten Biennalen zählen Venedig und São Paulo, neuere wie Johannesburg, Dakar und Istanbul sowie eine europäische Veranstaltung, die alle zwei Jahre woanders stattfindet: die Manifesta.

Messen hingegen sind jährliche Orte der Begegnung zwischen Galeristen und Sammlern mit dem Ziel, für zeitgenössische Kunstwerke zu werben und sie zu verkaufen. Die wichtigsten sind die Frieze Art Fair in London und New York, die Art Basel in Basel, Miami Beach und seit 2013 auch in Hongkong, die FIAC in Paris und die Shanghai Art Fair.

3. Kunstmarkt

Kunst ist zu einem Finanzinstrument geworden. Wie Gold und Immobilien ist sie ein Fluchtwert angesichts der Krisen und drohende Unruhen, die auf den Börsen und Banken lasten. Und sie eignet sich zur Spekulation. Bilder und Skulpturen sind transportierbar und auf der ganzen Welt in Abhängigkeit von Wechselkursen und Steuern zu den besten Konditionen verhandelbar. Heute spricht ein Kunstliebhaber von seiner letzten Anschaffung wie von einer Investition und versucht nicht mehr unbedingt, sein Umfeld erst vom gewinnbringenden Charakter seiner Wahl zu überzeugen. Tatsache ist: Der Kunstmarkt dient nicht dazu, das künstlerische Schaffen zu fördern, sondern den Banken, Investmentfonds und reichen Privatleuten eine Risikostreuung zu ermöglichen. Sehen wir uns die spezifischen Besonderheiten dieses Sektors einmal von der Käuferseite an.

Der Kunstmarkt lässt sich nach der Preislage der zum Verkauf stehenden Posten unterteilen: erschwinglich (unter 5 000 €), mittlere Kategorie (zwischen 5 000 und 500 000 €) und hochpreisig (höchst spekulativ).

Der Erstverkauf eines Werks erfolgt auf dem **Primärmarkt**. Er wird in den meisten Fällen von Galerien durchgeführt, aber auch von Kunsthändlern oder den Künstlern selbst. Der Weiterverkauf findet auf dem Sekundärmarkt statt und wird von spezialisierten Auktionshäusern abgewickelt. Die beiden mächtigsten internationalen Gesellschaften auf diesem Gebiet sind **Sotheby's** und **Christie's**. Letztere versteigerte die Sammlung Altmann (Impressionismus, moderne Kunst) 2006 für über 490 Millionen Dollar.

Die Investitionen und Käufer verlagern sich gemeinsam mit der Wirtschaft: Die alten Märkte der Malerei und Bildhauerei werden heute größtenteils von China dominiert. An Wert kauft das Land jährlich fast die Hälfte der zeitgenössischen Produktion ein. In zehn Jahren werden vielleicht Indien oder Brasilien den Sektor beherrschen.

Damien Hirst

Zusammen mit dem Amerikaner Jeff Koons und dem Japaner Takashi Murakami zählt der Engländer Da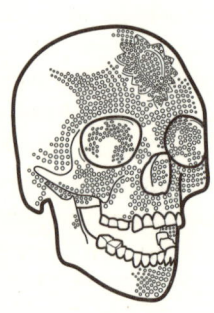mien Hirst zu den medienwirksamsten Künstlern unserer Zeit. Der große Durchbruch gelang ihm in den 1990er-Jahren mithilfe des Ex-Werbeagenturchefs und Sammlers Charles Saatchi.

Der *Young British Artist* delegiert die Herstellung seiner Werke (in Formaldehydlösung konservierte Tierkadaver; Bilder mit bunten Punkten: *Spot Paintings*) an seine Assistenten. 2007 produzierte er das teuerste Kunstwerk aller Zeiten: einen Platinschädel besetzt mit 8 601 Diamanten, darunter ein 52,40-Karat-Diamant auf der Stirn (**For the Love of God**). Im folgenden Jahr entschloss er sich, die Galeristen zu umgehen und seinen Kurs auf dem Kunstmarkt wieder selbst in die Hand zu nehmen. Er versteigerte auf einen Schlag 287 seiner Werke bei Sotheby's und strich über 100 Millionen Pfund ein.

IV. Aktuelle Musik

Die Erfindung von Aufnahmegeräten für Musik Ende des 19. Jahrhunderts führte zu einem Paradox: Nun konnte jeder beliebige Musikliebhaber die 5. Sinfonie auf seinem Grammofon viel öfter abspielen, als Beethoven sie je selbst gehört hatte. Was soll man da von den heutigen Fans sagen? Mit einem Gerät in der Tasche, das nicht größer ist als ein Feuerzeug, können sie auf die Gesamtheit der Musik aller Zeiten zugreifen, wann und wo immer, im Zug, in der U-Bahn, im Büro und sogar im Schwimmbad (dank neuen wasserdichten Player-Versionen). Die Musik ist überall, wahrscheinlich werden wir sie uns bald direkt in die Ohren transplantieren lassen.

Diese Fülle schlägt sich natürlich in einer Vielfalt der Stile und Gruppen nieder. Die gab es schon immer, doch ist sie für den Laien schwerer durchschaubar denn je. Ist es wirklich sinnvoll, seine Nase da hineinzustecken? Muss man dem Leser eine eingehende Analyse des Einflusses der spektralen Schule auf die elektroakustischen Miniaturen – zeitgenössische Formen der Kunstmusik – aufzwingen oder ihm die Feinheiten des Digigrind nahebringen, einer der Unterkategorien des Genres Grindcore, seinerseits aus dem Crust Punk hervorgegangen, der, wie wir ja wohl alle wissen, mit dem weiten Feld des Death Metal verwandt ist? Warum uns damit ermüden? Ein großes Gesetz unserer Zeit ist der Eklektizismus. Die Technik liefert die nötigen Mittel. Heute kann sich jeder auf seinem Computer oder seinem Handy seine ideale Playlist zusammenstellen und fröhlich von einem Stil zum andern wechseln, ohne das geringste Sektierertum. Soll sich doch jeder seinen Geschmack bilden, wie er möchte. Wir beschäftigen uns lieber mit den neuen Arten, Musik zu hören, sowie den aufkommenden Techniken und Gepflogenheiten.

1. Melodie und Musik

Lange Zeit haben wir uns musikalische Werke vollständig angehört. Heute begnügen wir uns meist mit Melodien. Wir begegnen ständig neuen, in allen möglichen Formen: als Handyklingeltöne, als Jingles von Werbespots oder im Abspann von Fernsehserien, als Radiomix. Wir sind alltäglich von flüchtigen Ausschnitten umgeben, deren Ursprung kaum eine Rolle spielt. Von allen gibt es vielerlei digitale Versionen, Dateien werden munter ausgetauscht. Wir leben in der Ära des **tune** (wörtlich »Melodie« auf Englisch). Der Begriff wurde von der Multimediaplattform iTunes verbreitet, die 2001 an den Start ging und auf der man Musik ebenso wie Videoclips und Podcasts abspielen und verwalten kann.

Der Tune des 21. Jahrhunderts ist das Gegenstück zum Hit des 20. Charakteristisch für ihn sind ein paar Töne, ein Takt, ein eingängiger Rhythmus, aber auch eine bestimmte Anzahl von Downloads, Wiederaufnahmen oder Coverversionen. Das Angebot ist unendlich. Jedes musikalische Genre entwickelt heute eigene Strategien, um die Zuhörer anzusprechen. Wir stellen Ihnen einige davon vor.

Der Hook (dt. »Haken«) ist typisch für die Popmusik. Dabei handelt es sich um den Sound, den Rhythmus oder die Melodie, die man sofort wiedererkennt. Man spricht auch von **Hookline**, um die so geschaffene Melodiephrase zu beschreiben, die sich im Stück wiederholt und dem Zuhörer im Gedächtnis bleibt. Die Produzenten der internationalen Unterhaltungsmusik arbeiten mit zahlreichen Helfern zusammen, um den Erfolg eines Titels zu gewährleisten. Dazu zählen auch Top-Liner, die leicht einprägsame Gesangszeilen schreiben. Die Amerikaner Ester Dean und Karl Schuster trugen so dazu bei, Britney Spears zur Künstlerin mit den meistverkauften Alben des letzten Jahrzehnts zu machen.

Der Loop (dt. »Schleife«) ist ein »Sample« (also eine Folge von am Computer ausgewählten Tönen), das durch die Wiederholung in Endlosschleife ein musikalisches Grundgerüst bildet. Dieses Verfahren ist charakteristisch für elektronische Musik. Es birgt unglaubliche Möglichkeiten, da es aus jeder beliebigen Schallquelle schöpfen kann. Die Frequenz des Loops bestimmt das Tempo des Stücks (gemessen in **bpm**, *beats per minute*). Das Instrument, mit dem ein Musiker bei einem Elektrokonzert live eine Sequenz spielen und sie dann unendlich wiederholen kann, heißt Looper (auch *loop station* auf Englisch).

Das Riff (Kofferwort für *rhythmic figure* oder Abkürzung von Refrain) ist eine kurze musikalische Phrase, die von einem einzigen Instrument gespielt wird. Es gibt dem restlichen Stück Energie und Struktur. Ein Gitarrenriff ist typisch für den Rocksound. Beim Jazz spricht man vom **Vamp** und bei der klassischen Musik vom **Ostinato**. Das Prinzip ist dasselbe.

Der Jingle, wörtlich »das Klingeln«, ist ein musikalisches Zeichen, um die Aufmerksamkeit des Zuhörers zu wecken. Ein Jingle leitet eine Radio- oder Fernsehsendung ein und frisst sich bei Werbespots in Ihr Gedächtnis. Er wird unter anderem als **akustisches Markenzeichen** verwendet, genau wie ein Firmenlogo: Zu den bekanntesten in Deutschland zählen die Fanfare der Tagesschau und die Melodien der Sparkasse oder der Telekom. Die Musik, die beim Hochfahren von Windows 95 am PC ertönte, stammt von dem Briten Brian Eno. Böse Zungen behaupten, er hätte sie auf seinem Mac komponiert.

Das Thema spielt eine große Rolle beim Soundtrack von Filmen. Es ist ein leicht identifizierbarer musikalischer Grundgedanke, wie es ihn schon in Orchesterwerken, Sinfonien und Opern gab. Das Thema begleitet einen Film oder eine Fernsehserie nicht nur, sondern wird zu einem Erkennungs- und Markenzeichen. Es ist mit dem Ritornell verwandt.

In Indien nennt man es **Filmi**. Es wird ähnlich einem Intermezzo in der Mitte eines Spielfilms eingesetzt und oft getanzt. Danach landet es im Radio und wird ein eigenständiger Hit.

Auto-Tune

Auto-Tune korrigiert falsche Töne in Echtzeit. Mit diesem Stimmenbearbeitungsprogramm kann ein gesungener Ton erhöht oder erniedrigt werden, bis er ganz richtig ist. Das Werkzeug steht bei Hip-Hop- und Rai-Sängern hoch im Kurs, weil es ihren Stimmen das charakteristische metallische Timbre verleiht. Außerdem hielt es Einzug in sämtliche Aufnahmestudios, Konzerte und TV-Talentshows, da man damit Dissonanzen vermeiden kann. Genau wie ihre Bilder vollständig gephotoshoppt (retuschiert) sind, sind auch die Stimmen von Madonna und Britney Spears geautotunt.

---------- 2. Do it yourself ----------

Sie machen Ihr Brot und Ihren Joghurt selbst? Warum nicht auch einen Hit? Mit einem einfachen Instrument oder einem Kompositionsprogramm können Sie heute mit den Größen der Musikindustrie konkurrieren. Zumindest entsprechend der **DIY**-Philosophie (für *Do it yourself*, »Mach es selbst«). Diese Form der Gegenkultur, die man in so unterschiedlichen Bereichen wie Informatik, Dekoration und

Arzneimittelkunde findet, hat deutlich gemacht, dass mit einem minimalen Budget und ein bisschen Sinn fürs Tüfteln eine andere Musik möglich ist, die man mit anderen teilen kann. Das Phänomen nährt sich aus dem Wunsch nach Unabhängigkeit und der Experimentierfreude immer zahlreicherer Künstler. Die Gruppe Radiohead verließ 2004 ihre Plattenfirma (EMI) und vertrieb ihr folgendes Album im Internet. Das Indie-Duo Pomplamoose nahm Coverversionen mit einer Bontempi-Orgel auf und nutzte Youtube als Sprungbrett.

Ukulele

Warum nicht ein Instrument lernen? Die Ukulele, diese sympathische Mini-Gitarre aus Hawaii, ist eine gute Basis. Von zahlreichen modernen Sängern geschätzt, nicht teuer, leicht transportierbar und viel einfacher zu bedienen als Ihr letztes Handymodell – damit hat sie alles, um *das* Kultinstrument des 21. Jahrhunderts zu werden. Pädagogen empfehlen sie bereits, um Kinder an Musik heranzuführen. Eine Bewegung entsteht, damit sie in den Grundschulen langfristig die Blockflöten ersetzt. Kein Ohr wird sich darüber beschweren. Wir versuchen es mit einer Kurzeinführung. Hier ist das gute Stück (beinahe in Originalgröße):

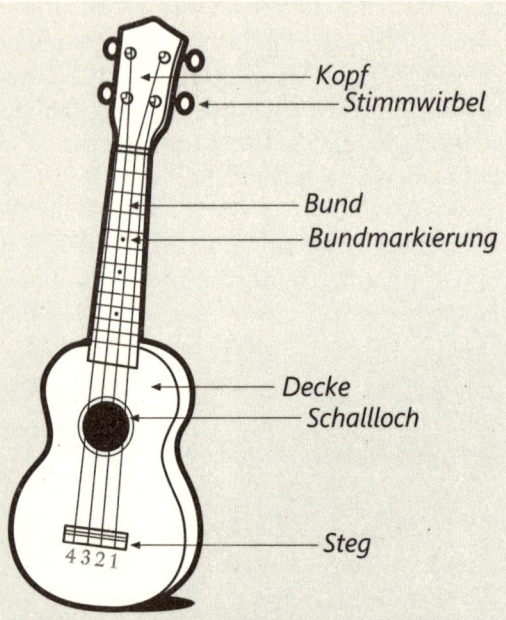

Kopf
Stimmwirbel

Bund
Bundmarkierung

Decke
Schallloch

Steg

4 3 2 1

Zuerst muss man sie stimmen. Nichts leichter als das! Zum Beispiel mit einem elektronischen Stimmgerät, einem kleinen Werkzeug, das am Kopf festgeklemmt wird und den Ton der einzelnen Saiten anzeigt. Nun muss man nur noch die Stimmwirbel in die eine oder andere Richtung drehen, bis die Saiten die gewünschten Töne erzeugen.

Dann packen wir unseren Freund am Hals und legen ihn uns auf die Brust. Wir streichen ihm mit dem Zeigefinger über die Saiten. Die Finger der anderen Hand* greifen die Akkorde, indem sie sich entsprechend untenstehender Schaubilder auf dem Hals bewegen. Mit den folgenden sieben Akkorden kann man den Großteil der Lieder begleiten.

* 1: Zeigefinger. 2: Mittelfinger. 3: Ringfinger.

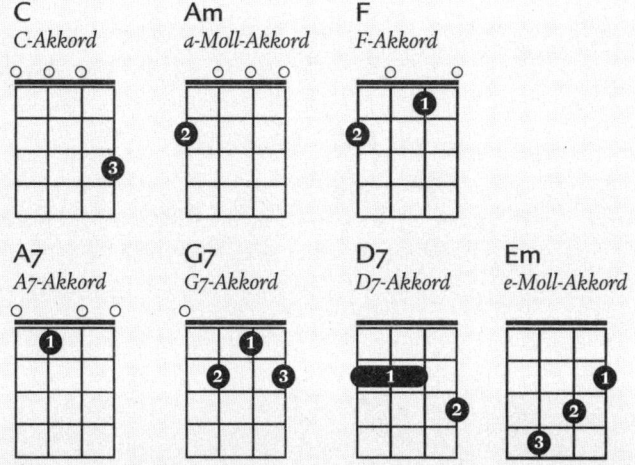

C	Am	F
C-Akkord	a-Moll-Akkord	F-Akkord

A7	G7	D7	Em
A7-Akkord	G7-Akkord	D7-Akkord	e-Moll-Akkord

Der größte Erfolg der Ukulele im 21. Jahrhundert ist die Coverversion von *Over the Rainbow*. Das berühmte Lied aus *Der Zauberer von Oz*, das im Film von Judy Garland gesungen wurde, erlebte dank Iz eine zweite Jugend. Der hawaiianische Künstler mit der rauen und zugleich sanften Stimme, der 1997 starb, wurde durch diesen Titel posthum ein Weltstar.

Warnen Sie Ihre Nachbarn vor, denn jetzt können Sie loslegen:

C   Em
Somewhere over the rainbow

F   C
Way up high,

F   C
There's a land that I heard of

G   Am F
Once in a lullaby.

C   Em
Somewhere over the rainbow

F   C
Skies are blue,

F   C
And the dreams that you dare to dream

G   Am F
Really do come true.

Antifolk

Sie singen nicht unbedingt richtig, erzählen aber gern selbstironische Geschichten, bei denen die Geselligkeit im Vordergrund steht, und scheren sich nicht um die Etikette? Dann machen Sie es wie die Antifolkmusiker und organisieren Sie Open-Mic-Abende (bei denen jeder ans Mikro darf), Hauptsache, alle haben Spaß! Antifolk ist weniger ein musikalisches Genre als vielmehr eine **unabhängige Amateurmusikerszene**, also einfach die Gemeinschaft von Musikern und ihrem Zuhörerkreis, ein entfernter Ableger des New Yorker Punk der 1980er-Jahre, der sich immer wieder neu erfindet und mit der Gitarre oder Ukulele in der Hand improvisiert. Bekannte Antifolkmusiker sind Beck und The Moldy Peaches. Die Szene entstand rund um das SideWalk Cafe in New York und breitet sich heute über Musik-Communitys fast überall in den Vereinigten Staaten und Europa aus.

Schlummert in Ihnen ein großer DJ oder ein kleiner Bastler? Wollen Sie sich Samples (Proben) aus dem Netz holen, um daraus ihr nächstes Werk zu kreieren? Dann respektieren Sie die geltenden Regeln der Fairness. 2001 schlossen sich Kreative aus der ganzen Welt zusammen und gründeten die Organisation **Creative Commons***. Künstlerische Produktionen, die unter CC-Lizenzen veröffentlicht sind, dürfen von allen genutzt (»gesampelt«) werden, jedoch unter bestimmten Bedingungen.

Man findet sie in Form von Buchstaben in der Kodierung einer Audiodatei oder als folgende beigefügte Zeichen:

- oder BY (*by*: Namensnennung des Urhebers)

- oder SA (*share alike*: copyleft, wer das Stück benutzt, verpflichtet sich auch, es unter gleichen Bedingungen weiterzugeben)

- oder NC (*non commercial*: nicht kommerziell)

- oder ND (*no derivatives*: keine Bearbeitung)

----- 3. Kurze Geschichte des Klangs -----

Schall ist eine Schwingung von Luftmolekülen, deren **Frequenzen** der Mensch in einem Bereich zwischen 20 Hertz und 20 Kilohertz wahrnimmt.

Es gibt ganz einfache Mittel, um Schall zu kanalisieren und zu leiten: Verbinden Sie zwei leere Joghurtbecher mit

* www.creativecommons.de

einer Schnur. Wenn Sie nun in den einen Becher sprechen, schwingt sein Boden. Die Schwingungen werden von der Schnur übertragen und analog im Boden des anderen Bechers reproduziert, der als Empfangsgerät dient.

Analoge Systeme funktionieren nach diesem Prinzip: Sie nehmen die Schwingungen der Luft auf und reproduzieren sie. Und man kann sie speichern. Zum Beispiel mit einem Grammofon: Eine Nadel gräbt eine Rille in eine Wachswalze oder eine Vinylscheibe; je nach den Frequenzveränderungen des ursprünglichen Tons werden die Rillen unterschiedlich tief. Wenn eine andere Nadel durch diese Rillen geführt wird, gibt sie den Ton erneut wieder, indem sie die Membran eines Trichters oder einer Lautsprecherbox schwingen lässt.

Genauso schwingt mithilfe der Elektrizität ein Elektromagnet in einem Mikrofon unter der Wirkung des Schalls. Daraufhin reproduziert ein anderer Elektromagnet diese Schwingung und bewegt die Membran der Lautsprecherbox entsprechend. Nach diesem Prinzip funktioniert ein analoges Tonbandgerät.

Sehen wir uns nun das **digitale System** an. Das Mikrofon konvertiert den Schall in eine Reihe von Ziffern, die (zum Beispiel auf einer CD) gespeichert und dann mithilfe eines Lesegeräts erneut konvertiert werden. Das hat zahlreiche Vorteile. Die Daten werden beim Lesen nicht beschädigt und verschlechtern sich auch nicht im Lauf der Zeit. Die Aufnahmen können ohne Qualitätsverluste kopiert werden. Aber sie brauchen viel Platz.

Um all diese digitalen Informationen (*bits* genannt) auf einen Player oder ins Internet zu übertragen, muss man daher die Größe der Dateien mithilfe eines Programms reduzieren, das die Daten komprimieren und später wieder entkomprimieren kann.

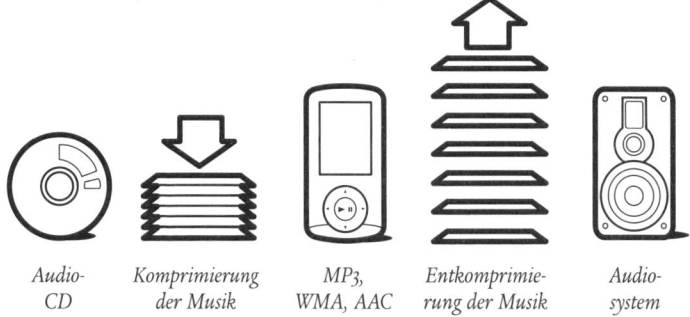

| Audio-CD | Komprimierung der Musik | MP3, WMA, AAC | Entkomprimie-rung der Musik | Audio-system |

Die Menge der kodierten Informationen pro Sekunde bestimmt die Klangqualität. Als diese Technik neu aufkam, war der Klang noch ein bisschen unnatürlich: nicht voll genug, zu blechern, schlecht bei sehr tiefen oder sehr hohen Tönen. Mit den heutigen Standards merkt das Ohr jedoch kaum einen Unterschied zu einem Stück, das nicht komprimiert wurde.

Dies sind die wichtigsten **Audioformate**, also die am weitesten verbreiteten digitalen Dateitypen, um Tonaufnahmen zu speichern und abzuspielen:

MP3 ist der allgemeine Name für Audiodateien, die im Kompressionsformat »mpeg« kodiert sind. Dieses Verfahren wurde 1995 in Deutschland entwickelt. Es reduziert die Größe einer Datei auf etwa ein Zwölftel und ermöglicht es, mit sogenannten **ID3-Tags** Zusatzinformationen zu einem Titel, z. B. den Namen des Interpreten und des Albums sowie das musikalische Genre, anzugeben.

WMA ist ein von der Firma Microsoft entwickeltes Audioformat, um ein Stück zum Zeitpunkt der digitalen Aufnahme vor Raubkopien zu schützen. Es ist ein sogenanntes »proprietäres Format« und quasi unmöglich herunterzuladen. Deshalb gehört es heute zu den aktuellen Standards bei Audio-Streams.

AAC: auf Deutsch »fortgeschrittene Audiokodierung«. Das Verfahren ersetzt nach und nach die Dateienkomprimierung mit mpeg, weil die Qualität besser ist als bei seinem Vorläufer MP3. Die Endungen .mp4 oder .m4a an den Dateien, die Sie herunterladen, sind typisch für AAC-Formate.

Glossar

Die Sprache der Musik war lange Zeit Italienisch, ein vermeintlich leichtes Idiom voller Fallstricke: Wenn über einer Partitur *piano* steht, bedeutet das nicht, dass das Stück auf dem Klavier gespielt wird, sondern dass man es leise spielt. Heute hat sich Englisch durchgesetzt. Fallen und falsche Freunde gibt es immer noch in Hülle und Fülle. Hier die wichtigsten neuen Vokabeln:

Bootleg: Raubkopie, nicht autorisierter Mitschnitt bei einem Konzert. Manchmal die einzige existierende Aufzeichnung einer musikalischen Darbietung. Der Begriff ging aus dem engl. *bootleg* für »Stiefelschaft« hervor. Zu Zeiten der Prohibition in den 1920er-Jahren wurden in Stiefeln Alkoholflaschen geschmuggelt.

Cover: Wiederaufnahme, Produktion einer neuen Aufzeichnung nach einer existierenden Version. Das kann eine Nachahmung sein, eine einfache Neuorchestrierung oder eine wahre Hommage, alles ist erlaubt, solange man die Struktur des Stücks respektiert und vor der kommerziellen Nutzung die Erlaubnis des Urhebers einholt. Von Leonard Cohens *Hallelujah* gibt es 300 Coverversionen.

Last.fm: ein Webradio, das auf seiner Internetseite mithilfe einer Software, die Ihre gehörte Musik und die Sta-

tistiken von 20 Millionen Nutzern analysiert, Musik-
empfehlungen gibt (wenn Ihnen dieser Titel gefällt, mö-
gen Sie vielleicht auch jenen).

Mashup: Medley oder Mix der 2010er-Jahre. Bei diesem
hybriden musikalischen Genre werden zwei (dann
spricht man von »versus«) oder mehrere Stücke zu einem neuen Titel gemischt. 2011 komponierte der junge
Madeon aus Nantes mit *Pop Culture* aus 39 internationalen Erfolgen einen internationalen Erfolg.

P2P: Peer-to-peer, von engl. *peer* für »Gleichgestellter«.
System der Weitergabe von Dateien, das 1999 aufkam
und mit dem Internetnutzer Musik im MP3-Format aus-
tauschen können. Da es ein dezentrales System ist,
kommt es zu keiner Überlastung beim Herunterladen.
Die Nutzung stellt in den meisten Fällen einen Verstoß
gegen das Urheberrecht dar.

Plug: ein Stecker, um den Ton anzuschließen.
Unplugged: akustisch.
Plug-in: Software-Erweiterung, zum Beispiel, um Radio
zu hören oder einen Videoclip anzusehen (Audioscrob-
bler und Java sind Plug-ins).

Podcast: Kofferwort aus *iPod* (das Playersystem von Apple) und *broadcast* (ausstrahlen). Ein Podcast ist eine im
Internet angebotene Datei, zum Beispiel eine Radiosen-
dung, die der Nutzer auf seinen Computer herunterladen und auf seinen Player übertragen kann.

SoundCloud: Das ist kein Klangteppich, sondern eine
besonders kreative Online-Audioplattform. Dort können Musiker ihre Projekte veröffentlichen und Nutzer

ausführliche Kommentare dazu schreiben. SoundCloud wurde 2007 in Berlin gegründet und zählt heute über drei Millionen Mitglieder.

Versus (vs.): siehe Mashup.

Zugabe

Hier nennen wir Ihnen die Alben, die die verschiedenen musikalischen Genres in den 2000er-Jahren geprägt haben.

Wenn Sie Lust haben auf einen Schnupperkurs, probieren Sie es mit einem davon.

	Der Soundtrack des 1. Jahrzehnts		
Dance	David Guetta	*One Love*	2009
Folk	Bon Iver	*For Emma, Forever Ago*	2008
Pop	Mika	*Life in Cartoon Motion*	2007
RnB	Beyoncé	*Dangerously In Love*	2003
Rock	The White Stripes	*Elephant*	2003
Soul	Amy Winehouse	*Back to Black*	2006

Welches sind die musikalischen Großereignisse seit dem Woodstock-Festival 1969 und dem Benefiz-Konzert zugunsten der Aidsforschung 1992 in Wembley?

Klassik: Die Übertragung von Aufführungen der Metropolitan Opera in New York in die Kinosäle der ganzen Welt, die 2006 mit Mozarts *Zauberflöte* begann, ist ein so großer Erfolg, dass heute über 50 Länder daran teilnehmen.

Rock: Im Februar 2006 kamen mehr als anderthalb Millionen Zuschauer zum Konzert der Rolling Stones an den riesigen Strand der Copacabana in Rio.

Jazz: Das Festival von Montreux läuft gut. 2008 wurde eine Stiftung gegründet, um herausragende Künstler zu fördern und einige Veranstaltungen kostenlos anzubieten und für ein breites Publikum und alle Musikstile zu öffnen.

Hip Hop: 2009 versammelten sich fast 20 000 Fans der Gruppe Black Eyed Peas in Chicago zum größten Flashmob aller Zeiten: Unter den staunenden Blicken von Zuschauern und bald Millionen von Internetnutzern auf Youtube tanzten sie zu *I Gotta Feeling* eine gigantische Choreografie.

Elektro: Unter den zahlreichen Festivals der elektronischen Musik – das *CzechTek,* die *Full Moon Party* oder die *Loveparade* – wurde das *Tomorrowland* bei den International Dance Music Awards 2012 und 2013 als bestes Musikevent weltweit ausgezeichnet. Die riesige Party findet jährlich in der kleinen belgischen Gemeinde Boom statt.

Lektion 10

Neue Hauswirtschaft

In diesem Kapitel nehmen wir unsere Alltagsgewohnheiten unter die Lupe: Wir wiederholen die Grundlagen der Ernährungswissenschaft und erlernen die wichtigsten Prinzipien einer umweltbewussten Haushaltsführung.

Kleines Überlebenshandbuch für den Alltag

Um die jungen Generationen auf den Ernst des Lebens vorzubereiten, lernten die Mädchen in der Schule früher, Gemüse einzulegen und Knopflöcher zu nähen. Den Jungen brachte man bei, den Brenner des Heizkessels zu wechseln und sich um den Garten zu kümmern, da diese Aufgaben ihrer Würde besser gerecht wurden. Heute herrscht Gleichberechtigung, die Probleme haben sich verlagert. Männer und Frauen treffen sich am Abend in ihrer vollausgestatteten Küche, umgeben von hochentwickelten Geräten, die sie nie benutzen. Dort essen sie Fertiggerichte und sehen zu, wie der Wasserhahn tropft, weil sie nicht wissen, wie man ihn repariert. Und sie stellen sich jede Menge Fragen über die Folgen eines solchen Lebensstils. Ist dieses Essen wirklich gut für ihre Gesundheit, wenn da so viel Mist drinsteckt? Ist dieser undichte Hahn nicht eine Katastrophe für den Planeten, wenn da so viel Wasser verschwendet wird? Mit all den Wunderprodukten und schönen elektrischen Haushaltsgeräten, die alles können, gab die Konsumgesellschaft der zweiten Hälfte des 20. Jahrhunderts vor, den Verbraucher von den lästigen Aufgaben im Haushalt zu befreien. Doch die Summe der Probleme, die ihn im Alltag belasten, hat sich nicht verringert. Es kann daher nicht schaden, sich in dieser oft belächelten Disziplin einmal auf den neuesten Stand zu bringen. Aber keine Sorge, hier in unserem Hauswirtschaftsunterricht sind die Klassen gemischt, und der Lehrplan wurde unserer Zeit angepasst.

I. Ernährung

»Essen Sie Fisch, das ist das Allerbeste.«

»Fisch! Bei all den Schwermetallen, die im Meer herumschwimmen!«

»Probieren Sie es mal mit Himbeeren, die sollen gegen alles helfen.«

»Obst, das man nicht schälen kann! Bei den ganzen Pestiziden, die da drauf sind!«

Essen sollte ein Genuss sein. In unserer verängstigten Gesellschaft ist es oft ein Zwang, von dem einem richtig der Appetit vergehen kann. Täglich wird uns auf der Grundlage der seriösesten Studien der Welt die Erfindung einer Wunderdiät oder eines einzigartigen Produkts verkündet, das ewige Gesundheit und Jugend schenkt. Täglich wird uns auf der Grundlage neuer, ebenso überzeugender Studien verkündet, dass die Allheilmittel von gestern möglicherweise Gift waren.

Was soll man also glauben? Den einzigen, einfachen Grundsatz, bei dem sich alle wahren Spezialisten einig sind und der letztendlich schon immer derselbe war: Man soll von allem ein bisschen essen. Das Geheimnis einer ausgewogenen Ernährung liegt in der Wahl einer abwechslungsreichen, gesunden, appetitlichen Kost, deren Herkunft man kennt. Wer das Gegenteil behauptet, vertritt kommerzielle Interessen oder ist ein Scharlatan.

1. Ernährungswissenschaft heute

Sehen Sie einmal genau hin, was Sie in Ihrem Einkaufswagen haben: eine Packung Müsli, ein paar Becher Fruchtmus, ein Glas Taramas, Suppen im Tetra Pak ... Auf den

Etiketten sind wichtige Informationen angegeben. All diese Lebensmittel enthalten unterschiedliche Arten verwertbarer Nährstoffe: Proteine, Lipide und Kohlenhydrate (die Energielieferanten) sowie Vitamine, Mineralstoffe und Spurenelemente (die Mikronährstoffe).

Wenn der Energiegehalt nicht draufsteht (was nicht verpflichtend ist), muss doch zumindest eine Zutatenliste auf dem Produkt zu finden sein, und die ist ein guter Anhaltspunkt, da die Ingredienzen in absteigender Reihenfolge ihrer Menge erscheinen. Wenn bei einem Taramas als Hauptzutat Rapsöl angegeben ist, können Sie davon ausgehen, dass es sehr fettreich ist.

Manchmal steht auch der Nährstoffbedarf (**RDA**, von engl. *Recommended Daily Allowance,* dt. »empfohlene Tagesdosis«) auf der Verpackung. Er richtet sich nach dem Durchschnittswert an Kalorien, die dem Organismus täglich zugeführt werden sollen, und unterscheidet sich nach Alter, Geschlecht, Körperbau und Klima. Auch nach Aktivität? Das ist nicht erwiesen: Ein Sportler isst in Ruhephasen ebenso viel und manchmal mehr als während Wettkämpfen. Der Energiebedarf eines Erwachsenen liegt ungefähr bei 2 500 Kilokalorien (kcal) pro Tag und teilt sich folgendermaßen auf:

Proteine (10 bis 15 %*)
Wahlweise Rinderfilet oder Tofuwürfel. Proteine erfüllen zahlreiche Funktionen im menschlichen Körper, sie sind

---

* Diese Prozentsätze dienen als Berechnungsgrundlage für die auf den Etiketten angegebene RDA. Dabei handelt es sich um Durchschnittswerte, zudem sind die Unterschiede zwischen Männern und Frauen beträchtlich.
In Deutschland werden die Prozentsätze von der DGE (Deutsche Gesellschaft für Ernährung) ermittelt.
100 g Proteine oder Kohlenhydrate liefern 400 kcal; 100 g Lipide liefern 900 kcal.

notwendig fürs Wachstum und die Erneuerung unserer Zellen.

Die Eiweißzufuhr kann tierischen (auf der Liste der proteinreichsten Lebensmittel stehen gekochter/gebratener Thunfisch, Taube und Parmesan) oder pflanzlichen Ursprungs (Sojamehl, Weizenkeime, Sonnenblumenkerne) sein. Vegetarier wissen, dass man zur Verbesserung der Eiweißzufuhr einfach Getreide mit Hülsenfrüchten kombinieren muss: Man isst Gries mit Kichererbsen wie in den Maghreb-Ländern oder rote Bohnen mit Reis wie in Lateinamerika. Das ist gesund, natürlich und sorgt für Abwechslung bei den Mahlzeiten.

Um den weltweit wachsenden Bedarf an Proteinen zu decken und die negativen Auswirkungen der Viehzucht auf die Umwelt einzugrenzen, arbeiten holländische Forscher

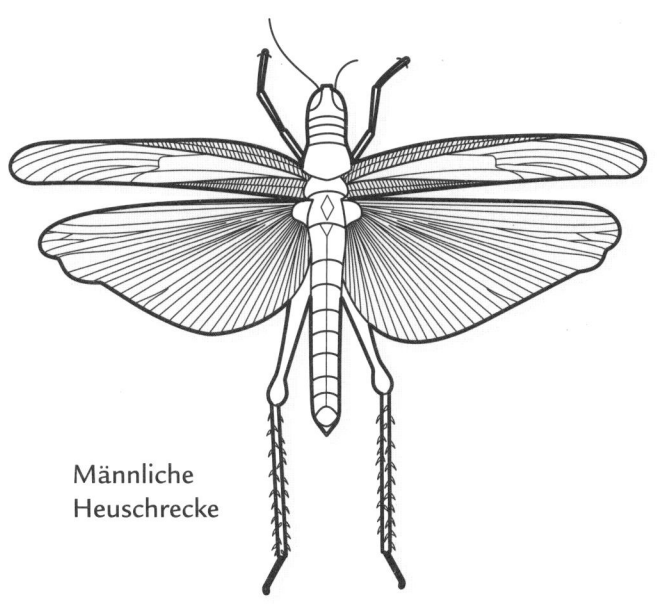

Männliche
Heuschrecke

ernsthaft daran, Fleischstreifen aus Stammzellen von Kühen herzustellen. Das Labor-Steak wird bald ausgereift sein. Die andere vielversprechende Option fürs 21. Jahrhundert stellen **Insekten** dar. Sie sind im Überfluss vorhanden, nicht teuer und sehr proteinreich.

Kohlenhydrate (55 bis 60 %)

Kohlenhydrate sind einfache (Glukose, Fruktose, ...) oder komplexe Zucker (Stärke), die als Energiespeicher dienen. Lange Zeit wurde zwischen schnellen und langsamen Zuckern unterschieden, heute konzentrieren sich Ernährungsberater jedoch eher auf den **Glykämischen Index**, also die Wirkung eines Lebensmittels auf den Blutzuckerspiegel, um genauer zu untersuchen, wie es aufgenommen wird. Linsen, Bohnen und Quinoa haben einen niedrigen Glykämischen Index, sie machen satt und liefern gleichzeitig Energie. Zucker sind sehr nützlich bei Muskelanstrengungen, sie sind Kraftstoffe. Für einen Kohlenhydrat-Shot ist Kakaopulver unschlagbar (über 80 % Kohlenhydrate). Schaumgebäck ist ebenfalls sehr wirkungsvoll (95 %), aber ein Sportler wird Datteln vorziehen. Popcorn hingegen ist eine ungeahnte Quelle an **Ballaststoffen**, ebenso wie Backpflaumen. Ballaststoffe werden leicht vergessen, aber sie gehören auch zur Familie der (komplexen unverdaulichen) Kohlenhydrate. Sie fördern die Verdauung.

Wenn Kohlenhydrate in zu großer Menge aufgenommen werden, sind sie schädlich, da einfache Zucker Diabetes und Fettleibigkeit begünstigen (vgl. S. 337).

Omega

Omega 3 und 6 sind **essenzielle Fettsäuren** (essenziell, weil notwendig für den Organismus, der sie nicht selbst herstellen kann), sie spielen eine entscheidende Rolle für das einwandfreie Funktionieren der Zellen. Durch die Industrialisierung und die Massentierhaltung haben wir die schlechte Angewohnheit angenommen, einen immer größeren Anteil an Omega-6-Fettsäuren zu konsumieren (Sonnenblumen- und Palmöl, Fett von mit Maismehl gefütterten Tieren). Diese massive Omega-6-Zufuhr verhindert die Aufnahme von Omega 3 und kann dadurch zu einer Art Mangel führen.

Wohingegen die Omega-3-Fettsäuren (enthalten in bestimmten pflanzlichen Ölen wie Lein-, Raps- oder Walnussöl sowie in fetthaltigen Fischen wie Lachs, Hering und Makrele) bei übermäßigem Konsum ebenfalls Übergewicht begünstigen sollen. Unsere Zellen brauchen nicht die einen oder die anderen, sondern beide: Ihr Zusammenwirken ist gesund.

Lipide (25 bis 30 %)

Wie auch bei den Zuckern ist Fett nicht gleich Fett. Zu den Lipiden zählen verschiedene Arten von Fetten. Beginnen wir mit den schlimmsten, den **Trans-Fettsäuren**. Der Großteil entsteht in der Industrie durch einen chemischen Prozess, um die Haltbarkeit zu verbessern und die Konsistenz bestimmter Pflanzenöle zu verändern. Trans-Fettsäuren stellen ein bedeutendes Risiko für Herz und Gefäße dar. Sie werden weltweit bekämpft: Kanada, Dänemark und Kalifornien verbieten ihre Nutzung. Diese Fette sind in industriell hergestelltem Feingebäck, Chips und Brotaufstrichen enthalten und müssen in Deutschland mit dem Hinweis »gehärtet« deklariert werden. Man sollte sie vermeiden.

Ebenso sollte man es vermeiden, zu viele **gesättigte Fettsäuren** (Speck, Butter, Palm- und Kokosöl) zu konsumieren, die ebenfalls dazu neigen, den Cholesterinspiegel ansteigen zu lassen. Was bleibt dann noch? Die reinen Öle aus Raps, Oliven, Mais, Walnuss, Avocado ... und vor allem bleibt, in Anbetracht der unterschiedlichen Wirkstoffkombination der Öle, die Möglichkeit zu variieren. Denn wir dürfen nicht vergessen, dass Lipide für den Organismus unverzichtbar sind. Sie ermöglichen nicht zuletzt das Speichern von Energie und eine gute Zellstruktur.

Nachschlag

Es gibt auch noch anderes im Leben als Kalorien. Daneben existieren verschiedene Ernährungsansätze, die nicht ausschließlich die Kalorienbilanz im Blick haben. In China zum Beispiel, wo die Diätetik eine Disziplin der traditionellen Medizin ist, betrachtet man den individuellen Energiebedarf eines Menschen, aber ebenso alle qualitativen Aspekte eines Lebensmittels: die Farbe, den Geschmack, die Konsistenz, die Herkunft ... Zu den vielfältigen Kriterien, die berücksichtigt werden, um eine ausgewogene Ernährung zu finden oder wiederherzustellen, zählen folgende:

Die Lebensmittelfamilien. In China werden Lebensmittel nach Yin und Yang, heiß und kalt, eingeteilt. Reis regt den Stoffwechsel an, wohingegen eine Banane oder ein Apfel ihn verlangsamen. Um morgens in die Gänge zu kommen, ist Milchreis eine gute Idee. Ebenso ein Apfel zur Entspannung am Ende des Tages.

Der Geschmack und die Farbe. Die Harmonie der Farben eines Gerichts sorgt für eine psychische Befriedigung, die den Appetit und später den Stoffwechsel anregt. So ähnlich wie die Tatsache, sich beim Essen Zeit zu lassen, lösen hübsche Farben auf dem Teller Signale aus, die die Verdauungsaktivität begünstigen.

Die Art, wie man isst (die Chinesen nennen es *kou gan*, »das Mundgefühl«). Die Konsistenz bedingt die Art, wie wir kauen, schlucken und Nährstoffe aufnehmen oder auch nicht. Eine Kartoffel können wir besser aufnehmen als ein Püree. Der Grund dafür ist, dass unsere Speicheldrüsen beim Kauen ein Enzym (Amylase) produzieren, das Stärke umwandelt und zu ihrer Verdauung beiträgt. Also immer gut kauen!

Mit Salat, Tomaten und Zwiebeln?

Wie jeden Mittag haben wir die Wahl zwischen einem Döner, einem Asia-Imbiss, einem Couscous und einer Pastabox. Welche Energiebilanzen haben diese Gerichte der verschiedenen Nationen? Ist es besser, auf einer Restaurantterrasse einen Salat zu essen oder einen doppelten Hamburger auf einem Parkplatz? Und was passiert, wenn man zu seiner Pizza eine Pommesbeilage bestellt? Hier sehen Sie eine Schätzung der Nährwerte für die durchschnittlichen Portionen in Restaurants:

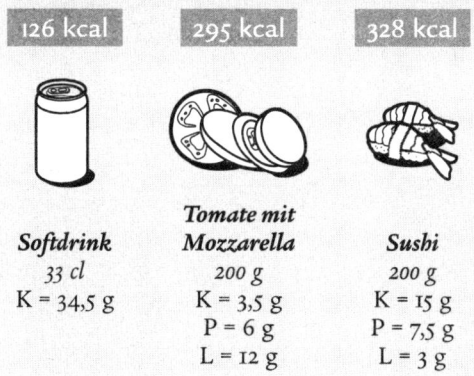

126 kcal	295 kcal	328 kcal
	Tomate mit	
Softdrink	**Mozzarella**	**Sushi**
33 cl	200 g	200 g
K = 34,5 g	K = 3,5 g	K = 15 g
	P = 6 g	P = 7,5 g
	L = 12 g	L = 3 g

Hamburger
200 g
K = 18 g
P = 11,5 g
L = 11,5 g

360 kcal

Frühlingsrollen
mit gebratenem Reis
270 g
K = 22 g
P = 2,5 g
L = 3,5 g

360 kcal

Döner
200 g
K = 12,5 g
P = 16 g
L = 20,5 g

400 kcal

Pommes
100 g
K = 52 g
P = 5 g
L = 20 g

400 kcal

Pastabox
Bolognese
300 g
K = 28 g
P = 9 g
L = 6 g

410 kcal

Pizza
Margherita
200 g
K = 22 g
P = 8 g
L = 10 g

420 kcal

Couscous
mit Huhn und Wurst
300 g
K = 14 g
P = 7,5 g
L = 6,5 g

430 kcal

K = Kohlenhydrate; P = Proteide; L = Lipide pro 100 g

Natürlich beschränkt sich eine gesunde Ernährung nicht nur auf die Kalorienbilanz. Eine ausgewogene Mahlzeit besteht idealerweise aus Rohkost, Obst (als Ballaststoff-, Vitamin- und Mineralstoffquelle) und einem Gericht mit Beilage (als Quelle von Proteinen, Lipiden und komplexen Kohlenhydraten, durch die man nicht zu schnell wieder Hunger bekommt). Wenn Sie von den vorstehenden Gerichten Sushi wählen, essen Sie dazu einen Krautsalat (für die Ballaststoffe). Ein grüner Salat (auch eine Ballaststoffquelle) macht die Pizza bekömmlicher. Beim Chinesen ist Gemüsereis dem einfachen weißen Reis vorzuziehen. Und vergessen Sie Couscous nicht: Durch die Mischung aus Getreide und verschiedenen Gemüse- und Fleischsorten ist es *das* ausgewogene Gericht par excellence.

Bei den Getränken sollten Sie natürlich auf Softdrinks verzichten. Nehmen Sie lieber ein Milchprodukt oder noch besser Wasser: Es wird empfohlen, davon 1,5 Liter am Tag zu trinken.

2. Fünfmal Obst und Gemüse pro Tag, wer bietet mehr?

Das Ernährungsprogramm *5 a day* (dt. »5 am Tag«) wurde in den 1990er-Jahren in den USA gestartet und mit Unterstützung der WHO (Weltgesundheitsorganisation) ab 2003 auf zahlreiche Länder ausgeweitet, darunter Großbritannien, Deutschland und Frankreich. Obst und Gemüse sind natürliche Quellen für Vitamine, Ballast- und Mineralstoffe und haben antioxidative Eigenschaften. Ein regelmäßiger und reichlicher Konsum von mindestens fünf pflanzlichen Nahrungsmitteln (ein Glas Obstsaft, ein Apfel, 100 g frisches Gemüse, eine Schale Rohkost, ein Fruchtmus – war doch gar nicht so schwer, oder?) soll das Risiko für Krebs, grünen Star, hohen Blutdruck und Herzkrankheiten senken. Diese Sensibilisierungskampagne hat überall auf der Welt sehr gut funktioniert, aber dennoch einige Fragen aufgeworfen. Die häufigsten sind folgende:

■ »Fünf Portionen, warum nicht acht?«

Ja, warum nicht, das ist noch besser. Die empfohlene Tagesdosis an Obst und Gemüse wird auf 750 g geschätzt. Um diese RDA zu erreichen, muss man einfach verschiedenartige Portionen in ausreichender Menge essen.

■ »Gibt es Beweise für einen Rückgang der Krebserkrankungen infolge dieser Methode?«

Das Problem ist, dass Krebs durch viele Faktoren bedingt wird. Es gibt vielversprechende Studien, aber kein Wundermittel.

■ »Aber wäre es nicht wirkungsvoller, Zigarettenrauch und gehärteten Fetten (den Oxidantien) aus dem Weg zu gehen, anstatt sich mit Antioxidantien vollzustopfen?«

Das eine schließt das andere nicht aus. Es sind einfach verschiedene Ansätze, der eine ist positiv, der andere restriktiv.

■ »Wenn man mehr Obst isst, nimmt man Rückstände von Pestiziden auf ...«

Klar, es gibt immer was zu meckern. Ziel dieses Programms ist es vor allem, die Bevölkerung auf den Zusammenhang zwischen einer ausgewogenen Ernährung und einer stabilen Gesundheit aufmerksam zu machen. Die Vereinigten Staaten haben übrigens den Titel der Kampagne geändert, heute lautet er: »Fruits & Veggies – More Matters« (Obst und Gemüse: Je mehr, desto besser).

So viel zur öffentlichen Gesundheitsfürsorge. Sehen wir uns nun den Kern der Botschaft an.

Obst und Gemüse haben antioxidative Eigenschaften. Das ist großartig, aber was sind Antioxidantien eigentlich? Um den Mechanismus zu begreifen, muss zunächst ein anderer weit verbreiteter Begriff geklärt werden, der auch nicht immer genau verstanden wird, nämlich »**freie Radikale**«.

Freie Radikale gehören zu unserem Organismus. Sie sind instabile Molekülfragmente und reagieren mit den Substanzen, mit denen sie in Berührung kommen. Wenn sie die Degeneration unserer Zellen bewirken, nennt man das Oxidation der Zellen. Dieses Phänomen ist normal, aber wenn es stark ansteigt, werden unsere Abwehrkräfte auf die Probe gestellt, dann spricht man von »oxidativem Stress«. Er spielt bei degenerativen Erkrankungen, Krebs oder Alzheimer eine Rolle. Eine ausgewogene Ernährung enthält **Antioxidantien**, die diesen Prozess bremsen.

Die bekanntesten Antioxidantien sind:
- Vitamin C (besonders viel enthalten Brennnesseln, Petersilie und Kiwis)
- Vitamin E (Weizenkeim-, Argan- und Sonnenblumenöl)

- Selen (Krustentiere, Walnüsse, Haselnüsse)
- Provitamin A (Betacarotin in Sauerampfer und Karotten)
- Polyphenole (in Erdbeeren, Wein und grünem Tee)

Beispiel für ein antioxidatives Frühstück:
- 1 frisch gepresster Orangen-Karotten-Saft
- 1 große Schüssel Vollkornflocken mit Haselnüssen, dunklen Schokoladenraspeln und Buttermilch
- 1 grüner Tee

Die Zusatzstoffe

Da ist für jeden was dabei, es gibt sie in allen Farben und Geschmacksrichtungen. Lezithin (E 322) ist ein **Emulgator**; Sulfite (E 228) im Wein und Nitrite (E 250) in Wurstwaren sind **Konservierungsstoffe**; Alginate (E 401) sind **Verdickungsmittel**; Glutamat (E 621) ist ein **Geschmacksverstärker**; Polyphosphate (E 452) sind **Stabilisatoren**; BHA (E 320) ist ein **Antioxidans**; Glycerin (E 422) ist ein **Feuchtigkeitsspender**; Aspartam (E 951) und Sorbit (E 420) sind **Süßstoffe** ...

Achten Sie auf die Mengen- und Altersangaben. Bestimmte Farbstoffe, die in Bonbons verwendet werden (E 102, E 110, E 122) erhöhen das Risiko von Hyperaktivität bei Kindern; BHA in Kaugummis ist ein sog. endokriner Disruptor; Aspartam steht im Verdacht, krebserregend zu sein. Um sich vor Zusatzstoffen zu schützen, sollte man so wenig industriell hergestellte Produkte wie möglich konsumieren.

3. Lebensmittelsicherheit

Nach den aufeinanderfolgenden Lebensmittelskandalen – Rinderwahn, Vogelgrippe, gepanschte Milch – behauptet die Nahrungsgüterindustrie steif und fest, Lebensmittel seien noch nie so sicher gewesen. Gleichzeitig verstärkt sie die Kennzeichnung ihrer Produkte, die nun garantiert »ohne GVOs« oder »ohne BPA« sind. Die Lebensmittel sind also ungefährlich, sofern sie keine gefährlichen Zutaten enthalten. Was nicht gerade dazu beiträgt, die allgemein herrschende Unsicherheit auszuräumen. Verschaffen wir uns einen kurzen Überblick, was diese »ohne« sind, um das Ausmaß der Gesundheitsrisiken* besser abschätzen zu können.

Die »ohne«	Pestizide	GVOs
Was heißt das? *Was bringt das?*	Oberbegriff für Schädlingsbekämpfungsmittel: Fungizide (gegen Pilze), Insektizide (gegen Ungeziefer), Herbizide (gegen Unkraut) ...	Organismen, deren Erbgut gentechnisch verändert wurde, um ihre Produktivität oder Resistenz zu verbessern oder um neue Eigenschaften zu erzeugen (z. B. kann aus Tabak Seide gewonnen werden ... durch die Gene von Spinnen).

* Manger sain (dt. »Gesund essen«), *60 millions de consommateurs*, Institut national de la consommation, Nr. 157, November 2011.

Die »ohne«	Pestizide	GVOs
Wo ver-stecken sie sich?	Überall, vor allem auf der Schale von Obst und Gemüse.	1 Milliarde Hektar GVO-Kulturen im Jahr 2010: GVOs verstecken sich nicht, sondern entwickeln sich. Getreide (Mais, Soja, Raps) ist das am häufigsten gentechnisch veränderte und patentierte Lebensmittel. Dabei handelt es sich um eine besorgniserregende Verkaufsstrategie, die die Bauern unterdrückt und die Qualität der landwirtschaftlichen Produkte nicht unbedingt verbessert.
Und wenn ich davon esse?	Es kommt auf die Menge an, aber Pestizide können Wachstumsstörungen, neurologische Probleme und Missbildungen hervorrufen.	Offiziell sind GVOs keine Gefahr, aber sie greifen in die Natur ein, indem sie unkontrollierbare Hybridformen erzeugen.
Wie kann ich mich davor schützen?	Obst gut waschen oder schälen. Bio essen.	Bio bevorzugen. La Via Campesina (internationales Netzwerk von Bauernverbänden gegen GVOs) unterstützen.

Die »ohne«	Phthalate	Bisphenol A
Was heißt das? **Was bringt das?**	Das sind chemische Zusätze, um Kunststoffe (PVC) weicher zu machen.	BPA ist ein chemischer Zusatzstoff, der für die Transparenz und Widerstandsfähigkeit von Harzen wichtig ist.
Wo verstecken sie sich?	In Verpackungen (Frischhaltefolie, PET), allen PVC-Produkten (Fenster, Schläuche), Gummi, Reinigungsmitteln und Lacken.	In Plastikgeschirr und Wasserspendern sowie in der Beschichtung von Konserven- und Getränkedosen.
Und wenn ich davon esse?	Wenn Phthalate längere Zeit mit der Zunge in Kontakt kommen, erhöht sich das Risiko für Atemwegs-, Nieren- und Herzerkrankungen sowie Krebs.	Bisphenol A ist ein endokriner Disruptor, d. h. der Stoff verändert das Hormonsystem und ruft Krebs, Fettleibigkeit sowie Aufmerksamkeits- und Fruchtbarkeitsstörungen hervor.
Wie kann ich mich davor schützen?	Statt Plastikdosen lieber Glasgefäße verwenden. Nicht auf Radiergummis herumkauen.	Plastik nicht erhitzen und nicht mit zu starkem Reinigungsmittel waschen.

Die »ohne«	Gluten	Allergene
Was heißt das? Was bringt das?	Gemisch aus Proteinen, die in Getreide enthalten sind. Gluten bildet eine elastische, gummiartige Masse und lässt Backwaren aufgehen.	Europäische Richtlinie: Seit 2003 müssen Nahrungsmittel, die eine Allergie hervorrufen können (potenzielle Allergene), gekennzeichnet werden.
Wo verstecken sie sich?	Gluten findet man in verschiedener Form (Mehl, Grieß, Flocken) in Brot, Teigwaren, Keksen ...	Außer Gluten enthält die Liste auch Produkte mit Krustentieren, Eiern, Fisch, Erdnüssen, Soja, Milch (einschließlich Laktose), Schalenfrüchten (Mandeln, Walnüsse, Pistazien), Sellerie, Senf, Sesam und Sulfiten.
Und wenn ich davon esse?	Nur Menschen mit Glutenunverträglichkeit (in Europa einer von hundert) sollten darauf verzichten.	Hautausschlag, Atembeschwerden – Allergien sind extreme Immunreaktionen.
Wie kann ich mich davor schützen?	Produkte mit dem Symbol der durchgestrichenen Weizenähre bevorzugen.	Um das Allergierisiko zu reduzieren, sollte man möglichst auf industriell erzeugte Produkte verzichten, da diese oft zu viele Zusatzstoffe enthalten (Bonbons, Softdrinks, Soßen).

Quelle: Manger sain (dt. »Gesund essen«), 60 millions de consommateurs, Institut national de la consommation, Nr. 157, November 2011.

4. Diäten

Das 21. Jahrhundert hat ein gewaltiges Gewichtsproblem. Und damit meinen wir nicht die lästigen »paar Kilo zu viel«, über die fast alle jedes Frühjahr klagen, wenn sie Bikinis und Badehosen kaufen gehen. Wir meinen die Epidemie der Fettleibigkeit, die eins der größten und teuersten Probleme des öffentlichen Gesundheitswesens unserer Zeit darstellt. In den vergangenen dreißig Jahren haben sich die Fälle überall auf der Welt quasi verdoppelt. Der europäische Durchschnitt lag 2011 bei 15,5 %. In Großbritannien, Irland, Malta und Luxemburg ist mehr als einer von fünf Erwachsenen betroffen.

Laut der WHO (Weltgesundheitsorganisation) resultiert Fettleibigkeit aus einem »zu hohen Kalorienkonsum im Vergleich zum täglichen Energieverbrauch«. Mit anderen Worten ist sie auf das weit verbreitete Junkfood und eine zu stark sitzende Lebensweise zurückzuführen. Fettleibigkeit bedeutet eine übermäßige Ansammlung von Fetten im Körper, die schwere Störungen (Diabetes, hohen Blutdruck, Schlaganfall) verursachen kann. Das erhöhte Vorkommen von Fettleibigkeit beschränkt sich nicht mehr auf die reichen Länder, sondern verbreitet sich auch in Bevölkerungen mit mittlerem und niedrigem Einkommen, im Norden wie im Süden.

Heute findet ein Kräftemessen mit den Hauptverantwortlichen für diese Epidemie statt. Die WHO beschuldigt vor allem die Marketingkampagnen der Fastfood-Gastronomie, die Kinder zu einem übermäßigen Konsum von Softdrinks anregen. Das Harvard-Institut für Wirtschaftsforschung hingegen klagt direkt die Nahrungsgüterindustrie an, besonders weil sie die Gewohnheit des nebenbei Knabberns fördert. Die Kalorienzufuhr außerhalb der Mahlzeiten ist einer der entscheidenden Faktoren für Fettleibigkeit.

Softdrinks

Es gibt sie in allen möglichen Geschmacksrichtungen: Limonaden, Getränke mit Apfel- oder Minzaroma, mit Schwarztee-Extrakt ...

Manche Softdrinks sind sogenannte Energydrinks. Die neuesten (Smartdrinks) enthalten Guaraná, eine Pflanze aus dem brasilianischen Amazonasgebiet. Sie reihen sich in die lange Tradition der Tonika (Schweppes, 1783) und Colas (Coca-Cola, 1886) ein, die stimulierend auf die Psyche wirken. Diät-Softdrinks (*light* oder *diet*) enthalten weniger Kalorien, weil sie ohne Glukose auskommen, schmecken aber trotzdem süß, was gefährlich ist: Der Körper erwartet echten Zucker und wird zwangsläufig danach verlangen.

Die Schlankheitsdiäten

Seit dem Jahr 2000 haben die Erwachsenen in Frankreich im Schnitt 3 kg zugenommen, 30 % sind übergewichtig. Das dürfte den Diät-Hype erklären. Kann man davon Wunder erwarten?

Die Dukan-Diät (entwickelt von dem Ernährungsmediziner Pierre Dukan)

→ Sehr proteinreich, mit Haferkleie, um die Ballaststoffzufuhr zu gewährleisten.

↗ Sie nehmen ab und können dabei so viel Fleisch essen, wie Sie wollen.

↘ Das macht müde, und von der Diät kriegen Sie einen Atem wie ein Raubtier.

Die Fricker-Diät (entwickelt von dem Ernährungs-
wissenschaftler Dr. Jacques Fricker)

→ Eine sehr proteinreiche Phase, keine stärkehaltigen
   Nahrungsmittel, kein Zucker, dafür Gemüse und
   Milchprodukte.

↗ Anfangs wirksam, weder Frust noch Hunger.

↘ Ermüdend, Risiko der einseitigen Ernährung und
   Verstopfung.

Die Montignac-Methode (begründet von Michel
Montignac)

→ Lipide und Kohlenhydrate »trennen«, gute Zucker
   und gute Fette essen.

↗ Crashkurs in Ernährungswissenschaft, keine
   Mengenbeschränkungen.

↘ Adieu Haselnussschoki (kohlenhydrat- und lipid-
   haltiges Nahrungsmittel).

Weight Watchers (1963 von Jean Nidetch gegründet)

→ In Maßen alles essen und sich in Gruppen gegenseitig motivieren.

↗ Ausgewogen. Sport ist ein wichtiger Faktor.

↘ Man nimmt wenig und ohne persönliche Be-
   treuung ab.

Solche restriktiven Diäten haben selten langfristig Erfolg.
Laut der französischen Behörde für Lebensmittelsicher-
heit kommt es in 95 % der Fälle anschließend wieder zu
einer Gewichtszunahme.

Die besonders proteinreichen Programme (zum Beispiel die Dukan-Diät) können auf den ersten Blick spektakuläre Ergebnisse erzielen, aber sie führen zu Stoff-

wechselproblemen. Ebenso kann eine Diät mit einem Abnehmcoach im Internet ohne offizielle medizinische Anleitung physische (Übersäuerung, Entzündungen, Probleme mit dem Eisprung) und psychische Störungen hervorrufen. Infolge einer Diät krank zu werden, wäre ganz schön dämlich.

5. Mikrowelle

Früher diente sie nur zum Auftauen und einfachen Erwärmen von Speisen, doch man kann mit der Mikrowelle köstliche Gerichte zubereiten. Das Prinzip dieses Kochgeräts besteht darin, die in den Lebensmitteln enthaltenen Wassermoleküle stark in Bewegung zu versetzen. Also nutzen wir diesen beschleunigten Dampfgareffekt, um bestimmte Speisen zu dünsten, ohne dass sie ihren Geschmack verlieren.

Hier drei Tipps:

- Um schnell 500 g geschälte **Kartoffeln** zu kochen, geben Sie sie mit drei Esslöffeln Wasser in ein Gefäß und bedecken sie es mit einer durchlöcherten Folie. Höchste Stufe, fünf Minuten. Fertig. Funktioniert auch mit Artischocken.

- Wenn Sie bei einem Rezept **Obst oder Gemüse schälen** müssen, zum Beispiel Tomaten oder Pfirsiche, schneiden Sie deren Schale kreuzweise ein und legen Sie sie in die Mikrowelle. Höchste Stufe, dreißig Sekunden. Danach geht das Schälen viel leichter.

- Anstatt die Schale einer frisch ausgepressten **Zitrone** wegzuwerfen, legen Sie sie in eine Tasse Wasser und stellen Sie diese in die Mikrowelle. Höchste Stufe, eine Minute. Wischen Sie anschließend die Innenwände ab. Der Zitronendampf ist ein wunderbarer Ersatz für Haushaltsreiniger.

Sie können sich sogar an ein Feinschmeckermenü wagen:

- Als Vorspeise gibt es **Gänsestopfleber in weißem Portwein**. Die ganze geputzte Leber eine Stunde in Portwein marinieren. Abtropfen lassen, salzen, pfeffern und in eine Glasschale legen. Zudecken und auf niedriger Stufe zwei Minuten in der Mikrowelle erwärmen. Holen Sie die Glasschale heraus und stellen Sie sie in einen tiefen Teller. Bedecken Sie die Leber mit Frischhaltefolie und drücken Sie mit einem Gewicht drauf, damit das überschüssige Fett austritt. Stellen Sie sie über Nacht in den Kühlschrank.

- Der Hauptgang besteht aus einem **Schellfischfilet**, das sich hervorragend in der Mikrowelle zubereiten lässt. Legen Sie das Fischfilet auf einen Teller, besprenkeln Sie es mit einem Schuss Olivenöl und Gewürzkräutern und decken Sie es mit einem zweiten Teller zu. Es ist in weniger als zwei Minuten fertig. Der Fisch gart in seinem eigenen Dampf und schmeckt köstlich.

- Als Dessert reichen Sie **Île flottante** (Eischnee auf Vanillesoße): 10 g Puderzucker pro geschlagenem Eiweiß. Eine Minute auf mittlerer Stufe. Ein kleines Tetra Pak Vanillesauce. Und zum krönenden Abschluss der Karamellüberzug aus 100 g feinem Kristallzucker, vermischt mit zwei Esslöffeln Wasser. Fünf Minuten auf höchster Stufe.

6. Gastronomie

Vor hundert Jahren gönnte sich der »Fürst der Gastronomen« Curnonsky gern ein Menü, das aus einer ganzen Reihe sättigender Vorspeisen bestand, darunter eine Blätterteigpastete, dann ein Fleischgericht mit Soße und überbackenem Gemüse oder Markknochen, eine Süßspeise, eine Käseplatte und ein Dessert. Eine Tarte Tatin war ohne einen Klecks Sahne undenkbar. Heute findet man in einem Gourmetrestaurant garantiert ein Menü, bei dem man zwischen Vor- und Nachspeise wählen kann, und das Hauptgericht konzentriert sich auf ein gutes regionales Produkt, feine Kräuter, ein vergessenes Gemüse und ein paar weitere Kleinigkeiten.

Heutzutage verzichtet kein großes Restaurant darauf, die Herkunft seiner Produkte anzugeben. In der aktuellen Gastronomie spielen die Reinheit und Rückverfolgbarkeit der Nahrungsmittel eine wichtige Rolle. Und die Küche wird weiterhin vom Beitrag verschiedener Kulturen beeinflusst: vom Flechten- und Beerensammeln der nordischen Volksstämme, vom Streetfood, das sich an den Verkaufsständen in den Straßen von Millionenstädten inspiriert ... Außerdem zelebriert sie zahlreiche Wiederentdeckungen: die alten Gemüsesorten aus dem eigenen Garten, die Mode der »Rückbesinnung« mit den tausend Variationen belegter Brote, von Kartoffelbrei mit Schinken oder Bonbons in den Desserts, die Rückkehr des »brûlé« in der *haute cuisine* mit der Nutzung von offenem Feuer und Glut.

Die innovativen Strömungen der Gastronomie des 21. Jahrhunderts gehen alle in Richtung **Molekularküche**, eine kulinarische Mode, die sich die Erkenntnisse der Naturwissenschaft zunutze macht*, indem sie neue Zutaten einführt und neue Methoden der Entwicklung von Gerichten erforscht. Der katalanische Koch Ferran Adrià, Erfinder der sphärischen Miesmuschel an Bacon-Schaum, war ein Mitbegründer dieser Bewegung.

Der molekulare Ansatz der Gastronomie beruht auf einigen leicht verständlichen Prinzipien:

Emulsion. Das ist dieser aromatisierte Schaum, der alle Teller der großen Restaurants schmückt. Die Emulsion wird auf Basis einer aromatischen Flüssigkeit (Brühe, Saft, Aufguss, Sud) hergestellt, die mit Lezithin vermengt und dann aufgeschlagen wird. Dabei darf der Kopf des Mixers nur halb in die Flüssigkeit eintauchen, damit das Maximum an Luft untergemischt werden kann. Das kann man sehr leicht nachmachen, aber Achtung! Man muss das Gericht sofort servieren, sonst sieht es aus, als hätte eine Katze auf den Teller gekotzt.

Niedrigtemperatur. Damit ein Fischfilet oder ein Kalbskotelett zart, saftig und schmackhaft bleibt, gibt es nichts Besseres als das Garen bei niedriger Temperatur. Das heißt, ein Nahrungsmittel wird gekocht, ohne dass das darin enthaltene Wasser verdunstet. Lachs wird perfekt bei 45 °C (nach einer Stunde in Frischhaltefolie im Ofen oder in einem dichten Beutel in der Spülmaschine). Ab 55 °C schmilzt Kollagen, das für den Zusammenhalt der Zellen in einem Stück Rindermuskel sorgt, bei über 60 °C zerfallen die Proteine. Indem der Koch die Temperatur mit einer Thermosonde genau kontrolliert, erreicht er die ideale Garstufe (blau/blutig/rosa/durch ...) ohne Verluste bei der Saftigkeit oder dem Geschmack. Für ein blutiges Steak rech-

* Die Übertragung physikalisch-chemischer Grundsätze auf die Kochkunst wurde durch den britischen Physiker Nicholas Kurti und den französischen Chemiker Hervé This eingeleitet.

net man anderthalb Stunden im Ofen bei 57 °C. Danach kann man das Fleisch ein paar Sekunden auf den Grill oder in die Pfanne legen, um eine hübsche Farbe und das entsprechende Aroma zu erhalten.

Sphärisierung. Das bedeutet, Nahrungsmittel werden zu Kugeln geformt wie Kaviar oder Knödel, je nach Größe, indem man in einem Tauchbad einen Gelierungsprozess einleitet. Dafür eignet sich das natürliche Verdickungsmittel Agar-Agar, doch den beeindruckendsten Effekt erhält man mit Natriumalginat* in einer Kalziumlösung, denn die mit diesem Verfahren hergestellten Kugeln platzen im Mund. Probieren wir es aus.

Austern mit Essigperlen

Austern: 6 oder 12 pro Person
Schalottenessig: 5 cl
Mineralwasser (kalziumarm): 10 cl
Leitungswasser: 30 cl
Rohrzucker: 2 cl
Natriumalginat: 1,7 g
Kalziumlaktat: 3 g

Am Vortag Mineralwasser, Zucker und dann Alginat mit dem Mixer vermischen, bis eine glatte Masse ohne Klümpchen entsteht. Mindestens eine Stunde ruhen lassen, daraufhin den Essig unterrühren. **Am nächsten Tag** öffnen Sie die Austern und lassen das Wasser daraus abfließen. Bereiten Sie ein Kalziumbad vor, indem Sie das Laktat in einer großen Schüssel mit dem Leitungswasser verrühren. Füllen Sie die Essigmischung in eine

---

* Aus dem Lebensmittelfach- oder -versandhandel.

Spritze oder Pipette und geben Sie sie dann tröpfchenweise ins Tauchbad. Die **Sphärisierung** wird durch den Kontakt mit dem Kalzium ausgelöst. Lassen Sie die Kugeln dreißig Sekunden im Wasser und rühren Sie es sanft um. Dann holen Sie die Sphären mit einem kleinen Sieb heraus und spülen sie mit klarem Wasser ab. Verteilen Sie ein paar Essigperlen auf den Austern und geben Sie den Rest nach Belieben in ein Schälchen. Sofort servieren.

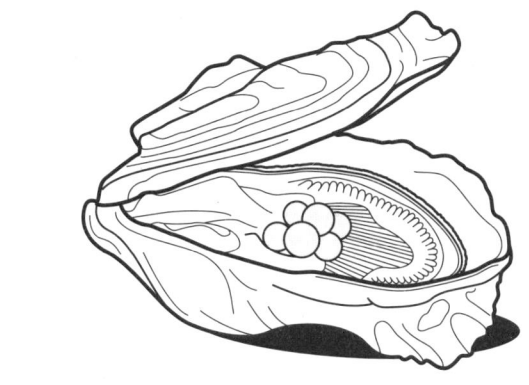

II. Ökologie

Du sollst das Wasser nicht grundlos fließen lassen! Du sollst die Farben deiner Mülleimer nicht verwechseln! Du sollst deinen ökologischen Fußabdruck stets vor Augen haben!

... was uns die Frage aufdrängt: Ist das Umweltbewusstsein mit seiner Manie, uns im Alltag seine Riten und Verbote aufzudrängen, die neue Religion des 21. Jahrhunderts?

»So ist es, und genau deshalb sind wir dagegen!«, rufen die Öko-Skeptiker. »Dieser ganze Schwachsinn ist nichts als ein neuer, konformistischer Katechismus, der bei den Leuten Schuldgefühle wecken und sie davon abhalten soll zu tun, was sie wollen.«

»Sollen sie etwa mit der Verschwendung weitermachen, mit der sie ihr armseliges Ego befriedigen, damit wir noch ein bisschen schneller auf die Katastrophe zurasen?«, entgegnen die verantwortungsbewussten Umweltschützer. »Ökologie ist keine Religion, sie verspricht niemandem das Paradies im Jenseits. Sie will nur die Hölle auf Erden vermeiden. Das ist ein kleiner Unterschied.«

------------------ I. Bio ------------------

Eine Tomate aus dem Supermarkt ist oft ein gentechnisch veränderter Organismus, der 4000 Kilometer entfernt als Frucht eines von einem Konzern patentierten Setzlings gewachsen ist, der wiederum in einer Hydrokultur unter einer Plastikplane unter massivem Einsatz von chemischen Düngemitteln, Insektiziden, Fungiziden und Antibiotika gezogen wurde.

Eine Bio-Tomate ist das, was man sich unter einer Tomate vorstellt, ohne dieses ganze Kampfarsenal.

Biologische Landwirtschaft gibt es seit hundert Jahren. Sie hat zwar in der zweiten Hälfte des 20. Jahrhunderts als Alternative zum Intensivanbau und seinen chemischen Produkten große Fortschritte gemacht, doch ihr Prinzip bleibt dasselbe. Dabei geht es darum, das natürliche Gleichgewicht der Böden, Pflanzen und Tiere zu schützen und die Umwelt zu respektieren. Darauf zu achten, dass die Erde ihre natürliche Fruchtbarkeit behält. Die Artenvielfalt und die Produktqualität zu bewahren. Sich für die Erhaltung einer gewissen Autonomie des Bauernberufs zu engagieren sowie, und das ist kein Widerspruch, innovative Techniken einzusetzen.

Konkret heißt das, ein **Landwirt, der Bioprodukte erzeugt,** benutzt weder GVOs noch chemische Synthesestoffe. Im Rahmen seiner Möglichkeiten wechselt er regelmäßig die Bepflanzung, um dieselbe Anbaufläche nicht auszulaugen (Fruchtwechsel), er recycelt organisches Material (Kompost, Dung) und praktiziert »biologische Schädlingsbekämpfung« (siehe Glossar auf der folgenden Seite).

Bei der Tierhaltung herrscht dasselbe Prinzip. Zwischen einer Henne aus einer Legebatterie und einer Bio-Henne bestehen dieselben Unterschiede wie zwischen einer gewöhnlichen Tomate und einer Bio-Tomate. Biologische Viehzucht bedeutet, dass auf das Wohlergehen der Tiere geachtet wird: ein Minimum an Raum, angemessene Nahrung (bio und, wenn möglich, vom selben Bauernhof) und im Notfall sanfte Medizin (Pflanzenheilkunde, Homöopathie) statt pulverisierten Antibiotika bei jeder Fütterung.

»Bio« ist der einzige Sektor der Nahrungsgüterindustrie, der im 21. Jahrhundert ein nachhaltiges Wachstum verzeichnen kann. Er erstreckt sich heute auf Reinigungsmittel, Kleidung, Möbel und Kosmetik.

| Frankreich | Japan | Europa | Niederlande |

Bio-Labels

Heute ist alles bio, sogar das Vokabular. Sehen wir uns die wichtigsten Bio-Wörter noch einmal an.

Biodiversität: Wissenschaftlern aus der ganzen Welt ist es bis heute gelungen, fast zwei Millionen Pflanzen- und Tierarten (18 000 neu verzeichnete Arten im Jahr 2011) zu beschreiben und zu benennen. Sie schätzen, dass es mehr als zehn Millionen gibt, von denen die überwältigende Mehrheit Mikroorganismen sind. Biodiversität bezieht sich auf diese immense Vielfalt von Lebewesen, die die Erde bevölkern, sowie die Notwendigkeit, sie zu bewahren, indem die Beziehungen der Arten zueinander geachtet werden.

Die Weltnaturschutzunion (IUCN) untersucht die Biodiversität und erfasst die vom Aussterben bedrohten Arten. 2011 schätzte sie, dass ein Viertel der Säugetiere bedroht sei. Wir erleben gerade das sechste Massenausterben in der langen Geschichte des Planeten. Es wird verschärft durch die Klimaerwärmung, die Ausweitung der landwirtschaftlichen Anbauflächen, die Zerstörung des Waldes und die Einschleppung invasiver Arten (wie zum Beispiel die Asiatische Hornisse). Das alles hat die Bedingungen für zahlreiche Lebewesen verschlechtert und zu einem massiven Einbruch der Artenvielfalt beigetragen.

Bio-Labels: AB für *Agriculture biologique* in Frankreich, USDA Organic auf amerikanischen Bioprodukten, JAS als das japanische Siegel. Seit 2010 zertifiziert ein europäisches Logo, auf dem Sterne die Form eines Blatts bilden, Produkte, die mindestens 95 % Bio-Zutaten enthalten. Die Etikettierung wurde zur Pflicht gemacht, weil sie gewährleistet, dass die EU-Verordnung zu biologischer Landwirtschaft eingehalten wird. Außerdem kön-

nen damit die geografische Herkunft des Produkts (EU-
oder Nicht-EU-Erzeugnis) und der Code des zertifizie-
renden Organs (das die Einhaltung der Regeln überprüft
und die Produkte untersucht, um ihre Rückverfolgbarkeit zu garantieren) angegeben werden.

Biologisch abbaubar: Ein Produkt ist biologisch abbaubar, wenn es auf natürliche Weise von lebenden Organismen zersetzt werden kann. Bis eine Plastikflasche von
der Natur absorbiert wird, dauert es mehrere hundert
Jahre. Sie galt bisher nicht als biologisch abbaubar, doch
kürzlich entdeckte eine Gruppe amerikanischer Studenten im amazonischen Regenwald einen Pilz mit einem
Enzym, das Plastik (Polyurethan) sogar in einem sauer-
stofflosen Milieu zersetzen kann. Indem der Pilz *Pestalo-
tiopsis microspora* Kunststoff biologisch abbaubar macht,
wird er sicher dazu beitragen, die Umweltschäden durch
Plastik auf Mülldeponien zu reduzieren.

Biologisch-dynamische Landwirtschaft: Wie pflegt man
den Boden und die Pflanzen, um Mensch und Tier eine
gesunde Ernährung zu ermöglichen? Ein biologisch-
dynamisch erzeugter Wein ist nicht nur bio, sondern
stammt von einem Weinberg, dessen Erde mit homöo-
pathischen Präparaten, Pflanzenaufgüssen und Mineral-
pulvern (Kieselerde) behandelt wurde, und zwar zu bestimmten Zeiten entsprechend den Mondphasen und
Planetenbewegungen: daher »dynamisch«. Produkte aus
biologisch-dynamischer Landwirtschaft werden unter
der Marke Demeter (vom griechischen Namen der Mut-
tergöttin der Erde) angeboten.

Biologische Schädlingsbekämpfung: Keine neue Art der
Kriegsführung, aber nahe dran. Biologische Schädlings-

bekämpfung bedeutet, sich von Insekten oder unerwünschten Pflanzen zu befreien, indem man sie von ihren natürlichen Feinden fressen lässt, anstatt chemische Mittel einzusetzen. Kürzlich wurde ein besonders eindrucksvolles Beispiel entwickelt: Um den Maiszünsler (eine Raupe) zu bekämpfen, verteilt der Bauer sukzessive Schlupfwespen (*Trichogramma brassicae*) auf den Eiern des Schädlings. So töten die Larven der Trichogramma die zerstörerische Raupe.

Biomasse, Bioenergie: Damit ist die Gesamtheit der organischen Stoffe – Holz, Schlamm, Getreide, Algen usw. – gemeint, die als Quelle erneuerbarer Energie dienen können. Angesichts der Ressourcenknappheit an fossilen Brennstoffen (Kohle und Erdöl) interessiert sich die Industrie besonders für diesen Bereich.

Bio in Zahlen *

Heute gibt es auf der Welt **37,5 Millionen** Hektar biologisch bewirtschaftete Anbauflächen, also 3,5-mal mehr als im Jahr 2000.

1	Australien	12 000 000 ha
2	Argentinien	4 200 000 ha
3	Spanien	1 650 000 ha
4	Italien	1 100 000 ha
5	Deutschland	990 000 ha
6	Frankreich	840 000 ha
7	Großbritannien	720 000 ha

2 Millionen Bauern in 160 Ländern sind zertifiziert (im Vergleich zu 250 000 Bauern in 86 Ländern im Jahr 2000). Die biologische Landwirtschaft erzielt einen Umsatz von 60 Milliarden Dollar.

---------- 2. Nachhaltigkeit ----------

Ihr Handy wird von Ihren Freunden belächelt (es ist mehr als ein Jahr alt, also überholt), und Sie können damit nicht auf die neuen Funktionen zugreifen, die Ihr Anbieter Ihnen »schenkt«. Es funktioniert tadellos, aber plötzlich betrachten Sie es skeptisch ... Welche Haltung soll man annehmen angesichts der verlockenden Neuheiten und eines gigantischen, sich rasend schnell verändernden technischen Angebots?

Antworten Sie Ihren Freunden und dem Verkäufer mit einem überlegenen Lächeln: die umweltbewusste Haltung. Und haben Sie Geduld – der Moment wird kommen, in dem die Rautetaste klemmt. Dann können Sie Ihr Telefon durch ein neueres Modell ersetzen, aber deshalb werfen Sie Ihren alten Freund nicht gleich weg. Sie besuchen eine Internetseite, auf der Sie es verkaufen oder verschenken können, und indem Sie diese oder jene Option anklicken, landet Ihr Handy im großen Kreislauf des »solidarischen Recyclings« oder des »umweltfreundlichen Recyclings«.

Im ersten Fall wird jemand die Rautetaste reparieren und es in ein Entwicklungsland schicken, damit auch Menschen in strukturschwachen Regionen den Mobilfunk nutzen können. Es bekommt ein neues Leben.

* Quellen: Welthandels- und Entwicklungskonferenz (UNCTAD), Internationale Vereinigung der ökologischen Landbaubewegungen (IFOAM), 2011.

Wenn die Rautetaste sich sträubt und die Benutzung des Geräts endgültig unmöglich macht, wählt man die zweite Lösung: Die Zerlegung Ihres Telefons kann beginnen. Die elektronischen Bestandteile werden wiederverwertet, die Plastikreste eingeschmolzen. Kupfer, Silber, Nickel und Lithium aus dem Akku werden wiedergewonnen und weiterverarbeitet. Metalle sind unendlich recycelbar.

Sagten Sie »nachhaltig«?

Die Fabel vom recycelten Handy zeigt uns, in welcher verfahrenen Situation die Gesellschaft steckt. Warum ist die Welt des Konsums so kompliziert geworden?

Das Produktionssystem selbst ist dafür verantwortlich. Im 20. Jahrhundert haben die Ingenieure gelernt, die Lebensdauer der Produkte zu reduzieren. Sie wurden von den Firmen dazu gedrängt und verurteilt, zerbrechliche Einweg- und Wegwerfgeräte zu entwickeln. Das nennt man **geplante Obsoleszenz**, eine Erfindung der 1920er-Jahre. Ihr Ziel war es, den Konsum zu fördern und Maschinen rentabler zu machen. Damit spielte sie eine große Rolle bei der Entwicklung der modernen Wirtschaft. Außerdem trug sie, Hand in Hand mit dem Marketing, zum allgemeinen übermäßigen Konsum in den Ländern des Nordens sowie zur Verschwendung der energetischen Ressourcen und Rohstoffe bei.

Auch heute noch sind Wegwerfprodukte auf dem Markt allgegenwärtig, und die »Neuheit« bleibt ein schlagendes Verkaufsargument. Das wird besonders in den Bereichen der Elektronik und Informatik, bei Haushaltsgeräten und Bekleidung deutlich. Die Verbraucher sind weiterhin gleichzeitig Opfer und Unterstützer des Systems. Ein vernünftiger Ausweg besteht darin, in Sachen nachhaltiger Entwicklung aktiv zu werden.

Das Konzept der **nachhaltigen Entwicklung** aus den 1990er-Jahren ist ein Kompromiss zwischen der radikalen ökologischen Position, die zur Wachstumsrücknahme (im Sinne einer drastischen Reduktion der Güterproduktion) aufruft, und der laxen Haltung jener, die glauben, dass der technische Fortschritt zwangsläufig die Umweltprobleme lösen werde. Nachhaltige Entwicklung

> »ist Entwicklung, die die Bedürfnisse der Gegenwart befriedigt, ohne zu riskieren, dass künftige Generationen ihre eigenen Bedürfnisse nicht befriedigen können«.

So die offizielle Definition, die die Norwegerin Gro Harlem Brundtland als Arbeitsgrundlage für den ersten Erdgipfel der Vereinten Nationen 1992 formulierte.

Ich denke nach, bevor ich etwas produziere oder konsumiere, und schränke die negativen Auswirkungen meiner Handlungen auf die Umwelt (meinen sogenannten biologischen Fußabdruck), auf die Gesundheit, auf die Gesellschaft usw. so weit wie möglich ein. Für den englischen Begriff *sustainable development* ist auch die Übersetzung »zukunftsfähige Entwicklung« gebräuchlich, um die Tatsache zu betonen, dass diese Art von Entwicklung für die Zukunft aller Menschen wichtig ist und zum Beispiel dazu beitragen kann, die am stärksten benachteiligten Länder zu unterstützen.

Sind Sie nachhaltig?

Nehmen wir einen beliebigen Verbraucher als Beispiel: Sie. Sie wohnen in einer Wohnung mit Gasheizung. Sie duschen einmal am Tag und baden einmal in der Woche. Sie lassen die elektronischen Haushaltsgeräte immer auf Standby, weil Sie zu faul sind, sie auszustecken. Ihr Auto ist ein kleiner Fünftürer neuerer Bauart. Sie benutzen auch das Fahrrad und Ihre Beine, um sich fortzubewegen. Sie achten darauf, kein Papier zu verschwenden. Sie füllen zwei Müllsäcke pro Woche und trennen Ihren Abfall. Sie essen einmal am Tag Fleisch oder Fisch. Sie trinken Leitungswasser. Wie groß ist Ihr ökologischer Fußabdruck?

Über den Daumen gepeilt*: fünf globale Hektar.

Sie befinden sich also genau im europäischen Durchschnitt, der knapp das Doppelte des weltweiten Durchschnitts (2,6 gha) beträgt. Dazu folgende Erklärung:

Der **biologische Fußabdruck** oder auch die Biokapazität (ausgedrückt in »globalen Hektar«, abgekürzt gha) ist eine Möglichkeit zu bestimmen, wie viel bioproduktive Fläche (Wald, Anbaufläche, Weideland, Fischgründe und Bauland in Hektar) nötig ist, um den Ressourcenkonsum eines Individuums (seinen Verbrauch an Wasser, Gas, Nahrung etc.) zu decken und seine Abfälle (Autoabgase, Mülltonnen ...) aufzunehmen. Mit diesem Hilfsmittel kann man die Auswirkung der menschlichen Aktivitäten auf die Umwelt messen. Zum Beispiel wird siebenmal mehr Anbaufläche benötigt, um ein Fleischgericht herzustellen, als für ein vegetarisches Gericht.

Der durchschnittliche ökologische Fußabdruck überschreitet die Regenerationsfähigkeit des Planeten heute um mehr als 20 %. Man kann die Biokapazität eines Individuums, einer Familie, eines Ballungsraums oder ei-

---

* Die Onlineprogramme der NGOs Global Footprint Network http://www.footprintnetwork.org/en/index.php/GFN/page/calculators/ und WWF http://footprint.wwf.org.uk/ kommen zu demselben Ergebnis: 4,9 gha.

nes Landes untersuchen, um Vergleiche anzustellen und Ziele festzusetzen (eigentlich stehen einer Person 1,8 gha zur Verfügung). Die Befürworter der **Wachstumsrücknahme** nutzen diesen Indikator gern, um für eine Verringerung der Güterproduktion zu werben. Der ökologische Fußabdruck ist nicht zu verwechseln mit dem **Carbon Accounting** (so auch in Großbritannien; in Italien und Frankreich *Bilan carbone*) zur Erstellung einer Treibhausgasbilanz (siehe S. 216).

Greenwashing

Wenn Umweltsünder Millionen in die Öffentlichkeitsarbeit stecken, um sich einen ökologischen Ruf zu erkaufen, nennt man das Greenwashing (analog zu engl. *whitewashing* für »Beschönigung«). Immer mehr Unternehmen setzen auf das Ökoargument, um Aktivitäten oder Produkte anzupreisen, deren Umweltauswirkungen dennoch negativ sind: eine nachhaltige Brennstoffindustrie, ein grünen Geländewagen und ähnlichen Blödsinn.

- - - - - - - - - 3. Abfallverwertung - - - - - - - - - -

Die Plastiktüte ist eine vom Aussterben bedrohte Spezies. Supermarktkassiererinnen scannen sie ein und lassen Sie dafür bezahlen. Warum?

Der massive Einsatz von Kunststoffen bringt negative Auswirkungen auf die Umwelt (Verschmutzung der Böden und der Meere, ästhetische Störung) und hohe Wiederaufbereitungskosten (Plastik ist schwer zu recyceln) mit sich. Das hat den Großteil der industrialisierten Länder dazu gebracht, strenge Gesetze und Maßnahmen zur Reduktion oder zum Austausch dieser Produkte zu verabschieden.

In Frankreich haben die von den großen Handelsketten ausgegebenen Tüten in zwanzig Jahren um 75 % an Volumen verloren, und ihre Anzahl wurde in zehn Jahren auf ein Zehntel reduziert. Durch eine hohe Besteuerung sollen sie schließlich ganz verschwinden.

Diese spürbare Entwicklung geht mit einer allgemeinen Politik der Abfallverwertung einher, die sich als ein effizientes Mittel erweist, um der Erschöpfung der natürlichen Ressourcen entgegenzuwirken.

Abfallverwertung bedeutet:

- das Aufkommen an Haushaltsabfällen zu verringern (indem ihr Volumen und ihre Schädlichkeit reduziert werden)

- Recycling zu bevorzugen

- Restmüll (der nicht recycelt werden kann) an einem sicheren Ort zu lagern

Mülltrennung bedeutet, dass die Abfälle nach ihren Bestandteilen sortiert werden. Dafür gibt es verschiedene Mülltonnen und in jeder Gemeinde bestimmte Anweisungen. Leider landen in Frankreich über 30 % der Haushaltsabfälle im falschen Mülleimer. Deshalb sollte man sich folgende Punkte merken:

- Flaschen und sonstige Behälter aus Plastik sind recycelbar (selbst wenn sie Chlorreiniger oder Öl enthalten), man muss sie weder ausspülen noch die Etiketten abreißen, und man kann den Deckel drauflassen.

- Spraydosen enthalten Aluminium und Stahl, sind also genauso wiederverwertbar wie Konservendosen (die man auch nicht ausspülen muss).

- Große und kleine Tetra Paks von Milch, Suppe oder Soßen sind recycelbar.

- Eine kaputte Tasse oder ein zerbrochener Teller gehören zum Bauschutt oder in den Restmüll und auf keinen Fall in den Glascontainer.

- Schmutzige Watte (ohne Kosmetika) oder Taschentücher sind nicht wiederverwertbar, können aber auf dem **Kompost** (im ökologischen Abfallrecycling) entsorgt werden.

Möbius

Der unendliche Kreislauf der Möbiusschleife – nach dem Namen des Mathematikers, der sich 1858 ein Band ausdachte, das nur eine einzige Oberfläche und eine einzige Kante hat und sich unbegrenzt fortsetzt – gibt an, dass man das Produkt, auf dem er aufgedruckt ist, recyceln kann. Manchmal steht in der Mitte noch eine Prozentzahl, die den Anteil des recycelten Materials im Produkt angibt. Papier zum Beispiel ist wiederverwertbar und kann zu 50 % aus recyceltem Papier bestehen.

Nicht zu verwechseln mit dem grünen Punkt, der aus zwei ineinander verschlungenen Pfeilen besteht und den man auf fast allen Verpackungen findet. Er bedeutet nur, dass der Produzent einen Beitrag zu einem Verwertungsprogramm von Haushaltsverpackungen geleistet hat.

Die aus Pfeilen geformten Dreiecke um eine Ziffer dienen dazu, die verschiedenen Kunststoffarten voneinander zu unterscheiden. Die 1 steht für PET (Polyethylenterephthalat), die 2 für PE-HD (Polyethylen hoher Dichte), die 3 für PVC (Polyvinylchlorid) und so weiter bis 7.

Bauen Sie sich einen Wurmkompostierer

Mit der Kompost-Turboversion der Wurmkompostierung kann man 40 % der Haushaltsabfälle auf kleinstem Raum entsorgen und den Balkonkästen alle drei Monate fruchtbare Erde liefern.

Recyceln oder kaufen Sie eine luftdurchlässige Kiste, bringen Sie vier Füße an und schütten Sie eine 250-g-Tüte Kompostwürmer hinein (gibt es im Versandhandel oder in einer Gärtnerei zu kaufen). Werfen Sie Obst- und Gemüseschalen, Kaffeesatz, benutzte Wattebäusche (ohne Kosmetika) und Essensreste hinein. Laden Sie die Kiste anfangs nicht zu voll (ein paar hundert Gramm Abfälle reichen) und öffnen Sie nicht alle zehn Minuten den Deckel: Lassen Sie die armen Viecher in Ruhe arbeiten.

Sie werden möglicherweise mit Ameisen, Mücken, Springschwänzen und Fruchtfliegen zu kämpfen haben, die von den Essensresten angezogen werden, aber wenn Sie die Kiste gut verschlossen halten und Untertassen mit Essigwasser unter die Füße schieben, müssten Sie alles schnell wieder in den Griff bekommen. Glücklich und im Warmen werden Ihre neuen Freunde bald gedeihen, und ihre Population wird sich von selbst regulieren. In sechs Monaten haben Sie mehrere hundert gut zehn Zentimeter lange Exemplare, die nur darauf warten, mehr als ein Kilo Abfälle pro Tag zu vertilgen und in Humus zu verwandeln. Zögern Sie nicht, auch Kopf- und Körperhaare sowie Nägel hineinzuwerfen – darauf sind sie besonders scharf.

4. Kurze Wege

Warum sein Haus mit Material vom anderen Ende der Welt bauen, wenn man noch eine Ziegelei in seinem Landkreis hat? Warum bei einer Steakhauskette im Einkaufszentrum essen, wenn das Restaurant von nebenan auch ein Steakmenü anbietet? Warum einen Strauß Rosen aus Kolumbien kaufen, statt einem Rosenstock vom Gärtner den Vorzug zu geben? Warum weißrussischen Honig von zweifelhafter Qualität wählen, obwohl die besten Imker auch übers Internet verkaufen und ihre Ware verschicken? Warum mit dem Auto kilometerweit fahren, um in einem riesigen Supermarkt einzukaufen, statt zu Fuß auf den Markt zu gehen? Bei den Antworten auf all diese Fragen geht es ums Budget jedes Einzelnen, aber vor allem um die Vernunft. Der verantwortungsvolle Bürger bewegt seine Beine und gebraucht seinen Verstand. Transporte verbrauchen viel Energie, und auch die Vielzahl an Zwischenhändlern ist teuer. Um die Ökobilanz und oft auch den Rechnungsbetrag zu reduzieren, kann man sogenannte kurze Wege wählen. Im Bereich der Landwirtschaft entwickeln sie sich am stärksten.

Wenn Sie zum Bauernhof, auf den Markt oder zu einer Gemeinschaft (»SoLaWi«) gehen, um ihren Korb mit frischen Erzeugnissen, Gemüse, Milchprodukten, Honig oder Obstsäften zu füllen, nehmen Sie an einer alternativen ökologischen Bewegung teil, die alles andere als wirkungslos ist: In Frankreich umfasst sie laut der landwirtschaftlichen Bestandsaufnahme von 2010 mehr als 100 000 Betriebe, also einen von fünf Bauern. Außerdem tragen Sie zu einer kleinen ökonomischen Revolution bei: Ziel dieser Wirtschaftsform ist es, die Bauern zu fördern und die Verbraucher an **fairen Handel** zu gewöhnen. Ihr Landwirt vor Ort ist kein guatemaltekischer Kaffeepflanzer, aber er kämpft genau wie jener gegen GVOs und Synthesestoffe, er setzt sich für angemessene Arbeitsbedingungen ein und beeinflusst indirekt den Umgang mit Verpackungen, Abfällen und Transport. Dafür verdient er unseren größten Respekt.

Neue Foodcoops

Die **Teikei** in Japan, Pioniere auf diesem Gebiet, die **Amap** in Frankreich (Verbrauchervereinigung für die Beibehaltung der bäuerlichen Landwirtschaft) und die **CSA** in den Vereinigten Staaten und Großbritannien (*Community-supported agriculture*) sind Modelle der solidarischen Landwirtschaft, bei denen die Verbraucher sich dafür entscheiden, die Risiken und Erträge der Produktion mit den Bauern zu teilen. Sie treten einer kooperativen Gemeinschaft bei und verpflichten sich, ihren Teil der Ernte im Voraus zu bezahlen. Dann kommen Sie am vereinbarten Tag mit ihrem Korb und auch ihren Anmerkungen und Ideen, um das System zu verbessern: Sie sind willkommen. Dafür versuchen die Bauern, den Inhalt der Körbe zu variieren, damit man im Winter nicht jeden Tag Weiße Rüben essen muss, bieten Sprossengemüse oder eingelegte junge Zucchini in Gläsern an und erklären den Mitgliedern ihre Arbeitsmethoden. So entsteht eine direkte Verbindung, was mit Sicherheit konstruktiver ist als ein zusätzlicher Stand an der Landstraße. Diese verschiedenen Initiativen sind heute in einem internationalen Netzwerk (Urgenci) vereint.

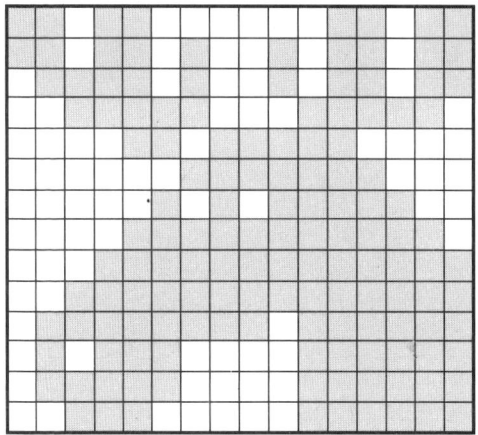

Kurztest

Haben Sie alles gelesen?
Dann wollen wir mal sehen, was Sie
behalten haben. Wir sind großzügig
und haben das Quiz in drei Stufen
unterteilt, so können Sie schrittweise
prüfen, wie gut Ihr Gedächtnis ist.

No Logo ist:
☐ Eine Bekleidungsmarke
☐ Ein Wirtschaftsessay von Naomi Klein
☐ Das Motto der Empörten
   Lösung auf S. 279

Giga ist die Bezeichnung für:
☐ Acht Milliarden Bits
☐ Einen coolen Typen
☐ Einen Spielautomaten
   Lösung auf S. 102

Ein **Mogul** ist:
☐ Eine Figur aus dem Spiel *Angry Birds*
☐ Ein indischer Herrscher
☐ Die Bezeichnung für einen Menschen in *Harry Potter*
   Lösung auf S. 198

€ ist:
☐ Ein mathematisches Zeichen
☐ Ein Währungszeichen
☐ Ein musikalisches Zeichen
   Lösung auf S. 111

IWF bedeutet:
☐ Internationaler Währungsfonds
☐ Initiative gegen Walfang
☐ Internationaler Wildtierfonds
   Lösung auf S. 224

Ein **Flashmob** ist:
☐ Ein Elektrofahrzeug
☐ Eine öffentliche Aktion einer Menschenmenge
☐ Eine neue Art des Strichcodes
Lösung auf S. 298

Higgs ist der Name:
☐ Eines Quarks
☐ Eines Leptons
☐ Eines Bosons
Lösung auf S. 147

ı **Nanometer** ist:
☐ Ein Milliardstel Meter
☐ Eine Milliarde Meter
☐ Etwa ein Meter
Lösung auf S. 161

GVO steht für:
☐ Gesundheitsvorsorgeordnung
☐ Einen hybriden Organismus
☐ Eine Hilfsorganisation
Lösung auf S. 333

Grünes Gold bezeichnet:
☐ Ein echsenartiges Reptil
☐ Die Gesamtheit der Waldressourcen
☐ Eine europäische politische Partei
Lösung auf S. 214

Sphärisierung ist:
☐ Ein Verfahren der Molekularküche
☐ Ein futuristisches Transportmittel
☐ Eine Anti-Aging-Behandlung
Lösung auf S. 344

Brasilien trägt den Spitznamen:
☐ Denkfabrik der Welt
☐ Rohstofflager der Welt
☐ Werkbank der Welt
Lösung auf S. 243

----- Das Quiz für Fortgeschrittene -----

RIP bedeutet:
☐ Rest in peace
☐ Requiescat in pace
☐ Ruhe in Frieden
Lösung auf S. 77

Dili ist:
☐ Die Hauptstadt von Osttimor
☐ Die koreanische Währung
☐ Eine Transportgesellschaft
Lösung auf S. 228

Soft Power heißt:
☐ Chirurgische Kriegführung
☐ Eine Spielkonsole
☐ Kultur
Lösung auf S. 239

Die **G20** hat:
☐ 19 Mitglieder
☐ 20 Mitglieder
☐ 21 Mitglieder
Lösung auf S. 222

Biodiversität heißt:
- ☐ Artenvielfalt
- ☐ Eine große Produktpalette im Bioladen
- ☐ Eine auf Biologie spezialisierte Universität
  Lösung auf S. 348

Katar ist:
- ☐ Der Sitz des Senders Al Jazeera
- ☐ Der größte Investor der Welt
- ☐ Der Ausrichter der Fußballweltmeisterschaft 2022
  Lösung auf S. 244

Omega 3 sind:
- ☐ Trans-Fettsäuren
- ☐ Essenzielle Fettsäuren
- ☐ Fischöle
  Lösung auf S. 324

Ein **Mashup** ist:
- ☐ Eine Mischung von Musikstücken oder Bildern
- ☐ Eine Fernsehserie
- ☐ Ein Nobelpreis
  Lösung auf S. 315

HDI bedeutet:
- ☐ Hab dich immer lieb
- ☐ Hilfsorganisation der Industriestaaten
- ☐ Human Development Index
  Lösung auf S. 230

Amine sind:
- ☐ Eine Art Insekten
- ☐ Japanische Zeichentrickfilme
- ☐ Derivate des Ammoniaks
  Lösung auf S. 151

Trans bezeichnet:
- ☐ Eine aufgetakelte Person
- ☐ Eine industriell erzeugte Fettsäure
- ☐ Einen Container
  Lösung auf S. 325

Der Urknall war:
- ☐ Vor über 13 Milliarden Jahren
- ☐ Vor 4 Milliarden Jahren
- ☐ Eine vermeintlich brillante Idee
  Lösung auf S. 142

---------- **Das Quiz für Profis** ----------
(Vorsicht, Falle!)

REACH bedeutet:
- ☐ Reanimationsraum
- ☐ Registrierung, Bewertung, Zulassung und Beschränkung von Chemikalien
- ☐ Einen Computer vernetzen
  Lösung auf S. 259

Abu Nuwas war:
- ☐ Ein arabischer Dichter
- ☐ Ein arabischer Arzt
- ☐ Ein indischer Dichter
  Lösung auf S. 204

Hummus ist:
- ☐ Kichererbsenpüree
- ☐ Ein 2003 entdeckter Exoplanet
- ☐ Erde
  Lösung auf S. 83

Phänotyp bezeichnet:
☐ Ein Profil in einem sozialen Netzwerk
☐ Die genetischen Merkmale
☐ Einen Synthese-Emulgator
   Lösung auf S. 152

»In meinem Reich geht die Sonne niemals unter«, sagte:
☐ Karl V.
☐ Süleyman I.
☐ Ludwig XIV.
   Lösung auf S. 175

Futoshiki ist:
☐ Ein aus dem lateinischen Quadrat hervorgegangenes
   Logikspiel
☐ Ein plastikfressender Pilz
☐ Ein Kaiser der Song-Dynastie
   Lösung auf S. 104

BHA ist:
☐ Ein engagierter Intellektueller
☐ Ein endokriner Disruptor
☐ Ein Antioxidans
   Lösung auf S. 332

LUCA ist:
☐ Ein Held aus dem Film *Matrix*
☐ Ein universeller Urahn
☐ Ein geklontes Schaf
   Lösung auf S. 153

Trichogramma sind:

☐ Schlupfwespen, die zur biologischen
  Schädlingsbekämpfung eingesetzt werden
☐ Mathematische Untersuchungen von Verbindungen
  zwischen drei Punkten (Graphentheorie)
☐ Gedichte mit drei ungereimten Versen
  Lösung auf S. 350

gha ist:

☐ Die Abkürzung für »Google hat Antworten«
☐ Die Abkürzung für globale Hektar
☐ Die Abkürzung für geschätzte Halbwertszeit
  Lösung auf S. 354

Yuan bezeichnet:

☐ Die chinesische Währung
☐ Die japanische Währung
☐ Eine mongolische Eroberdynastie
  Lösungen auf S. 120 und S. 195

Die **Gaia-Hypothese** bezeichnet:

☐ Ein Kollektiv von Street-Artists
☐ Die Erde als ein Lebewesen
☐ Eine Krimiserie
  Lösung auf S. 217

Kurz-
bibliografie

Hier finden Sie die Werke, die uns
zu den behandelten Themen jeweils
am klarsten und verständlichsten
erscheinen (einige davon gibt es bisher
nur auf Englisch oder Französisch).

Für die deutsche Ausgabe wurden die französischen Titel, wo möglich, durch die entsprechenden deutschen oder englischen Ausgaben ersetzt. (Anm. d. Redaktion)

Neue Klassiker

Alain Carrazé, *Les Séries télé : l'histoire, les succès, les coulisses,* Hachette pratique, 2007

Laurent Aknin, *Mythes et idéologie du cinéma américain,* Vendémiaire, 2012

Jürgen Müller, *Filme der 2000er,* Taschen, 2011

Rechnen

Stanislas Dehaene, *Der Zahlensinn oder Warum wir rechnen können,* Birkhäuser, 2012

Alex Bellos, *Alex im Wunderland der Zahlen : Eine Reise durch die aufregende Welt der Mathematik,* Berlin Verlag, 2011

Denis Guedj, *Das Theorem des Papageis,* Hoffmann und Campe, 1999

T. W. Körner, *Mathematisches Denken. Vom Vergnügen am Umgang mit Zahlen,* Birkhäuser, 1998

Wirtschaft

Christophe Degryse, *L'Économie en cent et quelques mots d'actualité,* De Boeck, 1999

Raphael Didier, *Comprendre la dette,* Ellipses, 2011

Randy Charles Epping, *The 21st century economy – a beginner's guide,* Vintage Original, 2009

Naturwissenschaft

Trinh Xuan Thuan, *Die Geburt des Universums,* Ravensburger Buchverlag, 1993

Marshal Brain, *The Science Book: Everything You Need to Know About the World and How It Works,* National Geographic, 2011

Sciences et Avenir, Online-Magazin, sciencesetavenir. nouvelobs.com

Geschichte

Frédéric Delouche (Hg.), *Europäisches Geschichtsbuch. Erarbeitet von 12 europäischen Historikern,* Klett, 1996

L'Histoire du monde, « Bibliothèque historique », 5 Bände, Larousse

Adam Hart-Davis, *Geschichte: Die große Bild-Enzyklopädie mit über 3000 Fotografien und Illustrationen,* Dorling Kindersley, 2013

Christian Grataloup, *Faut-il penser autrement l'histoire du monde?,* Armand Colin, 2011

John Hirst, *Die kürzeste Geschichte Europas,* Hoffmann und Campe, 2012

Geografie

Nicole Démoutiez und Hervé Macquart, *Les Grandes questions de l'environnement, L'Étudiant,* Reihe « les guides de L'Étudiant » n° 20, 15/01/2009

Atlas der Globalisierung, herausgegeben von *Le Monde diplomatique*

Yves Lacoste, *Geographie und politisches Handeln. Perspektiven einer neuen Geopolitik,* Wagenbach, 2002

Jean-Christophe Victor, *Le Dessous des cartes,* Éditions Tal-
landier / Arte Éditions, 2011
Pascal Boniface, *La Géopolitique : les relations internationales,*
Eyrolles, 2011

Gemeinschaftskunde

Camille Hubac, *L'Union européenne : des clés pour comprendre,*
Argos, 2012
Jean-Jacques Raynal, *Histoire des grands courants de la pensée
politique,* Hachette supérieur, 2007
Alex Warleigh, *European Union: The Basics,* Routledge, 2004
Andrew Heywood, *Global Politics,* Palgrave Foundation, 2011

Kunst

Yves Michaud, *L'Art à l'état gazeux,* Fayard, Reihe « Pluriel »,
2010
Marie Bonnet und Fabrice Bousteau (Hg.), *Qu'est-ce que l'art
aujourd'hui?,* Beaux Arts éditions, 2009
Boris Groys, *Art Power,* The MIT Press, 2008
Eine Website: www.exponaute.com (Ausstellungsverzeich-
nis für Frankreich)

Neue Hauswirtschaft

Anne-Lucie Raoult-Wack, *Dis-moi ce que tu manges,* Galli-
mard, Reihe « Découvertes », 2001
Manger sain, Online-Magazin, www.60millions-mag.com
Dominique Bourg und Gilles-Laurent Rayssac, *Le Dévelop-
pement durable : Maintenant ou jamais,* Gallimard, Reihe «
Découvertes », 2006
La Revue durable, unabhängiges französisch-schweizeri-
sches Magazin, www.larevuedurable.com

Index

Damit Sie sich
schneller zurechtfinden.

Danksagung

An unsere wunderbaren Helfer im Verlag
Laurence de Cambronne, Isabelle Laffont,
Laurent Laffont und Anne Pidoux
für ihre Begeisterung und Unterstützung.
An unseren Artdirector Olivier Marty
für seinen eleganten Strich,
zusammen mit Mélissandre Pyot und Pierre Brissonnet.

Und an alle unsere anderen Freunde:

– für ihre sorgfältige Lektüre –
Carl Aderhold, Christophe Boltanski, Mickaël Guedj,
Lionel Guérin, Marion Guilbaud, Pierre Kupferman,
Jérôme Lambert, Amandine Le Goff,
Claire Péretié und Renaud Rudloft

– für ihre brillanten Ideen –
Simon Aderhold, Julien Blanc-Gras, David Caviglioli,
Rémi Cerf, Sophie de Closets, François Delabrière,
Fanny und François Dhalluin, Gokan Günes, Boris Manenti,
Hanen Matallah, Yann Moix, Régine Remmache,
Chloé und Margaux Reynaert, Ève Roger, Jérémie Rohrer,
Béatrice Roux, Dorian Saigre, Antoine Silber,
Abdellah Taïa und Florent Vrain.

nach L'Hospice von Gilles Barbier

Zu den Autoren

François Reynaert studierte am Institut d'études politiques in Paris und ist Journalist beim *Nouvel Observateur*. Dort schreibt er seit 1995 eine humoristische Kolumne, mit der er bekannt wurde. Er veröffentlichte eine Romantrilogie (*Nos amis les journalistes*, 2001; *Nos amis les hétéros*, 2004; *Rappelle-toi*, 2008, alle bei Nil Éditions). Mit dem Bestseller *Nos ancêtres les Gaulois et autres fadaises* (Fayard 2010) bewies er sein Interesse an Geschichte.

Nach einer ersten naturwissenschaftlichen Ausbildung studierte Vincent Brocvielle Philosophie und Kunstgeschichte. Er veröffentlichte einen Roman (*Fovéa,* 2003, bei Hachette Littératures) sowie das Kunstgeschichtebuch *Le Petit Larousse de l'Histoire de l'Art* (Larousse, 2010). Er arbeitet mit verschiedenen Magazinen zusammen und ist als Herausgeber an zahlreichen enzyklopädischen Werken für ein breites Publikum beteiligt.